경쟁 교육은 야만이다

경쟁 교육은
야만이다

김누리 지음

김누리
교수의
대한민국
교육혁명

해냄

불행한 우리 아이들을 살리기 위하여

세계에서 가장 우울한 나라

세계 최악의 경쟁 교육이 대한민국을 망치고 있습니다. 우리 아이들을 불행하게 하고, 우리 사회를 병들게 하고, 우리나라를 망하게 하고 있습니다. 우리는 총체적 난국의 소용돌이 속에 휘말려 있습니다. 절망적 파국의 낭떠러지 끝에서 위태로이 흔들리고 있습니다. 지금 벗어나지 않으면, 당장 돌아서지 않으면 우리의 미래는 너무도 암울할 것입니다.

우리 아이들은 불행합니다. 프랑스의 권위 있는 신문《르몽드》는 "한국의 학생들은 세계에서 가장 불행한 아이들"이라고 했습니다. "한국의 교육은 가장 경쟁적이고, 가장 고통을 주는 교육이기 때문"이라고 이유까지 덧붙였습니다. 독일의 공영방송도 한국의 교육을 취재하러 왔다가, 학생에 대한 일상적인 인권 유린과 학대에 너무도 충격을 받은 나머지 프로그램의 성격을 '교육 프로'에서 '인권 프로'로 바꾸어 내보냈습니다. 우리나라에서 가장 권위 있는 연구기관인 한국개발연구원(KDI)은 한국 대학생 열 명 중에 여덟 명이 고등학교 시절을 '사활을 건 전쟁터'로 기억한다는 충격적인 연구 결과를 내놓았습니다. 경쟁 교육으로 악명 높은 미국과 중국 학생의 두 배가 넘는 수준입니다.

우리 사회 또한 너무도 병들어 있습니다. 다양한 국제적 지표들이 우리나라의 병리성을 가리키고 있습니다. 먼저 한국인은 세계에서 '불평등을 가장 사랑하는' 사람들입니다. 2014년 '세계가치관조사(World Values Survey)'에 따르면 "소득이 보다 평등하게 분배되어야 한다고 생각하는가"라는 물음에 "그렇다"고 답한 사람은 24퍼센트에 불과한 반면, "소득 차이가 지금보다 더 벌어져야 한다"고 답한 사람은 무려 59퍼센트입니다. 한국인의 불평등 선호는 어느 나라와도 비교할 수 없을 정도로 압도적입니다. 우리의 전도된 가치관이 적나라하게 드러난 조사 결과이지요. 독일의 경우는 정확하게 우리와 대척점에 있습니다. '평등'에 찬성한 이가 58퍼센트, '불평등'에 찬성한 이가 16퍼센트였습니다.

한국은 세계에서 가장 갈등이 심한 나라이기도 합니다. 2020년 영국의 킹스칼리지 런던정책연구소의 의뢰로 입소스(Ipsos)에서 수행한 조사에 따르면 한국은 조사대상 28개국 중에서 '가장 갈등이 심한 나라'로 밝혀졌습니다. 12개 조사 항목 중에서 무려 7개 항목에서 1위를 기록한 것입니다. 빈부 갈등, 이념 갈등, 정당 갈등, 남녀 갈등, 세대 갈등, 종교 갈등, 학력 갈등에서 한국은 세계 최고였습니다.

한국은 타인에 대한 관용도도 가장 낮은 나라입니다. 서울대 사회발전연구소가 '세계가치관조사' 자료를 활용하여 52개 국가의 관용성 수준을 평가한 결과 '자녀에게 관용을 가르쳐야 한다'고 응답한 한국인은 45.3퍼센트로, 52위 꼴찌였습니다. 1인당 국민소득 3만 달러가 넘는 한국이 1,800달러의 르완다(56.4퍼센트)보다도 관용도가 낮았습니다. "여러분의 자녀가 같은 반에 성적이 낮은 친구와 어울린다면, 무엇이라고 하시겠습니까? 네가 좀 도와줘라, 이렇게 말씀하시겠습니까? 아니면 개랑 놀지 마라, 이렇게 말씀하시겠습니까?" 이에 대한 대답은 이미 충분히 짐작할 수 있을 것입니다. 경쟁 교육이 한국인의 내면을 얼마나 처참하게 파괴했는지를 이보다 더 선연하게 보여주는 사례가 있을까요.

경쟁 교육이 우리 사회를 얼마나 병들게 했는지를 보여주는 가장 분명한 사례는 최근 우리 교육이 길러낸 '최고의 엘리트들'이 보인 행태입니다. 기득권을 지키기 위해 환자의 목숨을 볼모로 의료 파업을 일삼는 의사들, 사법 농단을 저지른 고위 판사들에 대해 무죄 판결로 일관하는 판사들, 고위 검찰 간부들에 대한 '봐주기 수사'에 부끄러움을 모르는 검사들의 행동은 한국 엘리트들의 민낯을 꾸밈없이 보여줍니다. 보편적 정의의 편에 서기는커녕, 이처럼 집단적 이기주의에 매몰된 미성숙하고 무책임한 엘리트가 지배하는 나라는 세계 어디에도 없습니다. 유독 한국의 엘리트 중에 대중을 깔보는 오만한 자들이 많은 이유는 무엇보다도 잘못된 교육 탓입니다. 공부만 잘하면 모든 게 용서되는 교실에서 12년 동안 자란 아이가 어떻게 성숙하고 기품 있는 인간이 되겠습니까.

우리나라는 또한 세계에서 가장 빠른 속도로 소멸해 가는 나라입니다. 2023년 12월 2일자 《뉴욕타임스》에 실린 로스 다우서트의 칼럼 '한국은 소멸하는가(Is South Korea disappearing?)'는 한국의 저출산 문제를 정조준합니다. 그것은 인류 역사상 유례없는 일이라는 것입니다. "한국의 출산율은 14세기 유럽의 흑사병이 몰고 온 인구 감소를 능가하는 수준이다." 왜 이런 극단적 저출산 현상이 나타난 것일까요? 다우서트는 젊은 세대가 느끼는 경쟁 압박과 불안을 핵심적인 원인으로 보면서도, 그 근원에는 극심한 입시 경쟁이 자리잡고 있다고 지적합니다. "한국의 잔혹한 학업 경쟁 문화는 부모를 불안하게 하고 학생을 비참하게 만든다."

다우서트의 칼럼이 나온 바로 다음날인 12월 3일 한국은행 경제연구원에서 발표한 보고서도 놀라운 내용을 담고 있습니다. 지금 대한민국은 이미 '초고령 사회, 초저출산 사회로 진입'했다는 것입니다. 초저출산의 원인은 주거·고용·양육 불안이라고 지적하면서도, 청년층이 느끼는 경쟁 압력을 급속한 출산율 저하의 결정적인 이유로 들고 있습니다. 크리스틴 라가르드 전 국제통화기금(IMF) 총재는 '저출산 한국'을 심지어 '집단 자살사회'로 규정했습니다. 초저출산으로 사회 시스템이 붕괴되는 대한민국의 암울한 미래상을 지적한 것입니다.

2024년 2월 27일 영국 BBC에서 다룬 보도 '왜 한국 여성들은 아이를 낳지 않나(Why South Korean women aren't having babies.)'에서도 한국의 저출산 문제를 '국가 비상상태'로 심각하게 보고 있습니다. 한국 여성들과의 인터뷰를 통해 '값비싼 사교육비'가 저출산의 주요 원인임을 밝히고 있습니다.

영국 옥스퍼드 대학의 데이비드 콜먼 교수도 한국을 '인구 소멸 국가 1호'로 지목했습니다. 그도 초저출산의 원인으로 높은 경쟁 압력, 고용·주거·양육 불안, 가부장적 가족 문화, 낮은 성평등 의식, 비혼 동거문화와 출산에 대한 폐쇄성 등을 들고 있지만, 그중에서 경쟁 압력을 가장 중요한 요인으로 보고 있습니다.

미국의 작가이자 유명 유튜버인 마크 맨슨이 최근에 촬영한 유튜브 '나는 세계에서 가장 우울한 나라를 여행했다(I traveled to the most depressed country in the world.)'는 한국 사회에 대한 상당히 수준 높은 분석을 담고 있습니다. 그는 한국을 '세계에서 가장 우울한 나라'라고 하면서, 타의 추종을 불허하는 우울증과 불안, 자살률 등을 근거로 제시합니다. 이처럼 불행한 사회가 된 원인으로는 경쟁과 성과 압박, 특히 "절대적으로 잔인한(absolutely cruel) 교육 시스템"을 지적합니다. 맨슨의 유튜브를 보는 내내 어쩌다 이 나라가 이 지경에 이르렀는가 개탄하며, 우리 아이들과 젊은이들에게 어른으로서 미안한 마음을 금할 수 없었습니다.

이렇게 '우울한 나라'이다 보니 한국인들은 다른 사람들과 함께 있는 것을 그다지 좋아하지 않습니다. 최근 이케아에서 38개국을 대상으로 한 '2023년 소비자 조사'를 발표했는데, "집에서 혼자 있을 때 가장 즐겁다"는 응답을 한 비중이 세계에서 가장 높은 나라가 바로 대한민국입니다. 이 결과 또한 치열한 경쟁의 각자도생 사회에서 살아가는 한국인의 고달픈 삶을 반증하는 것이라 씁쓸한 뒷맛을 남깁니다.

결국 이 모든 지표와 많은 석학들의 지적이 가리키는 총체적 난국의 원인은 바로 경쟁입니다. "세계 최고의 우울증"(마크 맨슨), "세계 최저의 출산율"(《뉴욕타임스》), "세계 최악의 갈등 국가"(킹스 칼리지), "세계 최고의 홀로주의"(이케아), 이러한 암울한 '세계 기록들'의 뿌리에는 모두 극단적 경쟁이 자리잡고 있습니다. 경쟁, 특히 경쟁 교육이 대한민국을 '세계에서 가장 우울한 나라'로 만든 것입니다. 이를 해소하는 것은 이제 단순한 교육의 문제를 넘어 국가 존립의 문제가 되었습니다.

야만의 트라이앵글

경쟁 교육이 이처럼 대한민국을 망치고 있는데도 우리는 이를 멈추지 못하고 있습니다. 아니 오히려 경쟁 교육이 더욱 치열해지고 있습니다. 왜 우리는 경쟁 교육의 감옥에서 벗어나지 못하는 걸까요. 경쟁 교육이 '만악의 근원'임을 알면서도 이를 지양하지 못하는 이유는 무엇일까요. 적어도 경쟁 교육을 최소화하고, 가능한 정도까지 완화하려는 노력조차 하지 않는 이유는 무엇일까요.

우리가 경쟁 교육의 폐쇄회로에 갇혀 벗어나지 못하는 이유는 우리가 가지고 있는 잘못된 생각 때문입니다. '경쟁은 자연스러운 것이다. 경쟁은 좋은 것이다. 경쟁이 설혹 문제가 있더라도 그것은 불가피한 것이다. 경쟁이 있어야 발전하고, 경쟁을 통해 성장하는 것이다'라는 생각들이 한국인의 의식을 지배하고 있습니다.

경쟁이 자연스럽고, 긍정적이고, 불가피하다는 생각은 한국인 대다수가 가지고 있는 지배적인 생각이지만, 잘못된 생각입니다. 이처럼 '지배적인 잘못된 생각'을 '이데올로기'라고 합니다. 조금 학문적으로 표현하자면, 이데올로기란 '특정 사회나 집단에서 지배적인 잘못된 관념체계'를 뜻합니다. 그러니까 한국인들은 '경쟁 이데올로기'라고 하는 '한국 사회에서 지배적인 잘못된 관념체계'에 사로잡혀 있다는 말입니다.

한국에서 경쟁 이데올로기는 무소불위의 위력을 행사합니다. 그 결과 한국은 만인이 만인과 경쟁하는 '경쟁 사회'를 넘어, 경쟁이 이상화되고, 절대화되고, 최고의 원리로 부상한 '경쟁주의 사회'가 된 것입니다. 한국에서 경쟁은 사회를 작동시키는 '원리'를 넘어 한국인의 의식을 지배하는 '영혼'입니다. 경쟁이 없는 세상, 경쟁보다 협력을 중시하는 세계를 우리는 상상하지 못합니다.

경쟁 이데올로기가 한국에서 유례없는 위력을 보이는 이유는 무엇일까요. 그것은 무엇보다도 경쟁 이데올로기를 '능력주의'와 '공정'이라는 두 개의 강력한 이데올로기가 떠받치고 있기 때문입니다. 경쟁의 '결과'는 능력주의 이데올로기에 의해 정당화되고, 경쟁의 '과정'은 공정 이데올로기에 의해 합리화됩니다. 이처럼 경쟁-능력주의-공정 이데올로기는 서로를 정당화하고 합리화하고 이상화하는 방식으로 강고하게 상호 결합되어 한국인의 의식을 지배하는 3각의 이데올로기 체제를 이룹니다.

오늘날 대한민국이, 세계가 경탄하는 민주주의와 경제성장에도 불구하고, 세계 최고의 자살률, 세계 최악의 불평등, 세계 최저의 출산율 등 '지옥 같은 사회'가 된 것은 무엇보다도 이 3각의 이데올로기 체제 때문입니다. 저는 경쟁-능력주의-공정의 3각 이데올로기 체제를 한국 사회를 야만적인 사회로 만든 가장 결정적인 관념체계라고 보고, 이를 '야만의 트라이앵글'이라고 부릅니다.

이 잘못된 3각의 이데올로기 체제가 한국인의 의식을 완전히 장악한 결과, 한국인은 자본주의 국가 중에서도 유례를 찾아볼 수 없는 약탈적 야수자본주의, 천박한 천민자본주의 사회에 살면서도 이에 저항하기는커녕 '자발적으로 자신의 불행에 스스로를 내던지고' 있습니다. 이데올로기 이론의 대가 테리 이글턴의 말을 빌자면, "가장 어려운 해방은 바로 자기 자신으로부터의 해방"이기 때문이지요.

에리히 프롬이 말한 '정상성의 병리성(pathology of normality)'이 한국보다 더 강력하게 작동하는 사회는 찾아보기 어렵습니다. 우리 사회의 핵심 문제는 우리 사회 어딘가에 결함이 있다는 것이 아니라, 우리가 '정상'이라고 부르는 것 자체가 '병리적'이라는 사실입니다. 한국인의 의식을 지배하는 야만의 트라이앵글이 한국 사회를 병들게 했다는 것이지요.

지금 우리에게 필요한 것은 경쟁, 능력주의, 공정처럼 우리가 당연시하는 가치들이 사실은 지배 권력을 정당화하는 이데올로기가 아닌지 비판적으로 성찰하는 일입니다. 이러한 성찰을 '이데올로기 비판'이라고 부릅니다. 이 책은 바로 이런 이데올로기 비판적 관점에서 쓰였습니다. 경쟁-능력주의-공정의 3각 이데올로기 체제가 어떻게 그리고 왜 '야만의 트라이앵글'을 구성하는지는 이 책의 본론에서 상세히 다룰 것입니다.

경쟁-능력주의-공정 이데올로기로 구성된 야만의 트라이앵글을 깨부숴야겠다는 생각이 제가 이 책을 쓴 가장 중요한 동기입니다. 그런데 그것은 이 책을 쓸 때 직면한 가장 넘기 힘든 장애물이기도 했습니다. 모두가 당연하다고, 심지어 바람직하다고, 적어도 불가피하다고 느끼고 있는 생각을 비판하고, 관점을 바꾸는 것이 도대체 가능한 일일까요.

경쟁이 우리 사회에서 일정한 성취와 발전을 가져온 것은 명백한 사실입니다. 그러나 그에 못지않은 고통과 불행을 가져온 것도 부정할 수 없습니다. 과연 경쟁이 협력보다 정말 나은 것일까요?

능력주의가 중세 시대의 신분제를 넘어서 근대 사회의 새로운 진취적 가치가 된 것은 이론의 여지가 없습니다. 그러나 능력주의가 오늘날 사회 기득권 집단의 특권을 강화하고 정당화하고 세습시키는 이데올로기로 타락한 것도 사실입니다. '능력 있는 자'가

부와 권력을 모두 독식하는 사회가 과연 좋은 사회일까요?

공정이 불공정한 사회를 비판하는 중요한 개념적 도구인 것은 말할 필요도 없습니다. 그러나 한국에서 공정은 불평등과 차별을 정당화하는 강력한 이데올로기인 것도 사실이지요. 기울어진 운동장에서 공정한 잣대를 대면 누가 이길까요?

저는 '야만의 트라이앵글' 개념이 한국 사회를 지배하는 가장 위력적인 세 가지 이데올로기를 비판적으로 성찰하는 데 유용한 도구가 되기를 기대합니다.

거대한 퇴행

『경쟁 교육은 야만이다』는 2019년부터 최근까지 약 4년 동안 제가 했던 교육 관련 강연을 모아놓은 일종의 강연록입니다. 우연한 기회에 JTBC의 〈차이나는 클라스〉에서 강연을 하게 된 이후 참으로 많은 강연 요청을 받았습니다. 전국에 있는 유치원부터 초·중·고, 대학, 각종 기관과 방송까지 가능하다면 최대한 이러한 요청에 응하려고 노력했고, 교육 문제의 심각성과 교육혁명의 절박성을 알리려 애썼습니다. 그 과정에서 교육이 한국에선 단순히 '교육'의 문제가 아니라, 한국인의 삶을 지배하는 '근원 문제'라는 생각을 더욱 굳히게 되었습니다.

강연장에 갈 때마다 저는 교육혁명에 대한 뜨거운 열망을 느꼈습니다. 학생, 학부모, 교사, 교육 전문가 가릴 것 없이 교육과 관련이 있는 모든 이가 한국 교육이 근본적으로 변해야 한다는 인식을 공유하고 있었습니다. 특히 제가 놀랐던 점은 우리 교육에 대한 교사들의 인식입니다. 대안학교 학부모의 상당수가 교사라는 얘기를 듣고 무척 당황했습니다. 학교 현장을 매일 경험하는 교사들이 정작 자기 자식은 '공교육의 피안(彼岸)'으로 보낸다는 것은 무엇을 뜻하나요. 많은 교사들이 현재의 상황에서는 공교육에서 정상적인 교육이 불가능하다고 느끼고 있고, 교육혁명의 필요성을 절감하고 있다는 의미입니다.

이런 절박함에 있어서는 학부모들도 마찬가지지요. 자식들이 받는 처절한 경쟁 교육에 가슴 아파하면서도 현실적으로 이를 넘어설 방도를 찾을 수 없기에 마지못해 부조리한 현실에 적응하고 있습니다. "이제 정말 광장에서 촛불을 들 때가 되었습니다. 교수님이 앞장서 주세요"라고 말하는 학부모들을 수없이 만났습니다.

누구보다 교육혁명을 절실히 바라는 이는 바로 한국 교육의 직접적인 희생자인 학생들입니다. 매일 지옥을 경험하는 학생들은 살인적인 경쟁 교육에서 벗어나 친구들과 자유롭게 어울리며 즐겁게 공부하는 행복한 교실을 꿈꿉니다.

한국 교육의 모든 문제를 일거에 해결할 비책을 내놓아야겠다는 야심을 저는 갖고 있지 않습니다. 그것은 누구라도 이루기 힘든 난제이지요. 다만 우리가 한국 교육의 민낯을 정직하게 직시하고, 교육혁명을 위해 학생-교사-학부모 모두가 함께 손잡고 나선다면, 한국 교육은 머지않아 반드시 바뀔 것이라는 믿음을 저는 갖고 있습니다.

사실 이 책은 원래 계획보다 일찍 세상에 나오게 되었습니다. 현실의 다급한 요구가 보다 체계적이고 충실한 책을 내놓겠다는 애초의 계획을 어그러뜨렸습니다. 윤석열 정부가 시대에 역행하는 퇴행적 교육정책을 밀어붙이기 시작했기 때문입니다. 책의 완결성을 조금 희생하더라도 현실의 시급성에 응답해야 한다고 생각했습니다.

저는 윤석열 대통령의 시대착오적인 교육관에 경악했습니다. 2023년 1월 5일 교육부 업무보고에서 그는 말합니다. "교육을 하나의 서비스라고 생각해 보자. 경쟁시장 구도가 돼야만 가격도 합리적이 되고, 소비자들이 원하는 다양한 관련 상품이 만들어질 수 있다. 교육도 마찬가지다." 그는 교육을 '존엄한 인간, 성숙한 민주주의자를 기르는 과정'이 아니라 철저히 시장에서 거래되는 '서비스 상품'으로 보고 있습니다.

윤 대통령의 이러한 시장적 교육관은 밀턴 프리드먼의 영향을 받은 것이 분명합니다. 프리드먼은 '신자유주의의 성서'라 불리는 『선택할 자유』에서 주장합니다. "학교 교육에서 부모와 자녀는 소비자이며 교사와 학교 관리자는 생산자다. 학교산업은 경쟁에 의해 결정될 것이다. 고객들을 만족시키는 학교만이 살아남을 수 있으리라." 프리드먼의 충직한 '수제자'로서 윤 대통령은 철 지난 신자유주의 교육론에 매달려 있는 것입니다.

윤 대통령의 논리에 따르면 교육도 시장의 상품입니다. 따라서 교육도 무한 경쟁의 원리에 따라야 하고, 소비자들의 수요에 맞취 제공되어야 합니다. 세계 최악의 경쟁 교육을 한다고 비판받는 나라에서 현재의 교육을 개선하기는커녕 더욱 악화시킬 위험한 관점입니다. 학교 서열화, 교육 불평등, 살인적 경쟁을 더욱 심화시켜 학생, 교사, 학부모와 사회 구성원 모두를 더 큰 고통에 빠트릴 것이 너무도 자명합니다.

실제로 윤석열 정부가 들어선 이후 경쟁 교육이 빠른 속도로 강화되고 있습니다. 전수평가가 확대되고, 특목고가 부활하고 있으며, 상대평가가 강화되고, 정시가 확대되고 있습니다. 한국 교육이 빠른 속도로 퇴행하고 있는 것입니다. 이처럼 경쟁 교육이 심화되자 윤석열 정부 출범 이후 1년 사이에 사교육비가 무려 26조로 치솟아 역대 최고치를 찍었습니다. 사교육 참여율 또한 78퍼센트로 고공 행진을 지속하고 있습니다. 1인당 월평균 사교육비도 52만 4천원으로 역대 최고치에 이르렀습니다. 경쟁 교육 강화가 사교육 수요를 자극한 결과입니다.

경쟁 교육이 급속히 강화되는 이 '거대한 퇴행'을 목도하며 책의 출간을 서두르지 않을 수 없었습니다. 이 정부의 시대착오적인 교육정책을 저지하지 않으면 한국 교육이 파탄의 벼랑으로 떨어질 것이 너무도 명백하기 때문입니다.

그래도 희망은 있다

인류의 역사는 어쩌면 몽상의 역사입니다. 인류가 성취한 모든 위대한 이상은 한때 누군가의 몽상이었습니다. 노예 해방, 보통

16

선거, 흑인 해방, 민주주의, 공교육, 사회복지, 무상급식 등 오늘날 우리가 자연스럽게 누리는 거의 모든 이념과 제도는 한때 이상주의자들이 꿈꾸던 비현실적 몽상이었지요. 우리 아이들을 끝없는 경쟁으로 내모는 '경쟁 교육'을 넘어 우리 아이들이 자신의 존엄을 자각하고 타인의 존엄을 존중하는 '존엄 교육'으로 나아가는 것은 결코 이루어질 수 없는 꿈이 아닙니다. 혼자 꾸는 꿈은 몽상이지만, 모두가 함께 꾸면, 꿈은 현실이 됩니다.

마이클 샌델은 '능력주의는 폭군'이라고 했습니다. 테오도르 아도르노는 '경쟁 교육은 야만'이라고 했지요. 이제 능력주의 경쟁 교육을 끝내야 합니다. 이제 폭군과 야만의 시대를 끝내야 합니다. 이제 이 야만적 폭군으로부터 우리 아이들을 구해내야 합니다. 그래야 아이들이 행복하고, 교사가 행복하고, 학부모가 행복해질 수 있습니다. 우리가 성숙한 민주사회, 정의로운 복지국가로 나아갈 수 있습니다.

넬슨 만델라는 "한 사회가 아이들을 다루는 방식보다 그 사회의 영혼을 더 정확하게 드러내 보여주는 것은 없다"고 했습니다. 우리 '사회의 영혼'은 무엇인가요. 우리 사회는 아이들을 어떻게 대하고 있나요. 그들을 인간으로서 존중하고, 그들의 삶을 소중히 여기고 있나요. 그들의 행복을 위해 무엇을 하고 있나요. 그들이 개성을 기르고 자유를 누리도록 무엇을 돕고 있나요. 그들이 세계의 고통과 억압에 민감하게 반응하고 연대하는 세계시민으로 자라도록 이끌고 있나요. 그들이 정의와 평등의 감수성을 갖도록 교육하고 있나요. 요컨대 우리는 아이들을 존엄한 인간, 성숙한 시민, 개성적인 자유인으로 기르고 있나요.

우리 국민 열 명 중 여덟 명이 경쟁 교육의 고통을 해소하기 위해 국가가 나서야 한다고 생각합니다. 이제 국가가, 아니 우리 모두가 함께 나서서 경쟁 교육을 끝내고, 학대받고 유린당하는 우리 아이들을 이 지극한 고통에서 구해내야 합니다. 불행한 아이가, 경쟁에 상처받은 아이가, 억압당한 아이가, 생각 없는 아이가 만들어갈 우리 사회의 미래가 두렵습니다. 아이들의 불행은 곧 사회의 예약된 불행입니다. 우리가 우리 아이들을 구하면 그 아이들이 대한민국을 구할 것입니다.

"오로지 희망 없는 자들을 위해 우리에게 희망이 주어져 있다."

괴테의 『친화력』에 나오는 이 말에 특별히 주목한 이는 발터 벤야민이었습니다. 그는 바이마르 공화국 말기의 극심한 정치적 대립과 사상적 혼돈 속에서 『역사철학 테제』를 쓰며 이 말을 인용합니다. 오늘, 이 환멸의 시대에, 왜 저에겐 자꾸 이 말이 떠오를까요. 한 치 앞도 보이지 않는 이 깜깜한 절망의 시대, 희망은, 오직 희망을 잃은 우리를 위해 존재하는 것일지도 모릅니다.

2024년 3월
김누리

| 차례 |

2부 야만의 트라이앵글_ 왜 대한민국은 붕괴하는가

3부 한국 교육, 어떻게 달라져야 하는가

4부 교육혁명, 학생·교사·학부모가 주체여야 한다

5부 대한민국 교육 패러다임의 대전환

1부

교육다운 교육을
한 적 없는 나라

1장

잘못된 교육 목표 설정, 학벌계급사회

황국 신민, 산업 전사 그리고 인적 자원

대한민국은 지금까지 한 번도 교육다운 교육을 한 적이 없습니다. 교육이 존엄한 인간, 개성 있는 자유인, 성숙한 민주시민을 기르는 일이라면 대한민국은 교육을 해본 적이 없는 나라라는 얘기입니다. 지난 100년 동안의 한국 교육은 사실 교육이 '아닌' 정도를 넘어 교육에 '반하는' 것이었습니다. 그러니까 교육을 받으면 받을수록 더욱 인간이 나빠지는 교육이라는 의미에서 '반교육(antieducation)'입니다. 우리 교육은 받으면 받을수록 존엄성, 개성, 민주성을 상실하게 되기 때문입니다.

지난 100년의 우리 교육을 한번 돌아보지요. 먼저 우리는 36년 동안 일본 제국주의의 식민 지배를 당했지요. 이 시기에 교육 목표는 일제에 충성하는 '황국 신민'을 기르는 것이었습니다. 마침내 1945년 해방이 되었지만, 우리는 분단과 내전의 비극을 겪었습니다. 그 역사의 소용돌이 속에서 10년 민간독재와 30년 군사독재를 경험했습니다. 이 독재 시대에 교육의 목표는 '반공 투사, 산업 전사'를 기르는 것이었습니다. 그후 오랜 민주화 투쟁 끝에 마침내 민주정부가 들어선 지 이제 30년입니다.

그렇다면 민주정부는 제대로 된 교육을 했을까요? 존엄한 인간, 성숙한 시민을 기르려고 했을까요? 민주정부가 내세운 목표는 난데없이 '인적 자원'을 기르는 것이었습니다. 그리고 교육부의 이름도 '교육인적자원부'로 바꾸었지요.

이렇게 지난 100년의 교육을 돌아보면 충격적인 사실을 깨닫게 됩니다. 이 나라에선 교육을 해본 적이 없다는 의미이지요. 일제 강점기에는 '제국주의의 노예(황국신민)'를 기르는 것을, 해방 이후 독재정권에서는 '국가주의의 도구(반공 투사, 산업 전사)'를 키우는 것을 목표로 삼더니, 마침내 민주정부에서는 '자본주의의 부품(인적 자원)'을 만드는 것을 교육의 목표로 삼았습니다.

여기서 무엇보다도 충격적인 것은 어렵사리 이룩한 민주정부조차도 존엄한 인간, 성숙한 시민을 키우는 일을 교육의 목표로 삼지 않았다는 사실입니다. 일제 강점기 교육이 지향했던 황국신민이나, 독재정권이 추구했던 '반공 투사' '산업 전사'는 왜곡된 형태이긴 하지만 최소한 '인간'을 기르는 것을 목표로 했지요.

하지만 민주정부가 키우고자 한 건 애초에 인간이 아닙니다. 그들은 인간을 '자원'으로 변화시키고자 한 것입니다. 인간을 천연자원(natural resources)에 대비되는 인적 자원(human resources)으로 본 것이지요. 인간을 자본의 '부품'으로, '원료'로 만들고자 한 것입니다. 그 결과 우리 한국인은 민주정부 아래에서 '인간'이 아니라 '자원'으로 키워졌습니다. 그것은 한국 자본주의가 만들어놓은 끔찍한 악몽이지요. 저는 이러한 도구적 교육관이 한국 자본주의가 초래한 유례없는 불평등보다 한국 사회에 더 장기적이고 심원한 부정적 영향을 미쳤다고 생각합니다.

비단 교육 문제만이 아닙니다. 지금 한국 사회는 사실상 자본독재 사회에 진입했습니다. 우리가 지난한 민주화 투쟁의 역사를 거쳐 마침내 민주주의 사회에서 살고 있다고 믿는 것은 대단히 순진한 생각입니다. 한국 사회는 '군사독재'에서 '민주주의'로 이행한 사회가 아니라, 군사독재에서 자본독재로 이행한 사회입니다. '민주화'는 이 이행 과정을 포장하고 있는 형식에 불과하지요.

지금 한국 사회를 지배하고 있는 건 정치 권력인 것처럼 보이지만, 심층구조를 투시해 보면 진짜 지배자는 자본 권력이라는 것을 알 수 있습니다. 간단한 사례만 들어도 금방 이해할 수 있지요. 박근혜, 이명박은 감옥에 가둘 수 있지만 이재용은 가두기 힘듭니다. 물론 두 전직 대통령도 역사의 퇴행에 힘입어 얼마 전에 풀려났지만, 그것이 그들의 권력이 자본가의 권력을 능가한다는 의미는 아닙니다.

인간을 지배하는 자본의 언어

한국 사회에서 '인적 자원'이라고 하는 인간 경멸적인 용어가 아무런 저항감 없이 통용된다는 사실에서 저는 깊은 수치심을 느낍니다. 이는 우리 사회가 완전히 '가치가 전도된 사회'가 되었음을 보여줍니다.

'인적 자원'이란 말의 주체는 누구인가요. 인간이 주체인가요, 아니면 자본이 주체인가요. 인간이 다른 인간을 자원이라고 부르지는 않겠지요. 자본의 관점에서 보았을 때 자연 상태의 자원은 '천연 자원'이고, 인간의 능력과 노력은 '인적 자원'이라고 보겠지요. 그러니 이 말은 오늘날의 세계, 특히 한국 사회의 지배자가 누구인지를 확실히 보여줍니다. 인간이 자본을 지배하는 것이 아니라, 역으로 자본이 인간을 지배하고 있다는 사실을 보여주는 것이지요.

한국 사회에서는 이처럼 전도된 언어가 활개치고 있습니다. 여기에 비판적 의식을 가지고 문제를 제기하는 목소리를 찾아보기 어렵습니다. '노동의 유연화'라는 말도 마찬가지입니다. 노동을 '유연화'한다니 무슨 말인가요? 노동자를 필요할 때 편하게 가져다 쓰고, 또 필요 없을 때 편하게 잘라버리겠다는 것이지요.

'유연'이라는 말은 '경직'이라는 말보다 긍정적입니다. 그러나 자본의 마음대로, 자본의 필요에 따라 노동자의 생사여탈권을 쥐고흔들 수 있다는 끔찍한 현상이 '유연'이라는 말로 아름답게 포장됩니다. 반면 노동자의 생존권을 최대한 보장해야 한다는 도덕적 요청이 '경직'이라는 말로 악마화됩니다. 이 또한 전도된 언어이지요.

'노동의 유연화'라고 얘기할 때 이것은 자본의 관점에서 하는 말이지, 인간의 관점에서 나오는 말이 아닙니다. 이미 우리가 쓰는 대다수의 언어가 자본의 관점에서 인간을 재단하는 용어입니다. 그러니까 우리는 자본을 위해 몸을 바치는 '인적 자원'으로 길러지면서, 자본의 이해관계에 종속된 부품으로 전락합니다. 그러면서 자연스럽게 자본의 관점에서 세상을 보는 전도된 시각을 내면화하게 되는 거지요.

자본이 마음대로 인간을 억압하고, 착취하고, 해고하고, 심지어 '산업재해'라는 이름으로 일상적으로 상해하고, 살해하는 것을 마치 더 선진적이고 더 좋은 사회로 가는 필연적인 과정인 양 받아들이고 있습니다. 최근의 노동 관련법 개악과 '중대재해처벌법'의 개악 시도를 보면 한국 사회의 심각한 노동 착취 현실을 이해할 수 있을 것입니다. 이것이 한국 사회에서 자본독재가 작동하는 방식입니다. 이런 작동방식을 가능하게 하는 것이 바로 '인적 자원'을 기른다는 반인간적, 친자본적 교육철학입니다.

요즘 대학생들이 많이 쓰는 용어 중 '스펙'이라는 말이 있습니다. 대학생들이 '스펙을 쌓는다'고 하면 어디로 어학연수를 다녀오고, 토익을 몇 점 맞고, 어떤 자격증을 취득하는 등의 일을 뜻합니다. 그러나 사실 정상적인 사회라면 스펙이란 말을 쓰는 자에 대해 비판하고 분노해야 마땅합니다. 이는 너무도 인간을 경멸하는 말이기 때문입니다. 스펙은 영어 'specification'의 약자로, 원래 무기의 사양, 즉 무기의 성능이나 특성을 뜻합니다. 예를 들어 이 총은 사정거리가 500미터이고 인간을 동시에 5명 살상할 수 있다, 이런 설명을 할 때 쓰이는 말이 스펙입니다. 이런 끔직한 말을 한 인간의 능력을 규정하는 개념으로 쓴다는 게 말이 됩니까? 저는 스펙이라는 말이 갖는 유일한 메타포적 미덕은 그것이 인간을 죽이는 살상무기의 성능을 뜻하는 말이라는 점이라고 생각합니다.

'인적 자원' '노동의 유연화' '스펙'이라는 말에서 살펴보았듯이, 현대 사회의 지배는 근본적으로 언어에 의한 지배입니다. 다시 말하면 언어를 통해 인간의 의식을 장악함으로써 지배하는 것입니다. 역사적으로 돌아보면, 그것은 이미 근대의 개막을 의미하는 프랑스 대혁명 때부터 시작됐습니다. 언어를 지배하는 자가 세계를 지배합니다.

우리가 부당한 권력이 지배하는 사회에서 아무런 저항이나 반발 없이 순응하는 이유는 '나'를 노예로 만드는 권력의 언어가 나의 정체성으로 내면화되어 있기 때문입니다. '나'를 노예로 만드는 그 자의 언어를 내가 사용하는데, '나'의 생각과 감정과 욕망과 무의식이 사실은 나를 지배하는 노예 감독관의 그것인데, 어떻게 내가 해방될 수 있겠습니까? 이것은 결국 이데올로기의 문제입니다. 우리가 쓰는 모든 언어는 결국 지배의 언어라는 것을 인식해야 합니다.

오늘날 우리가 자본독재 시대에 살고 있다는 사실은 과거의 군사독재 시대와 비교해 보면 쉽게 알 수 있습니다. 지난날 군사독재는 어떻게 작동했나요? 주로 물리적 폭력을 통해 작동했습니다. 박정희, 전두환, 노태우 등 육군 소장 출신들이 정권을 잡은 시대를 돌아보세요. 그 시대는 노골적인 폭력과 고문, 납치와 살해의 시대였습니다. 그러나 오늘날 자본독재는 그렇게 노골적이고 거친 방식으로 지배하지 않습니다. 자본은 폭력이 아니라, 언어를 통해 사람들의 의식세계를 장악하고, 노예 감독관을 내면에 심어 끝없는 자기착취를 강요합니다.

교실에서부터 시작되는 불행

한국 사회의 불행은 교실에서 시작됩니다. 교실에서 아이들을 '우수한' 아이와 '열등한' 아이로 끝없이 나누고, '열등한' 아이들은 일상적으로 차별을 경험합니다. 그러니 소수의 우수한 아이들을 제외한 대다수 아이들이 아주 이른 나이부터 불행을 내면화합니다.

각종 지표들에 따르면 우리 사회에는 우울한 아이들이 너무나 많습니다. 아동 우울증의 수치가 너무 높고, 아동의 행복지수는 너무나 낮습니다. 청소년 행복지수도 지극히 낮습니다. 한국방정환

재단이 연세대학교 사회발전연구소에 의뢰한 '한국 어린이·청소년 행복지수 국제비교연구 조사결과 보고서'에 따르면, 2021년 한국 어린이 청소년 행복지수는 1위를 차지한 네덜란드(115.2점)에 비해 현격하게 낮은 79.5점으로 OECD 22개국 중 최하위를 기록했습니다.

또 한국의 학생들 중 매년 5만에서 8만 명이 학교를 떠납니다. 교육정책이 바뀔 때마다, 예컨대 정시 비율의 변동에 따라, 많은 아이들이 학교를 떠납니다. 그리고 청소년 자살률은 OECD 평균을 크게 상회하고, 청소년 사망 원인 1위도 자살입니다. 청소년 셋 중 한 명이 일상적으로 자살 충동에 시달리고 있다는 것도 충격적입니다. 이런 사실들은 우리 아이들이 얼마나 참혹한 상황 속에서 살고 있는지, 이들의 불행이 얼마나 처절한지를 여실히 보여줍니다.

학창시절 불행을 내면화한 아이들이 과연 어른이 되어서 행복한 삶을 누릴 수 있을까요? 중고등학교 시절에 한 번도 진정한 행복을 느끼지 못한 아이가 과연 성인이 되면 타인의 행복을 위해 일할 수 있을까요? 이는 한 사회의 정신적 성숙과 건강성과 관련하여 매우 중요한 물음입니다.

앞서 살펴보았듯이, 프랑스의 권위지 《르몽드》에서는 한국 교육을 집중 취재하고 나서 다음과 같은 결론에 이르렀습니다. "한국의 학생들은 전 세계에서 가장 불행한 아이들이다. 왜냐하면 한국의 교육은 가장 경쟁적이고, 가장 고통을 주는 교육이기 때문이다."

왜 우리 아이들이 '세계에서 가장 불행한 아이들'이어야 합니까? 언제까지 아이들을 이런 불행 속에 방치해야 합니까? 우리 어른들처럼 이렇게 무책임하고, 미성숙한 사람들이 세상 어디에 있을까요?

한국 엘리트가 보여주는 미성숙과 오만

한국의 교육은 소수의 승자와 다수의 패자를 만드는 교육입니다. 승자는 모든 것을 독식하고 패자는 모든 것을 잃는 구조입니다. 그러니 교실이 전쟁터가 되는 것은 당연합니다. 이러한 전쟁터에서 승자는 오만함을, 패자는 열등감을 내면화합니다. 이것이 '오만과 모멸'의 구조로서 사회적 심리의 바탕을 이룹니다. 현재 한국 사회가 안고 있는 문제는 근본적으로 전쟁터와 다름없는 우리의 교육 현실에서 배태된 것입니다.

한국 사회 엘리트의 문제점은 이미 여러 모습으로 드러났습니다. 먼저 의사들의 경우를 볼까요. 우리 모두가 코로나 시대에 어려움 속에서 많은 것들을 체험했지만, 특히 그 과정에서 의사들이 보인 태도는 지극히 이해하기 어려웠습니다. 코로나 초기에 문재인 정부는 방역에 목숨을 걸었습니다. 어떻게 해서든 코로나가 번지지 않게 하기 위해 엄청난 노력을 기울였습니다.

정부가 이처럼 방역에 사활을 건 이유는 무엇일까요? 그것은 우리나라의 의료체계가 너무나도 부실하기 때문이었습니다. 특히 의사 수가 절대적으로 부족해서 환자 수가 급증하면 의료체계가 붕괴할 지경이었습니다. 상황이 급박하게 돌아가자 정부는 공공병원을 확충해야 한다는 판단을 하게 되었고, 이를 위해 의사 수를 증원하는 계획을 발표했습니다.

이러한 일련의 과정을 이해하기 위해서는 우선 우리의 의료 상황을 좀더 상세히 살펴볼 필요가 있습니다. 한국은 OECD 국가 중에서 의사의 수가 가장 적은 나라에 속합니다. 2022년 기준 한국의 의사 수는 인구 1,000명당 2.1명으로 OECD 국가 중 꼴찌입니다(한의사를 포함할 경우 2.6명으로 OECD 국가 중 꼴찌에서 두 번째입니다). OECD 평균 의사 수가 3.7명이니, 이에 비해 1명 이상이 모자란 것입니다. 여러분, 1명이 부족하다고 하니 마치 별것 아닌 듯이 느껴지지만, 잘 생각해 보세요. 이것이 통계의 마술입니다.

1,000명당 1명이 부족하다는 것인데 우리나라 인구가 5천2백만 명 정도이니까, 약 5만 2천 명이 부족한 것입니다. 적지 않은 숫자이지요. 독일의 경우는 4.4명으로 우리의 2배가 넘습니다. 그래서 정부가 의료진 수를 늘린다고 발표했을 때 정말 반가웠습니다. 적어도 3만 명은 늘리지 않을까 기대했습니다. 하지만 정부가 발표한 수치는 고작 1년에 400명씩 10년 동안 4천 명을 늘린다는 것이었습니다. 이 수치만으로도 실망스러웠습니다.

하지만 더 놀라운 일은 그 다음부터입니다. 정부의 발표가 있자 의사들이 가운을 벗어던지고 거리로 나온 것입니다. 의사 수를 늘린다는 정부의 방침에 반대하기 위해서랍니다. 4천 명이 아니라 단 1명도 늘리지 못한다고 주장했습니다. 코로나로 온 나라가 비상상황인데, 그들은 국민의 목숨을 볼모로 삼아 시위를 벌였습니다. 당시 그들이 발표한 성명서와 홍보물을 보고 저는 경악했습니다.

"당신들은 어떤 의사에게 진료를 받고 싶으십니까. 전교 1등을 놓치지 않기 위해 공부에만 전념한 의사인가요, 아니면 실력은 한참 모자라지만 추천에 의해 공공병원 의사가 된 의사인가요."

여기서 '전교 1등'이란 말이 왜 나올까요? 어떻게 다 큰 성인이 유치하게도 오로지 학창시절의 성적을 자신의 정체성으로 삼을 수 있을까요. 세상을 보는 관점이 오직 학력 격차에만 매몰되어 있다는 사실이 놀랍습니다. 그리고 '실력은 한참 모자라다'니요? 인간에 대한 최소한의 예의도 찾아볼 수 없습니다. 초등학생이 써도 이런 천박하고 어리석은 글을 쓰지는 않았을 것입니다. 이는 대한민국 교육이 길러낸 엘리트 집단이 얼마나 미성숙한지를 단적으로 보여줍니다. 이 성명서는 대한민국 교육이 실패한 정도가 아니라, 완전히 파탄에 이르렀음을 보여주는 역사적 기록입니다.

의사들의 시위가 더욱 놀라운 점은 의사들이 누리는 엄청난 수입 때문입니다. 한국 의사들의 수입은 전 세계에서 가장 높습니다. 2023년 7월 OECD 보건통계에 따르면 의사의 월급은 1위 한국, 2위 네덜란드, 3위 독일, 4위 아일랜드 순입니다. 한국의 의사는 연봉 19만 2749달러(약 2억 4633만 원)로 한국인 평균임금의 4.4배를 벌고 있습니다. 이러한 엄청난 고소득이 바로 가장 적은 의사 수와 관련이 깊다는 데 문제의 심각성이 있습니다. 한국의 의사들은 자신들만의 성을 쌓아놓고 엄청난 특혜를 누리고 있는 것입니다.

그럼 독일의 경우는 어떨까요? 독일에서도 코로나 사태는 의료체계에 심각한 충격을 주었습니다. 독일 정부 역시 코로나를 겪으면서 의사 수를 획기적으로 늘린다는 발표를 했습니다. 이미 언급한 대로 독일은 우리보다 의사 수가 2배 이상이나 많은데도 그 수로는 부족하다고 생각한 것입니다. 독일 정부는 전체 의대 정원의 50퍼센트를 증원한다는 파격적인 대책을 발표했습니다.

이에 대해 독일의사협회는 어떤 반응을 보였을까요? 그들도 우리나라 의사처럼 격렬히 반대했을까요? 아닙니다. 독일의사협회의 반응은 '대환영'이었습니다. "정부의 정책은 너무도 타당하다. 지금 의사들이 과중한 업무로 인해 과로사 직전의 상태에 놓여 있다. 의료서비스의 질도 급격히 떨어졌다. 그러니 의사 수를 파격적으로 늘리는 것은 당연한 일이다"라고 지지 입장을 밝혔습니다.

왜 이런 차이가 생기는 것일까요? 독일 의사는 다른 의사를 보호하고 연대해야 할 '동료'라고 생각합니다. 그에 반해 한국 의사는 다른 의사를 '경쟁자', 심지어는 '적'이라고 생각합니다. 학교에서부터 전쟁을 치른 한국 의사들은 이런 트라우마에서 평생 벗어나지 못하는 겁니다. 바로 이런 의식이 대한민국을 세계 최악의 '갈등 공화국'으로 만들었습니다.

한국에서는 80퍼센트가 넘는 아이들이 학교에서 전쟁터를 경험합니다. 한국은 그런 의미에서 '전쟁 생존자 사회'입니다. 전쟁을 겪은 생존자는 일생에 걸쳐 트라우마를 갖게 됩니다. 이 전쟁터에서 살아남은 승자들은 대부분 자신의 능력이 뛰어나 부와 권력을 누린다는 인식, 오만한 엘리트 의식에 사로잡혀 있습니다. 반면 한국인의 대다수를 이루는 패자들은 인생을 시작하기도 전에 열등감, 무력감, 패배감, 좌절감, 그리고 절망감에 빠져 있습니다. 이런 '구조적 불행'을 이제는 극복해야 합니다.

2장

열등감과 모멸감을
내면화하는 교실

아이들의 잠재력을 죽이다

일반적으로 서양에서 교육을 의미하는 말은 에듀케이션(education)입니다. 어원적으로 보면 'educate'라는 말은 'e'는 '밖으로', 'duce'는 '끌다'라는 의미가 합쳐진 말입니다. 즉 'pull out'을 뜻합니다. 그러니까 교육은 '밖으로 끌어낸다'는 뜻을 가지고 있습니다. 아이들의 내면에 깃든 고유한 특성들, 취향, 경향, 소양, 소질, 재능, 천재성 등을 끄집어내는 일이 교육이라는 것이지요.

사실 모든 인간은 자신만의 고유한 취향, 성향, 재능을 가지고 있습니다. 인간이 존엄한 이유는 어쩌면 똑같은 사람이 한 명도 없기 때문입니다. 또한 우리가 나중에 사라지더라도 우리와 똑같은 인간은 이 우주에 다시는 나타나지 않습니다. 나와 똑같은 사람은 과거에도 없었고, 미래에도 없을 것입니다.

아이들은 개개인이 하나의 우주이며, 누구나 고유한 무언가를 가진 잠재적 천재입니다. 그런 유일무이한 존재 안에 들어 있는 고유한 것을 끌어내는 일이 바로 교육입니다. 아이들은 저마다 행복감을 느끼는 독특한 순간들이 있습니다. 이처럼 아이들에게 내재된 고유한 것, 독특한 것, 천재적인 것을 포착해서 발현하도록 돕는 일, 이것이 바로 교사들이 해야 할 '교육'인 거지요.

이러한 관점에서 한국 교육을 한번 돌아보세요. 이것을 과연 교육이라고 부를 수 있을까요. 한국에서는 아이들 안에 있는 고유한 잠재력을 '끄집어내는' 것이 아니라, 밖에 있는 죽은 지식을 '처넣는' 것을 교육이라고 부릅니다. 철두철미하게 안티에듀케이션인 것이지요. 끌어내는 교육이 전혀 이루어지지 않을 뿐만 아니라, 오히려 그 정반대의 것을 해왔기 때문에 제가 반교육이라고 부르는 겁니다.

한국인들이라고 해서 다양한 성향과 욕망, 재능과 취향을 가진 사람이 없을까요? 그럴 리가 없지요. 그런데도 왜 한국에서는 개성적인 인간, 자유로운 영혼을 가진 인간, 상식을 부수는 천재를 보기가 이렇게도 어려운가요? 그 이유는 바로 잘못된 교육 때문입니다. 아무리 고유한 개성을 가진 아이도, 누구도 따를 수 없는 천재성을 가진 아이도 한국 교실에서 12년을 지내고 나면 아무리 잘되어도 그저 '준수한 범재'가 됩니다. 한국 교육기관에 들어간 순간부터 그곳을 거쳐 나오는 동안 개성도, 고유한 취향도, 독특한 재능도 없는 인간, 그야말로 연탄공장에서 찍어낸 연탄처럼 표준적인 인간이 되어 나옵니다. 차이는 이마에 수학 점수 몇점, 영어 점수 몇 점이라고 박혀 나오는 것이 유일합니다.

『어린 왕자』로 잘 알려진 앙투안 드 생텍쥐페리는 현실적인 조건 때문에 보석 같은 천재성을 발휘하지 못하는 아이들을 '살해당한 모차르트'라고 얘기한 적이 있습니다. 한국의 교실에서 얼마나 많은 천재가 교살되었을까요? 이런 생각을 하면 가슴이 먹먹합니다.

천재란 무엇입니까? 말 그대로, '하늘이 내린 재주'입니다. 이런 재주는 아무나 갖지 못하지요. 그래서 천재의 가장 중요한 특징은 '딱 하나만 잘한다'는 것입니다. 모든 일을 골고루 잘하는 천재는 없습니다. 그런 사람은 '범재(凡才)'입니다. 평범한 재능인 것이지요. 만약 어떤 천재가 한국 교실에서 교육받는다면, 그는 틀림없이 열등생으로 낙인찍혀 교실에서 살아남지 못할 겁니다.

한국에서는 모든 것을 골고루 잘하는 학생을 모범생, 우등생이라고 부릅니다. 그런 학생들이 스카이에 가는 거지요. 천재는 스카이에 가기 힘듭니다. 실제로 제가 4년간 서울대에서 가르치면서 만난 학생들 중에서 '아, 이 아이는 천재구나' 하는 느낌을 받은 학생은 거의 없었습니다. 경이로운 수준의 강박적 성실성을 가진 학생들은 많이 보았습니다. 인간이 어떻게 저렇게까지 성실할 수 있을까 놀라면서, 한편으론 이 '착한' 아이들에게 너무도 안타까운 심정이었습니다.

우리 사회에서 우등생 중에 천재가 없다는 사실은 한국 교육에 주는 준엄한 경고입니다. 창의성이 결여된 상태에서 단지 죽은 지식을 외우는 데 능한 아이들이 천재로 성장하기를 기대하는 것은 애초에 말도 안 되는 일입니다. 지금이라도 아이들 내면에 잠재된 천재성을 키우기 위해서는 지금과는 정반대의 교육으로 전환해야 합니다.

자아를 짓밟는 우열 교육

진정한 교육은 아이들 안에 있는 고유한 것을 끄집어낼 뿐만 아니라, '강한 자아'를 가진 인간으로 기르는 것입니다. 강한 자아를 가진 인간만이 성숙한 민주시민이 될 수 있기 때문입니다. 독일의 철학자 테오도르 아도르노는 "민주주의의 최대 적은 약한 자아"라고 했습니다. 간단히 말하면, 자아가 약한 사람들로 이루어진 공동체는 민주주의를 할 수 없다는 말이지요. 강한 자아를 가진 사람은 당당하게 자신의 주장을 펼치고 타인의 의사를 존중하고 불의한 권력에 저항할 수 있습니다. 그래서 독일에서는 강한 자아를 가진 인간을 기르는 것을 교육의 가장 중요한 목표로 삼고 있습니다.

그런데 한국 교육은 어떤가요? 12년 동안 학교 교육을 마치고 나오면 강한 자아를 가진 인간이 될까요? 한국 교육은 강한 자아를 길러주기는커녕 아이들의 약하디 약한 자아마저도 망가뜨립니다. 아이들 대부분이 학교에 들어선 이후 살인적인 경쟁 교육 속에 내몰려 일상적으로 열등감과 모멸감을 내면화하고, 이 과정 속에서 자아는 더욱 약해지거나 소실되는 지경에 이르게 됩니다.

제가 학교에 다니던 시절에는 우열반이라는 게 있었습니다. 오전에는 함께 수업을 듣다가 점심을 먹고 나서는 우반과 열반으로 나누어 수업을 했습니다. 그 당시에는 이것이 얼마나 끔직한 인권 침해인지 전혀 인식하지 못했습니다. 어떻게 인간을 우월한 자와 열등한 자로 나누는 일이 학교에서 벌어질 수 있을까요?

그 시절에도 제 안에 '이건 아니지 않나?'라고 느끼는 어떤 감각이 있었습니다. 지금 돌아보면, '왜 그때 문제를 제기하지 못했을까, 내 안에 무엇이 그것을 못하게 했을까' 하는 생각이 들곤합니다. 우열을 나누는 것, 그것은 파쇼 교육의 전형입니다. 히틀러가 제일 좋아한 것이 우열을 나누는 것이었습니다. 세상을 우월한 자와 열등한 자로 나눈 후 우월한 자가 열등한 자를 지배하는 일을 자연의 순리라고 보았습니다. 우월한 아리안족과 열등한 유태족을 나누고, 이런 우열 사상을 바탕으로 유태인을 학대하고 학살한 비극적 역사를 떠올려 보세요. 사실 학생을 우반, 열반으로 나누는 것은 전형적인 '일상의 파시즘'입니다.

요컨대, 우리는 파시즘 교육을 받았습니다. 그런데 이런 교육이 지금도 계속되고 있습니다. 경쟁과 우열이 지배하는 학교에서, 아이들은 스스로를 존중하고 자신 안에 있는 잠재력을 구현하는 것이 아니라, 스스로를 경멸하고 열등감을 느끼며, 점점 자아가 약해지는 것입니다.

제가 고등학교에 다닐 때는 심지어 이런 야만적인 일도 다반사였습니다. 시험을 보고 나면 학교 게시판에 1등에서 600등까지 석차를 붙여놓았습니다. 인간을 경시하고 모욕하는 일이 너무나 일상적이었기 때문에 우리는 그것의 문제점도 못 느끼는 둔감한 인간으로 훈육되었습니다. 인권에 대한 감수성이 거의 제로인 인간으로 자란 것이지요.

그런데 그런 일상의 파시즘이 지금도 한국 사회를 지배하고 있고, 대학 서열화의 형태로 한국 교육에서 답습되고 있습니다. 저는 이것을 '교육'이라고 부를 수 없습니다. 이것은 그야말로 '반교육', 인간 존엄에 대한 최소한의 감각도 갖지 못한 파시즘 교육입니다.

컴퓨터가 채점하는 대학입학 시험

한국 특유의 주입식 교육도 전도된 교육관의 산물입니다. 우리 아이들이 사유하는 능력이 떨어지고, 토론에 약한 현상은 모두 주입식 교육의 결과입니다. 정답을 잘 고르는 아이, 무조건 많은 지식을 잘 암기하는 아이를 우수하다고 하니, 한국 학교에서 깊은 사유를 하는 아이는 열등생이 될 수밖에 없습니다. 문제를 빨리빨리 풀어야 하고, 정해진 답만을 말해야 하는 교실에서 다양한 가능성을 긴 호흡으로 사유하는 아이들은 살아남을 수 없는 것이지요.

제가 가장 싫어하는 방송 프로그램이 바로 퀴즈입니다. 정답을 잘, 빨리 찾아내는 자가 이기는 게임이기 때문입니다. 우리는 퀴즈 프로그램을 통해 단순 지식을 암기하는 일을 기본적인 학습방식으로 내면화하게 됩니다. 이런 방식은 대단히 위험합니다. 그것이 파쇼 교육의 기본형, 원형이기 때문입니다. 파쇼 교육은 'A=B'를 기본형으로 합니다. 우리 세대는 학교에서부터 모든 지식은 암기를 통해 내 안에 축적되는 것이라고 배웠습니다. 학교에서는 구구단을 외웠고, '국민교육헌장'을 외웠고, 군대에 가서는 '군인복무규정'을 외웠습니다. 사유하지 않고, 의심하지 않고, 비판하지 않고, 무조건 암기하는 것이 파시즘 교육의 영혼입니다.

사실 'A=B'라는 류의 지식은 이미 컴퓨터에 잔뜩 쌓여 있습니다. 왜 이런 가치 없는 지식을 외우고 있어야 합니까? 우리가 알아야 할 것은 'A=B'라고 하는 '주장' 뒤에 작동하고 있는 '권력의 움직임'입니다. 모든 지식의 배후에서 작동하는 권력의 동태를 포착하는 통찰력을 아이들에게 가르쳐야 합니다. 그러한 비판적 성찰 능력을 가져야 성숙한 민주주의자가 됩니다.

지식의 단순 암기능력으로 아이들을 평가하는 한국 교육의 배후에는 또다시 경쟁의 논리가 작동하고 있습니다. 공정한 경쟁, 공정한 평가라는 이름으로, 공정성을 가장 잘 담보하는 객관적 방법이라며 '명명백백한 지식' '죽은 지식'을 가지고 아이들을 평가합니다. 단순 지식의 습득 정도를 묻는 것입니다.

가장 결정적인 시험이라고 하는 대학입학시험을 기계가 채점하는 나라는 선진국 중에서는 한국이 유일합니다. 이것은 야만이지요. 이런 평가 방식은 교육의 내용을 공동화하고 황폐화합니다. 그 과정에서 아이들은 사유할 수 있는 일체의 공간을 빼앗기게 됩니다. 사유가 없는 단순한 지식 조각들을 머릿속에 많이 저장하고 있는 아이를 모범생이라고 부르는 교육은 100퍼센트 '반교육'입니다.

서울대 학생 중에서도 학점이 높은 우등생 그룹이 있다고 합니다. 교육과혁신연구소 이혜정 소장이 쓴 『서울대에서는 누가 A+를 받는가』라는 책에는 4.3점 만점에 평균 4.0 이상의 학점을 받은 서울대 2, 3학년 최우등생들을 대상으로 실시한 흥미로운 조사 결과가 나옵니다. "그렇게 높은 학점을 받은 비결은 무엇인가요?"라는 물음에 응답자의 87퍼센트가 "교수님이 얘기하시는 걸 콤마 하나 빼놓지 않고 그대로 받아 적어요. 요약하는 게 아니라 교수님 말씀을 완성된 문장 그대로 똑같이 적는 거예요. 단어 그대로 똑같이"라고 답했다고 합니다.

이른바 대한민국의 최고 명문대학에 다니는 우등생들이 이런 야만적인 방식으로 공부를 한다니 저는 큰 충격을 받았습니다. 지식을 그대로 암기하는 능력은 어떻게 컴퓨터를 따라가겠습니까? 한국 최고의 우등생들이 그저 '질 낮은 컴퓨터'에 불과하다는 사실이 우리 사회의 미래를 암울하게 합니다.

앞서 말했지만, 대한민국은 선진국 중에서 유일하게 대학입학 시험을 컴퓨터가 채점하는 나라입니다. 컴퓨터가 채점을 한다는 것은 정답이 명명백백하다는 말입니다. 정답이 분명하지 않으면 기계로 채점할 수 없지요. 사지 혹은 오지 선다형의 문제를 내고 그중에 답 하나를 선택하면 그게 맞는지 틀린지 기계가 판단합니다. 이것이 바로 한국 교육의 가장 핵심적인 문제입니다. 컴퓨터에 물어보면 다 아는 정답을 왜 알아야 하는 것입니까? 특히 이런 식의 지식 교육, 암기 교육은 4차 산업혁명 시대에는 전혀 맞지 않습니다.

4차 산업혁명은 인간의 많은 능력을 인공지능, 로봇 같은 초고능력 기계가 대체하는 시대입니다. 그러니 미래의 교육이 길러주어야 할 능력은 도저히 기계가 대체할 수 없는 '인간만의 고유한' 능력입니다. 그것은 다름 아닌 비판능력, 사유능력, 상상능력, 공감능력이지요. 그리고 이런 능력은 기계가 측정할 수 없습니다. 죽은 지식을 계속 아이들 머릿속에 처넣는 것을 교육이라고 생각하는 구시대적 교육관 때문에 한국은 교육뿐 아니라 학문도 후진 상태를 벗어나지 못하고 있습니다. 지금도 여전히 대한민국에서 학문 분야 노벨상이 나오지 않는 이유는 바로 여기에 있습니다.

자본이 원하는 소비자와 노동자

우리 교실의 우등생들은 단편적인 지식의 조각들은 머릿속에 잔뜩 지니고 있을지라도, 거기서 더 나아가지 못하는 경우가 많습니다. 지식을 나의 사유로 흡수하여 활용할 줄 모르기 때문입니다. 한국 학생들은 지식을 무비판적으로 흡수하는 데 능하지만, 그것을 성찰하는 교육을 받아보지 못했기에 사유능력이 현저히 떨어집니다.

특히 한국의 학생들에게 결여되어 있는 것이 비판적 사유능력입니다. 비판을 부정적으로 보는 잘못된 교육관 때문에 한국 학생들은 비판능력이 현저히 떨어집니다. 그 결과 한국 교실에서 자라나는 인간은 비판적 사유능력을 가진 '성숙한 시민'이 아니라, 자본독재에 잘 순응하는 '미성숙한 신민'입니다.

자본의 관점에서 볼 때 가장 이상적인 인간, 가장 이상적인 소비자는 누구겠습니까? 무엇보다도 개성이 없는 인간입니다. 자본은 개성을 싫어합니다. 자본이 시장에 뭔가 내놓으면 파블로프의 개처럼 조건 반사하듯 덥석 무는 무개성적 인간이야말로 가장 이상적인 소비자입니다. 저는 한국 교육 안에서 이루어지는 개성에 대한 무자비한 억압, 개성을 가진 아이들이 고통을 당하고 남과 같아지려고 노력하는 동조 현상, 이른바 '왕따 현상'의 배후에는 개성을 말살하고자 하는 자본의 의지가 숨어 있다고 봅니다.

또한 자본이 원하는 이상적인 노동자는 누구일까요? 자본은 개성 없는 소비자뿐만 아니라, 개성 없는 노동자를 좋아합니다. 자본의 입장에서 개성은 '오류 가능성'에 불과하기 때문입니다. 나아가 자본이 바라는 이상적인 노동자는 군소리 없이, 비판 없이 시키는 대로 순종하는 인간입니다. 사유하지 않고, 지배자가 정답이라고 정해준 것을 잘 고르는 인간입니다. 바로 한국 교육이 그런 인간을 길러내고 있습니다. 한국 교육이 정해진 정답을 잘 고르는 아이, 비판의식 없이 단순한 지식을 잘 암기하는 아이를 모범생이라고 부르는 이유는 바로 여기에 있습니다.

사유능력에 대해 이야기하다 보니 얼마 전에 만난 고등학교 3학년 여학생이 떠오릅니다. 그 학생은 고등학교 1학년 때 교환학생으로 독일에 갔다가 경험했던 이야기를 꺼냈습니다.

"어떤 수업이건 끝나면, 아이들이 몰려와 묻는 거예요. '너는 어떻게 생각하니?' 수업 시간마다 이렇게 물으니까 몹시 곤혹스러웠어요. 일주일 내내 '어떻게 생각하느냐'는 질문 공세를 받았는데, 저는 한 번도 제대로 된 대답을 못했어요. 그래서 주말에 방에 혼자 앉아 곰곰이 생각해 보았죠. '나는 과연 어떻게 생각하는가' 그러다가 놀라운 사실을 발견했어요. '내 머릿속에 아무런 생각이 없다'라는 사실 말이에요."

이것이 과연 이 학생만의 일이겠습니까? 한국 학생들의 머릿속에 과연 자기 생각이, 고유한 사고가 얼마나 있을까요?

실제로 제가 우리 대학생들과 이야기를 나누다 보면 절망감을 느낄 때가 많습니다. 그렇게 성실히 공부하지만, 자기 생각을 가진 학생을 찾아보기 어렵습니다. 자신만의 개성을 가진 학생을 보기 힘듭니다.

독일의 정치 철학자 한나 아렌트는 "무사유는 범죄다"라고 단언했습니다. "무지는 용서할 수 있다. 그러나 무사유는 용서할 수 없다. 무지는 지식의 부정 혹은 부재이지만 무사유는 의미의 부정이기 때문이다." 사유하지 않는 것, 특히 비판적으로 성찰하지 않는 것은 단순한 나태나 태만을 넘어 범죄에 동조하는 길이라는 뜻이지요.

다시 말하면 지식만 있고 사유하지 않는 인간은 의미를 성찰하지 않는다는 겁니다. 그처럼 의미를 성찰하지 않는 자들이 결국 20세기 최악의 정치적 비극을 낳게 된 것입니다. 여기서 한나 아렌트가 지목한 대상은 무엇보다도 나치 시대의 사유하지 않는 독일의 판사들이었습니다. 이 판사들을 아렌트는 '넥타이맨 살인자'라고 불렀지요. 그들은 법조문에 나와 있는 지식을 그대로 적용할 뿐 그것이 뜻하는 의미를 사유하지 않았다는 거죠. 그것이야말로 범죄라는 거예요.

달달달달 외운 지식을 정답이라고 찍다 보면 사유능력이 저하될 뿐만 아니라 의미를 부정함으로써 결국은 범죄자의 하수인이 될 위험이 있습니다. 독일의 참혹한 역사, 아우슈비츠의 비극이 이를 생생하게 증언하고 있습니다. 독일인들은 아우슈비츠를 반복하지 않기 위해서는 비판적 사유가 반드시 필요하다는 것을 깨닫고 이를 교육 현장에 적용했습니다.

우리도 군사독재 30년 동안 수많은 '사법살인'을 목도했습니다. 한국 교육이 길러낸 대표적인 엘리트인 판사들은 과연 얼마나 사유하는 지식인이었을까요. 과연 얼마나 자신이 내린 판결의 '의미'를 성찰했을까요? 최근 양승태 사법부가 벌인 사법농단 사건에 대한 47개 혐의 모두에 대해 무죄 선고를 한 판사를 보며 저는 또다시 '한국 교육은 실패한 것이 아니라 파탄이구나'라는 느낌이 들었습니다.

저는 독일에서 비교적 많은 청소년을 만난 편입니다. 그들을 만날 때마다 우리 청소년과는 다른 무언가가 그들에게 공통적으로 내재되어 있다고 느꼈습니다. 그것은 바로 사유입니다. 그 사유는 '비판적 사유'였습니다. 어느 것 하나 그대로 받아들이는 것 없이, 사유의 체로 거르는 습성이 그들에게는 제2의 자연으로 자리잡고 있음을 느꼈습니다. 이러한 비판적 사유능력이 오늘날 독일의 힘이고, 독일 민주주의의 힘입니다.

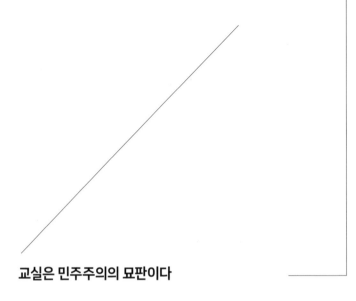

3장

민주주의를 가로막는 학교

교실은 민주주의의 묘판이다

얼마 전 민주당 교육위원회에 속하는 국회의원들을 상대로 강연을 한 적이 있습니다. 저는 이렇게 말했습니다.

"민주당은 민주주의를 당명으로 하는 정당, 민주주의를 당의 정체성으로 삼고 있는 정당입니다. 그런데 제가 보기에 민주당은 정작 민주주의가 어디서 결판나는지 잘 모르는 것 같습니다. 민주주의가 과연 어디서 결판날까요? 투표소에서 결정될까요? 아닙니다. 민주주의는 교실에서 결판납니다. 교실에서 12년 동안 성숙한 민주주의자를 길러내면 그 사회는 자연스레 성숙한 민주사회가 되는 것입니다. 그런데 우리 사회는 어떤가요? 우리 교실에서는 과연 성숙한 민주시민이 자라나고 있나요? 아니면 위험한 파시스트들이 자라고 있나요? 저는 한국 민주주의의 가장 큰 위험은 우리 교실에서 잠재적 파시스트들을 기르고 있다는 데 있다고 확신합니다."

교실은 민주주의의 묘판입니다. 교실에서 민주주의의 씨를 심고 민주주의자를 길러내야 합니다. 저는 민주주의의 성패는 교실에서 갈린다고 생각합니다. 그러나 한국의 교실은 민주주의의 묘판이 아닙니다. 교사들은 '정치적 금치산자'로 취급받으며 무력감에 빠져있고, 학생들은 '정치적 미숙아'로 간주되고 있습니다. 이런 교실에서 자라난 아이들이 과연 성숙한 민주주의자가 될 수 있을까요?

학교는 민주주의의 공간이 되어야 합니다. 교실은 민주주의자를 기르는 훈련장이 되어야 합니다. 독일의 학교처럼 우리 학교도 학생과 교사와 학부모가 교육공동체의 구성원으로서 참여하는 민주적 공간이 되어야 합니다. 학교가 민주적으로 운영되어야 학생들이 자연스럽게 민주주의를 배웁니다.

최근 우리나라 선거법이 개정되면서 선거 연령이 만 18세로 낮아진 것과 관련해서 '교실의 정치화'를 우려하는 목소리가 있습니다. 교실이 정치화되면 큰일 난다는 이들이 많습니다. 저는 이런 주장을 하는 사람들을 보면서 '참으로 철면피하다'라는 느낌을 지울 수 없습니다. 왜냐하면 교실의 정치화를 우려한다는 사람들 대부분이 과거에 교실을 정치화한 이들이기 때문입니다. 그들은 과거에 학교를 군사 훈련장으로 만들고, 교실을 파시즘의 선전장으로 만든 장본인들입니다. 아직도 정치의 무대에서 사라지지 않은 군사독재의 후예들과 그들의 정당이 '교실의 정치화'를 운운하고 있으니, 참으로 뻔뻔스럽습니다.

벌써 20여 년 전, 독일에서는 안나 뤼어만이란 고등학생이 국회의원으로 당선된 적이 있습니다. 저는 그 소식을 듣자마자 그를 한국으로 초청해 '청년 정치의 가능성'이란 주제로 토론회를 열었습니다. 이 자리에서 안나 뤼어만은 18세 고등학생이 국회의원으로 당선된 의미에 대해 매우 의미심장한 말을 했습니다.

"국회라고 하는 곳은 기본적으로 대의기관입니다. 그러므로 국민이라는 모집단을 그대로 대의하는 국회가 가장 이상적인 국회입니다. 그런데 지금 독일 국회에서는 10대가 거의 대변되지 못하고 있습니다. 저는 10대의 의사를 대변하기 위해 국회에 들어갔습니다."

안나 뤼어만은 자신의 국회 입성의 의미를 '세대 대표성(Generations-representation)'이라는 말로 함축했습니다. 10대를 대변하는 역할이 자신이 국회의원이 된 의미라는 것이지요. 독일에서 고등학생 국회의원이 탄생한 것은 이미 교실에서부터 정치 교육이 올바로 실시되어 왔기에 가능한 일입니다.

우리나라에서도 많은 청년들이 국회에 들어가서 그들의 세대 대표성을 관철시켜야 합니다. 지금 대한민국 국회는 50세가 넘은 남성들이 압도적으로 지배하고 있습니다. 그래서 미래세대가 젊어져야 할 부담들이 그 세대가 부재한 가운데 나이든 세대에 의해 결정되고 있습니다. 예컨대 생태나 연금 문제 등이 대표적이지요. 미래를 위한 중요한 결정 과정에서 정작 그 결정의 부담자들이 빠져 있는 것입니다. 이것은 대의제도의 심각한 왜곡이지요.

이제 우리나라에서도 만 18세 이상 청년들에게 선거권과 피선거권이 주어졌습니다. 우리도 고등학생 국회의원을 가질 수 있는 법적, 제도적 조건이 갖추어진 것입니다. 만 16세 이상이면 정당 가입도 가능해졌습니다. 이제 형식적으로는 청년 정치의 가능성이 주어진 것이지만, 이를 실천을 통해 구현할 청년들의 정치의식은 아직 충분히 성숙하지 못한 상황입니다.

성숙한 민주사회는 성숙한 민주주의자의 사회입니다. 성숙한 민주사회를 만들기 위해서는 학교에서 성숙한 민주주의자를 길러내야 합니다. 이것은 단순히 지식을 가르치는 것보다 훨씬 더 중요한 학교의 사명입니다. 그러자면 먼저 우리 아이들을 '정치적 미숙아'가 아니라, '민주주의자로 성숙하는 과정에 있는 자'로 보아야 합니다. 우리 청소년들을 어떻게 정치적으로 더 성숙한 민주주의자로 성장시킬지에 대한 고민이 절실한 시점입니다.

극단적 경쟁이 초래한 폭력문화

요즘 교육 현장에서, 특히 초등학교에서부터 심각한 수준의 학교폭력 문제들이 발생하고 있습니다. 그래서 학생들에게 '인성 교육'을 더욱 강화해야 한다는 논의가 다시 활발해지고 있습니다. 그런데 과연 이런 문제가 우리 아이들의 '잘못된 인성' 때문일까요? 아니면 아이들이 성장하는 사회가 병들었기 때문에 생기는 문제인가요? 다시 말해, 근본 원인은 아이들의 '병든 내면'에 있을까요, 아니면 아이들을 둘러싸고 있는 '병든 사회'에 있을까요?

사실 모든 현상에는 표면적으로는 보이지 않는 근본적인 원인이 있습니다. 폭력의 경우도 마찬가지입니다. 겉으로 드러나지 않은 폭력의 근본 원인을 살피고 그것을 해결해야 합니다.

우리 아이들에게 내재된 폭력성의 심층에 도사리고 있는 것은 무엇일까요. 그것은 바로 누적된 분노입니다. 아이들의 내면에 축적된 분노가 없다면, 폭력이 이렇게까지 일상적으로 만연할 수는 없습니다. 그 축적된 분노의 배후에는 살인적인 경쟁이 있습니다. 기본적으로 모든 것을 경쟁시키는 사회 속에서, 무한 경쟁이 당연시되는 교실 안에서, 아이들의 내면에 분노가 축적되는 것은 당연한 일입니다. 사실 교실뿐만 아니라 한국 사회 전체가 분노가 팽팽하게 누적된 상태라, 톡 건드리기만 해도 폭력으로 폭발하는 것입니다.

저는 이 폭력이 한국 사회의 우연적·부분적 현상이라기보다는 필연적·총체적 현상이라고 봅니다. 한국 사회는 어디에나 폭력이 편재하고 있습니다. 일상적으로 폭력이 발생할 뿐만 아니라, 구조적으로 폭력이 자행됩니다. 그렇기에 우리는 늘 폭력에 노출되어 있을 뿐만 아니라, 폭력에 의해 작동하는 사회에서 살고 있습니다. 여기서 폭력이란 물리적인 폭력만을 말하는 것이 아닙니다. 정신적·심리적 폭력과 언어 폭력이 일상화되어 있고, 사회 구조와 윤리 자체가 폭력적입니다. 인간 존엄이 폭력에 의해 매 순간 위협받는 불안한 사회에 살고 있는 것입니다.

저는 개그 프로그램을 보면서 우리의 적나라한 폭력문화에 깜짝깜짝 놀라곤 합니다. "넌 그 얼굴로 어떻게 사니?" 이런 극단적 외모 비하를 농담이라고 지껄입니다. 이처럼 일상적인 언어 폭력이 매일같이 자행되고 있는데, 우리는 그에 대해 너무나도 둔감해져 버렸습니다.

이러한 한국의 폭력문화는 극단적인 경쟁에서 배태되었으며, 군사독재 30년 동안 이 사회를 지배해 온 병영문화 속에서 심화되었습니다. 군대문화가 여전히 한국 사회의 거의 모든 조직문화의 원형이라는 의미에서 대한민국은 '병영 사회'입니다. 흥미로운 점은 사회적으로 영향력이 큰 조직일수록 권위주의와 폭력성의 정도가 강력하다는 것입니다. 검찰, 법원, 병원의 조직문화를 보세요. 권위주의적 병영문화가 조금도 누그러들지 않고 여전히 사람들을 숨 막히게 지배하고 있습니다. 체육계나 예술계 또한 폭력

문화에서 자유롭지 못합니다. 이곳에서의 폭력은 권위주의보다는 경쟁주의가 초래한 측면이 강합니다. 경쟁에서의 승리가 가장 중요한 가치로 자리잡은 곳에서 승리를 위해 일정한 폭력을 용인하는 것은 너무도 당연한 것으로 치부됩니다.

가장 큰 문제는 교육계, 학교입니다. 한국의 학교에서 폭력 문제는 몇몇 문제아들의 문제가 아닙니다. 사실 한국의 학교는 태생부터 폭력적이었습니다. 근대 학교는 일제 강점기 때 설립되었고, 일제는 학교를 군대조직을 모델로 하여 만들었기 때문입니다. 그래서 형식적으로나 내용적으로나 병영 조직과 유사합니다.

홍익대 건축학부 유현준 교수가 지적하듯이 한국 학교의 병영적 구조는 학교 건물의 건축학적 구조에서도 살필 수 있습니다. 병영과 똑같이 일렬로 늘어선 교실과 그것을 바깥에서 일방적인 시선으로 감시할 수 있는 복도, 교실 내에서 교사와 학생의 구도, 교실 전면에 걸린 태극기, 군대 연병장과 똑같은 모습의 학교 운동장 등은 학교가 곧 병영의 모사품임을 보여줍니다.

군대가 연대장, 대대장, 중대장, 소대장으로 조직되어 있듯이, 교육청은 교육감, 교육장, 과장, 장학사로, 학교 또한 교장, 교감, 교사로 조직되어 있고, 이들의 관계는 실상 명령과 복종의 상하관계로 이루어져 있지요. 즉 위계적 권위주의적 조직이라는 면에서 교육행정기관과 학교는 아직도 군대의 조직 원리에서 크게 벗어나지 못했습니다. 이러한 상명하달의 병영적 구조가 완전히 청산되지 못한 것이 한국 학교의 현실입니다.

4장

대학이 죽었다

한국 교육의 최종 목적지

이제 한국 교육의 최종 목적지라고 할 수 있는 곳, 학생들이 12년 동안 경쟁적으로 들어가고자 하는 목표지점인 한국의 대학에 대해서 살펴보겠습니다. 지금 한국 대학은 과연 지성의 전당으로서, 학문의 상아탑으로서 권위를 인정받고 존경받는 곳인가요? 저는 지금 한국의 대학은 죽었다고 생각합니다.

대학이란 무엇입니까? 독일의 철학자이자 교육학자인 빌헬름 폰 훔볼트는 대학을 "교수와 학생으로 이루어진 자유롭고 평등한 학문공동체"로 정의했습니다. 이러한 정의를 받아들인다면,

지금 한국 대학은 '대학'이 아닙니다. 저는 「자본독재 시대의 대학」이라는 글에서 훔볼트의 대학론을 기초로 '대학의 죽음'을 논한 적이 있습니다.

"과연 교수가 존재하는가? 교수(professor)는 말뜻 그대로 '앞에서(pro) 말하는(fess) 자'이다. 권력 앞에서 당당하게 비판하는 자가 교수이다. 보편적 진리를 탐구하는 교수는 특수한 이해를 추구하는 권력과 '필연적으로' 대립할 수밖에 없기에, 교수의 존재론적 본질은 '권력 비판'에 있다. 하지만 한국 대학에서 교수는 점점 더 사멸해 가고 있다.

학생은 어떤가? 학생은 이름 그대로 '연구하는(studieren) 자'이다. 하지만 오늘날 연구, 즉 진리 탐구에 호기심을 갖고 몰두하는 학생을 찾아보기는 힘들다.

나아가 대학은 과연 자유롭고 평등한가? 교수와 학생은 대학의 관료적 지배에 철저히 예속되어 있으며, 대학의 행정권력과 교수 사이에, 교수와 학생 사이에, 정규직 교수와 비정규직 교수 사이에는 엄청난 불평등과 종속관계가 존재한다.

또한 한국 대학은 더 이상 '학문 공동체'도 아니다. 이미 대학은 취업학원으로 전락한 지 오래고, 교수들은 교수들대로, 학생들은 학생들대로 경쟁이 유일한 원리로 창궐하는 싸늘한 전쟁터에서 살아가고 있다.

이렇게 '권력 비판을 하지 않는 교수'와 '진리 탐구에 관심이 없는 학생'으로 이루어진 '부자유하고 불평등한' '취업 전쟁터'가 오늘날 한국 대학의 모습이다. 훔볼트가 학자에게 꼭 필요한 전제라고 말한 '자유와 고독'은 사치에 가깝다."

지금 한국에서 대학은 한마디로 '존재하지 않는다'고 보는 편이 타당합니다. 조직으로서 대학은 너무도 무기력에 빠져있고, 학생들은 지적 세계의 거주자가 아니라 시장의 소비자로 전락했습니다. 진리 탐구가 사라진 자리에, 기능적 지식과 정보가 넘쳐나고 있습니다. 학생들은 취업을 위해 스펙 쌓기와 영어 공부에 목을 매고 있으며, 심지어 교육부도 나서서 취업률을 대학평가의 주요 지표로 삼고 있는 지경입니다.

저는 외국 학자들과 한국 대학의 현실을 이야기할 때면 수치심과 굴욕감을 느낍니다. 세계의 대학 총장들이 모여 미래 대학의 비전을 이야기하는 학술행사가 있었습니다. 그 자리에서 우리나라의 한 사립대 총장이 취업률을 대학평가의 주요지표로 삼는 것을 자랑스럽게 소개했다고 합니다. 그 말을 들었을 때 부끄러워 고개를 들 수 없었습니다. 한국의 대학이 취업학원으로 전락했다는 것을, 자본의 입맛에 맞는 조직으로 퇴락했다는 것을 자랑스럽게 만천하에 공개한 꼴이기 때문입니다.

세계적인 석학 테리 이글턴도 한 강연에서 한국 대학의 천박한 행태를 지적한 적이 있습니다. 2013년 베를린의 로자 룩셈부르크 재단에서 주최한 '문화 전쟁'이라는 강연에서 그는 한국을 방문

했을 때 한 대학 총장이 자신에게 경영대학 건물의 외관을 대단히 뽐내며 자랑하던 것과 총장이 누리는 엄청난 의전에 대해 특유의 블랙 유머로 꼬집었습니다. 참으로 망신스런 일이지요.

저는 무엇보다도 신문사가 대학을 평가하는 관행이 굳어진 것에 대해 깊은 수치심을 느낍니다. 언제부턴가 《중앙일보》 《조선일보》 같은 보수신문들이 대학을 평가하기 시작했습니다. 이들은 자신들이 만든 평가 기준으로 대학을 평가하고 대학은 이러한 평가기준에 맞추기 위해 혈안이 되어 있습니다. 예컨대 국제화가 얼마나 이루어졌는지, 영어 수업을 얼마나 하는지 등을 수치화하여 평가하는 식이지요. 그렇게 되니 강의를 영어로 하는 수업이 많을수록 좋은 대학으로 평가받습니다. 여기서 유념해야 할 것은 모든 평가지표가 '숫자로 이루어진 가치'라는 점입니다.

《중앙일보》의 대학평가 기준은 바로 재벌이 바라는 대학의 평가기준이라고 생각합니다. 재벌이 보는 바람직한 대학의 상을 수치로 만들어놓은 것입니다. 이 기준에 따라가는 대학은 자연스럽게 자본의 이데올로기를 따르게 됩니다. 이런 대학평가가 지속되다 보니 결국 한국의 거의 모든 대학이 자본이 원하는 형태로 변했습니다. 자본이 대학평가를 통해 대학을 이데올로기적으로 완전히 통제하게 된 것입니다.

이 땅의 자본은 대학평가뿐만 아니라, 여러 가지 방식으로 대학을 장악하고 있습니다. 삼성, 두산 같은 재벌기업들은 마치 물건을 구매하듯이 대학을 구매해서 지배하고 있습니다. 한 나라의 고등교육기관을 돈의 위력으로 이렇게 완벽하게 지배하고 있는 나라는 세계 어디에서도 찾아볼 수 없습니다.

자본 권력이 대학을 장악했다는 것은 한국 사회의 권력 지형이 근본적으로 변화했음을 암시합니다. 자본의 총체적 지배가 완료되었다는 뜻이기 때문입니다. 자본은 지금 한국 사회 전체를 완벽하게 지배하고 있습니다.

대학은 이러한 자본독재를 비판하고, 자본독재에 저항한 마지막 진지였습니다. 특히 대학의 인문학, 사회과학은 인간의 관점에서 자본을 비판하는 학문으로서 자본독재에 저항한 최후의 전사였지만, 이제는 막강한 자본의 위력 앞에서 무릎을 꿇었습니다. 대학을 취업률로 평가하는 유일한 나라가 한국이라는 사실은 한국의 자본독재가 얼마나 강고하게 자리 잡았는지를 보여줍니다. 그 결과 한국은 세계에서 가장 천박한 고등교육 담론이 지배하는 나라가 되었습니다.

자본의 노예, 재벌 권력의 하수인

최고의 고등교육기관인 대학에서 민주주의는 얼마나 실천적으로 구현되고 있을까요? 우선 대학의 민주주의가 심각하게 붕괴했다는 사실에 주목해야 합니다. 제가 가르치고 있는 중앙대학교의 현실을 사례로 들어보겠습니다. 예전에는 중앙대학교에서도 일정한 민주주의가 실천되고 있었습니다. 그 대표적인 예가 바로 총장 직선제지요. 그런데 두산이라는 재벌 기업이 중앙대를 인수한 이후에 사정이 완전히 달라졌습니다.

두산이 중앙대학교에 들어와서 제일 먼저 한 일이 바로 총장 직선제를 없앤 것입니다. 그러고 나서 총장 임명제를 신설하고, 자기들 마음에 드는 사람을 학내 구성원의 동의도 구하지 않고 멋대로 총장으로 임명한 것이지요. 대학의 민주적 거버넌스를 파괴하고 독재적 전횡을 제도화한 것입니다. 이로써 대학 민주주의는 단칼에 목숨을 잃었습니다. 이런 모습을 보면서, 우리가 이룬 위대한 광장 민주주의에도 불구하고, 우리의 현실에서 겪는 일상 민주주의는 이리도 허약하다는 사실에 큰 충격을 받았습니다. 최고 고등교육기관인 대학을 '재벌'이라는 자들이 돈을 들고 들어와서 마치 장난감 다루듯 자기들 멋대로 가지고 노는 모습을 보고 경악했습니다.

이런 모습이 비단 중앙대에만 있을까요? 사실 경중의 차이만 있을 뿐, 이것은 한국 대부분 대학의 현실입니다. 특히 국립대학에 비해 사립대학에서는 이러한 재단의 전횡이 대학 민주화를 가로막고 있습니다. 사실 한국 사회 전체를 보았을 때, 민주주의가 가장 이루어지지 않은 곳이 대학이라고 할 수 있습니다. 조금 세게 말한다면, 초등학교만도 못한 것이지요. 초등학교의 학급 회장도 학생들의 손으로 직접 선출하는데, 소위 지성의 전당이라는 대학에서 구성원들의 의사를 묻지 않고 일방적으로 조직의 장을 임명한다는 것은 참으로 부끄럽고 수치스런 일입니다.

두 번째는 대학이 점점 더 권력의 하수인으로 전락하고 있다는 사실입니다. 지금 대학은 권력 비판의 기능을 완전히 상실했습니다. 오히려 한국 사회를 지배하는 자본 권력의 충실한 하수인이 된 지 오래입니다. 단순히 자본 권력이 원하는 인적 자원을 제공하고, 자본이 원하는 이데올로기를 생산하고 있습니다.

특히 대학 교수들의 타락은 심각한 수준입니다. 대기업의 사외이사로 참여하여 자본의 거수기 노릇을 하는가 하면, 자본에 유리한 이데올로기를 생산하고 전파하는데 열심입니다. 교수는 자본의 하수인으로, 학생은 자본의 도구로 기능하면서, 이것을 자신의 정체성으로 삼고 있습니다.

대학이 권력을 비판하기는커녕 자본이 필요로 하는 인력과 이데올로기의 생산공장으로서 자본독재의 첨병이 되었습니다. 자본이 파괴한 사회적 정의를 대학이 비판하고 복원하기는커녕 오히려 자본의 노예가 되어 불평등과 차별을 심화시키는 현실이 한국 사회를 '헬조선'으로 망가뜨린 중요한 요인입니다.

대학이 권력 비판의 기수가 되지 못하고 권력의 노예로 전락한 현실은 대학 캠퍼스의 모습을 보면 확연히 드러납니다. 어떠한 사회적 비극이 벌어져도, 정치적 부패가 폭로되고 국제적 참사가 벌어져도, 한국 대학에는 대자보 하나 붙지 않습니다. 한국 대학의 캠퍼스는 완전히 탈정치화되어 버렸습니다. 이것은 독일의 경우와는 너무도 대조적인 모습입니다.

저는 독일에 갈 때마다 주로 독일 대학에서 머뭅니다. 베를린 대학, 프랑크푸르트 대학, 브레멘 대학 등에 자주 가는 편입니다. 특히 대학 식당인 멘자에 가면 지금도 독일 대학생들의 관심 사안이 어디에 있는지를 단박에 알 수 있습니다. 식사를 하는 동안 학생들이 건네준 팸플릿만 해도 한 줌이 됩니다. 생태 기후변화 문제, 사회적 불평등의 심화, 유럽연합 내의 국가 간 차별 문제 등 이들이 다루지 않는 문제는 없습니다. 세상의 모든 억압과 고통에 함께해야 한다고 생각하는 것이지요. 아마도 지금은 우크라이나 전쟁이나 팔레스타인 가자지구 전쟁과 관련된 논쟁이 독일의 대학에서 뜨거운 이슈일 것입니다. 요컨대, 정치적 공론장으로서의 대학 캠퍼스가 살아 있습니다.

하지만 지금 우리의 대학 캠퍼스에 넘쳐나는 유인물들은 오로지 취업 정보뿐입니다. 이렇게 대학이 탈정치화되었다는 것보다 '대학의 죽음'을 더 확실하게 알려주는 부고가 또 있을까요. 우리의 미래를 생각했을 때 이는 너무도 끔찍한 일입니다.

세 번째로 한국 대학과 관련하여 논의하고 싶은 것은 사회 정의입니다. 지금 대학에서 교수와 강사의 임금 차이가 어느 정도 되는지 아십니까? 어떤 조사에 따르면 심지어 10배 정도 차이가 난다고 합니다. 교수와 강사의 처우에 큰 차이가 있는 것은 알았지만, 그 격차가 이렇게 심한 줄은 몰랐습니다.

강사와 교수의 강의가 무엇이 그리 다른가요? 대학에 다녀본 사람이라면 둘 사이에 강의의 수준이 큰 차이가 없다는 사실을 알 것입니다. 아니, 오히려 교수보다 강사의 강의가 더 질적으로 훌륭하다고 느낀 적도 많을 것입니다. 그런데도 비슷한 강의에 대해 보수는 엄청난 차이가 납니다. 이뿐만이 아닙니다. 대학 캠퍼스를 둘러보세요. 대학의 미화원, 경비원이 어떤 환경에서 지내고 있는지를 보면 말문이 막힙니다. 그분들이 대부분의 시간을 보내는 곳은 말이 휴게실이지 도무지 사람이 쉴 수 있는 장소가 아닙니다. 그런 것을 볼 때마다 정말 부끄럽고 화가 납니다.

독일에서는 가장 민주적인 곳, 가장 권력 비판이 예리한 곳, 가장 사회 정의가 확실하게 구현된 곳이 대학입니다. 그리고 이런 대학에서 배운 학생들이 사회로 퍼져 나가서 '새로운 독일'을 만들었습니다. 하지만 한국에서는 대학이 가장 비민주적인 곳, 가장 권력 비판에 둔감한 곳, 가장 사회 정의와 거리가 먼 곳이 되었습니다.

빌헬름 폰 훔볼트는 "대학이란 가장 이상적인 유토피아를 선취하는 소우주"라고 했습니다. 독일 대학은 이 말대로 유토피아를 선취하는 공간이 되었습니다. 그러나 한국 대학은 '가장 끔찍한 디스토피아의 공간'으로 전락했습니다.

사회 개혁 기능을 상실하다

한국 대학이 처음부터 이런 디스토피아는 아니었습니다. 한국 대학은 군사독재 시절 우리 사회에서 가장 중요한 대안적 정치 공론장으로서 민주주의를 부르짖고, 독재 정권을 비판하고, 사회 정의를 꿈꾼 공간이었습니다.

실제로 대학은 과거 부당한 권력자가 가장 두려워한 곳이었습니다. 한국 사회의 기득권 세력, 특히 군사 파시스트들이 가장 겁냈던 곳은 야당이나 노조가 아니라 대학이었습니다. 1970년~80년대 학생운동이 활발했던 시기에 독재자인 박정희, 전두환은 대학을 가장 두려워했습니다. 우리에게도 대학이 민주주의의 기수, 권력 비판의 첨병, 사회 정의의 상징이었던 시절이 있었습니다.

한국 사회를 지배하는 기득권 세력은 이 사회에서 가장 위협적인 집단은 야당이 아니라 대학이라는 것을 잘 알고 있습니다. 야당의 저항은 얼마든지 구슬리고 잠재울 수 있지만, 대학은 다루기 어렵다는 것을 군사독재 시절부터 인식하고 있었지요. 그렇기에 군사독재에 이어 등장한 자본독재 세력은 대학을 조직적으로 파괴하기 시작했습니다. 그 결과가 대학의 기업화입니다.

자본은 대학을 직접 인수하여 지배하거나, 대학평가를 통해 대학의 이데올로기를 장악하거나, 대학을 취업학원으로 전환시키는 방식으로, 정치적 공론장으로서의 대학을 완전히 탈정치화하는 데 성공했습니다. 그것이 오늘날 한국 대학의 모습입니다. 대학생은 자신을 민주시민이 아니라 소비자라고 생각하고, 교수는 자신을 지식인이 아니라 지식상인이라고 생각하며, 대학 캠퍼스는 완전히 기업의 홍보 장터로 변했습니다.

대학의 기업화와 탈정치화에 대해서는 제가 여러 차례 강연도 하고, 논문도 여러 편 썼습니다. 대한민국의 미래가 달려 있는 위중한 문제라고 생각하기 때문입니다. 한 나라의 최고 고등교육기관인 대학이 '자유롭고 평등한 학문 공동체' '가장 이상적인 유토피아를 선취하는 소우주'로서 자신의 정체성을 잃어버리면, 그 나라는 미래가 없습니다.

이제라도 대학은 한국 사회를 이끌어갈 지식인을 기르는 곳으로서, 사회적 정의를 추구하는 곳으로서, 생기발랄한 정치적 공론장으로서 본연의 기능을 복원해야 합니다. 이 나라가 시대착오적 지옥이 된 진정한 원인은 바로 대학의 죽음에 있기 때문입니다.

사립대학의 왕국, 살인적인 등록금

한 나라의 최고 고등교육기관인 대학을 한국처럼 무책임하게 방치한 나라는 없습니다. 단적인 사례로서, 한국은 사립대학의 비중이 극단적으로 높습니다. 얼마 전까지 사립대학이 전체 대학의 87퍼센트를 차지했고, 국공립대학의 비율은 13퍼센트에 불과했습니다. 대학 교육을 시장에서 구매하는 상품처럼 보는 '자유시장경제의 나라' 미국마저도 사립대학 비율이 우리보다 현저히 낮습니다.

독일 대학발전센터에서 발표한 바에 따르면 2023년 기준 독일 대학생의 86퍼센트가 국립대학에 재학하고 있습니다. 이처럼 대부분의 학생이 국립대학에 재학하고 있다는 것은 무엇을 의미할까요? 그들에게 '교육'이란 시장에서 구매하는 상품이 아니라, 국가가 국민에게 기회의 평등을 누릴 수 있도록 당연히 제공해야 할 공공재임을 보여줍니다. 우리처럼 대학 교육을 '돈 내고 산다'는 것은 독일에서는 일반적이지 않은 일입니다.

그렇다면 우리나라에는 왜 이렇게 많은 사립대학이 난립하게 된 것일까요? 거기엔 우리만의 독특한 역사적 배경이 있습니다. 해방 이후 한반도가 남북으로 분단되었고, 남북 간에는 치열한 체제 경쟁이 시작되었습니다. 무엇보다도 국민들의 관심을 끈 것은 토지개혁이었습니다. 북한에서 선수를 쳐 '무상몰수 무상분배'를 원칙으로 한 토지개혁을 단행하자, 남한에서도 이에 뒤질세라 강력한 토지개혁을 실행했습니다.

이승만 정부는 유상매수·유상분배의 원칙으로 본격적인 농지개혁을 추진한 것이지요. 이것은 한편으로는 지주자본이 산업자본으로 전환되는 계기가 되었습니다. 이 무렵 이승만 정부는 해방 이후 지극히 열악한 교육 환경을 개선한다는 취지로 학교를 설립하면 땅의 소유권을 유지하게 하고, 다양한 특혜를 제공했습니다. 이에 지주들의 상당수가 자신의 땅을 몰수당하지 않기 위해 학교를 설립했습니다. 그래서 전국적으로 우후죽순처럼 수많은 학교가 들어서게 되었고, 우리나라는 '사립학교의 천국'이 되었습니다.

당시는 해방과 분단, 체제 경쟁과 빈곤 국가라는 특수한 역사적 상황이었으니 사립학교의 난립은 불가피한 측면이 있었습니다. 그러나 지금은 상황이 완전히 다르지요. 이제 우리는 경이로운 경제성장과 놀라운 민주주의를 이룬 '선진국'이 되었습니다. 그런데도 한국 정부는 난립한 사립대학을 정비하지 않고 있습니다. 이것은 정부의 직무유기입니다. 게다가 사립학교 비중이 높다보니 그 부작용 또한 만만치 않습니다. 그중 가장 심각한 문제가 바로 대학 등록금입니다. 한국은 일인당 국민소득 대비 세계에서 대학 등록금이 가장 비싼 나라입니다.

미국은 세계적으로 유명한 명문 사립대학이 많은 것으로 알려져 있습니다. 하버드, 예일, 프린스턴, 스탠퍼드 등이 대표적이지요. 대체로 대학의 서열도 이와 같습니다. 그런데 여기서 유의할 점은 미국에서 대학의 서열은 대체로 등록금 액수와 일치한다는 사실입니다. 그러니까 하버드 대학의 등록금이 가장 비싸고, 그 다음이 예일, 프린스턴, 스탠퍼드 순입니다. 이들 대학의 등록금이 대체로 6만 달러 내외입니다. 우리와는 비교할 수 없을 정도로 엄청나게 비쌉니다. 그러나 이 대학 이외에 주립대학이나 공립

대학들은 등록금이 굉장히 저렴합니다. 주립대학은 그 주에 사는 사람들에게는 아주 저렴한 비용으로 공부할 수 있도록 하고 있습니다.

한국은 세계에서 유례를 찾아볼 수 없을 만큼 사립대학이 많으며, 세계에서 가장 비싼 등록금을 낸다는 사실은 대학 교육에 대해 정부가 한 번도 제대로 신경 써본 적이 없다는 것을 의미합니다. 사실 한국에는 대학 정책도 없고 학문 정책도 없습니다. 우리 학문이 어디로 갈지 그 방향에 대해 정부는 전혀 관심이 없습니다. 우리 교육부에서 관심을 갖는 유일한 정책은 대학 입시뿐입니다. 오로지 대학 입시만 신경 쓰고 고민합니다.

최근에는 '대학도 산업이다'라는 모토로 산업 정책의 관점에서 대학을 보고 있습니다. 산학 연계를 통해 대학의 '인적 자원'을 어떻게 하면 효과적으로 배치할까를 궁리하는 것이지요. 대학이 마땅히 가져야 할 민주적 성격, 권력 비판적 성격, 정의 추구의 성격은 한국에서는 상상도 할 수 없는 남의 나라 일입니다. 바로 이런 모습 때문에 저는 한국 대학이 죽었다고 보는 것입니다.

2부

야만의 트라이앵글_
왜 대한민국은 붕괴하는가

1장

경쟁 교육은 야만이다

모든 문제의 치명적인 근원

한국 사회가 안고 있는 문제 중에서 가장 심각하고 근원적인 문제는 무엇일까요? 그것은 바로 경쟁입니다. 한국 사회처럼 경쟁이 마치 '자연 현상'인 것처럼 아무런 저항 없이 받아들여지는 곳은 없습니다. 특히 경쟁은 한국 교육의 '영혼'입니다. 경쟁을 빼놓고 한국 교육을 말하는 것은 불가능합니다.

한국은 말 그대로 경쟁 사회입니다. 학교에서만 경쟁하는 게 아닙니다. 놀 때도 경쟁적으로 놉니다. 노래방에서 노래만 불러도 점수로 순위를 매깁니다. 놀 때도 경쟁하지 않으면 흥이 나지 않

습니다. 우리 사회에서는 모든 것이 경쟁을 통해서 이루어진다고
생각합니다. 경쟁을 통해 사회적 정의가 구현될 뿐 아니라, 경쟁
을 통해야 인생의 재미도 생겨난다고 여깁니다. 경쟁이 한국 사회
를 작동시키는 기본 원리인 것입니다.

청소년들이 좋아하는 오디션 프로그램도 경쟁을 부추기는 문
화 중 하나입니다. 오디션 프로그램을 자세히 본 적은 없지만, 지
나가다 스쳐보기만 해도 굉장히 불쾌한 느낌이 들었습니다. 절대
적으로 우월한 위치에 있는 심사위원의 오만한 태도, 심사를 받
는 이들이 보이는 너무도 굴종적인 모습은 그야말로 한국 사회에
서 권력과 굴종이 작동하는 축약도(縮約圖)였습니다.

오늘날 우리 사회에서는 일반적으로 '경쟁'이 발전을 위해 불가
피한 것이며, 때로는 놀라운 생산성을 가져오는 좋은 것이라고 생
각합니다. 무엇보다도 경쟁을 교육의 핵심적인 원리로 적용합니다.
과연 이러한 생각이 옳은 것일까요. 경쟁을 둘러싼 우리의 통념은
진실이 아니라 이데올로기입니다. 이 사회를 지배하는 자들이 마
치 진리인 양 우리의 머릿속에 새겨넣은 관념이라는 말이지요.

이데올로기와 관련하여 제가 읽은 책 중에서 가장 재미있고 영
감을 주는 책은 영국 옥스퍼드 대학 영문학 교수를 지낸 테리 이
글턴의 『이데올로기 개론』입니다. 이 책에서 이글턴은 이데올로기
의 가장 중요한 특징을 '자연화(naturalize)'라고 합니다. 이데올로
기는 자신을 마치 '자연 상태'인 것처럼 보이게 한다는 말입니다.
이데올로기는 자연의 이치인 양 초시간적·초역사적인 것으로, 세

상의 원리인 양 나타난다는 것이지요.

경쟁 이데올로기도 마찬가지입니다. 사람들은 경쟁을 자연스런 현상이라고 생각합니다. '원래 인간은 서로 경쟁하는 존재이고, 경쟁에서 이긴 자가 살아남는 것이다'라는 생각은 오늘날 너무도 당연시되고 있습니다. 이러한 관념이 두드러지게 나타난 사상이 허버트 스펜서의 '사회적 다윈주의'지요. 그는 "자연 상태에서 적자생존, 약육강식, 자연도태 등의 현상이 나타나는 것처럼, 인간의 사회에서도 똑같은 현상이 벌어진다"고 주장합니다. 어떤 주장을 자연 상태의 원형으로 치환하는 이러한 자연화는 이데올로기의 중요한 특성이라고 볼 수 있습니다.

이데올로기의 자연화 전략을 깨뜨리는 것은 사실 그다지 어려운 일이 아닙니다. 어떤 사상이 이데올로기인지 아닌지 구별하는 일은 간단합니다. 그 사상을 역사 속에 집어넣으면 됩니다. 테리 이글턴은 이를 '역사화(historize)'라고 합니다.

'경쟁'이라는 개념을 역사 속에 집어넣어 보지요. 약 250년만 역사를 뒤로 돌려봅시다. 자본주의가 시작되기 전 중세 사회에서 '경쟁'은 정말로 '자연스런 현상'으로 받아들여졌을까요? 아닙니다. 그 시대에 경쟁은 대체로 부정적으로 여겨졌고, 때로는 범죄로 취급되었습니다. 특히 중세 시대 상공인들의 집단인 길드에서는 사형에 처하는 중범죄로 단죄되기도 했지요. 이처럼 어떤 사상이 거쳐온 역사를 거슬러 올라가 보면 그것이 보편적 진리가 아니라, 특수한 이데올로기라는 게 드러납니다.

경쟁이 지배적인 사상, 즉 이데올로기가 된 것은 세상을 지배하는 자가 바뀌었기 때문입니다. 자본가가 세상의 주인이 됨으로써 이제는 자본주의의 원리에 부응하는 사상이 지배적인 사상이 된 것이지요. 자본주의 시장은 '경쟁'이라는 방식을 통해서 작동하기 때문에 경쟁이 마치 보편적인 원리인 것처럼 인식되었던 것입니다.

요컨대, 경쟁은 자본주의라는 독특한 사회 구성체가 만들어낸 이데올로기입니다. 한국에서 경쟁 이데올로기가 극단적인 형태를 취하는 것은 한국 자본주의의 속성에 기인합니다. 저는 한국 자본주의를 '야수 자본주의(Raubtierkapitalismus)'라고 부릅니다. 한국 자본주의가 지닌 야수적 속성 때문에 '경쟁'이라는 이데올로기가 한국 사회를 너욱 강력하게 지배하고 있는 것이지요.

한국에서 경쟁의 문제를 가장 깊이 있게 천착한 학자는 아마도 고려대 강수돌 명예교수일 것입니다. 그는『경쟁 공화국』『팔꿈치 사회』등의 책에서 경쟁과 자본주의의 관계, 경쟁과 권력의 관계에 대해 깊은 성찰을 감행합니다. 그중에서 경쟁은 '하는' 것이 아니라, '당하는' 것이라는 그의 통찰에 깊이 공감합니다. 모든 경쟁의 배후엔 권력이 도사리고 있으며, 피지배자는 지배자에 의해 경쟁을 강요당한다는 의미입니다. 권력이 가장 손쉽게 지배하는 방법은 피지배자들을 경쟁시키는 것이기 때문입니다. 이런 맥락에서 보면 한국의 경쟁 교육은 이 땅의 권력자들, 기득권자들이 한국 사회를 지배하는 가장 효율적인 수단이라고 할 수 있습니다. 한국인들은 경쟁 교육으로 인해 권력으로부터 해방될 가능성을 애초에 봉쇄당하고, 굴종적인 노예의 삶을 별 비판의식 없이 수용하도록 예정되어 있다는 거지요.

경쟁 이데올로기가 지배하는 한국 사회

모두 알다시피, 우리 아이들은 인간으로서 최소한의 기본권마저 누리지 못하고 있습니다. 아이들의 고통은 이미 초등학교 때부터 시작됩니다. 초등학교 고학년 열 명 중 아홉 명이 사교육을 받고 있으며, 대치동엔 '초등 의대반'까지 등장했습니다. 때 이른 경쟁 분위기 속에서 아이들은 '학원 뺑뺑이'에 몰려 식사조차 제대로 하지 못합니다. 초등학생들이 한 주에 대여섯 번을 편의점에서 컵라면, 삼각김밥, 햄버거로 혼밥을 하며 끼니를 때우는 참담한 현실입니다.

과도한 학습 노동에 인권 유린과 학대도 심각한 수준입니다. 특히 고등학생은 제대로 자지고, 먹지도 못한 채 주 50~80시간의 학습 노동에 내몰리고 있습니다. 우리 아이들은 헌법에 보장된 건강권, 행복추구권, 휴식권을 심각하게 침해당하고 있는 것입니다. 이 모든 고통의 원인은 바로 살인적인 경쟁 교육에 있습니다. 여기서 '살인적'이라는 말은 결코 수사적 표현이 아닙니다. 초·중·고

학생 네 명 중 한 명이 학업, 성적 스트레스로 자살을 생각해 본 적이 있으며, 매년 청소년 자살자 300여 명 중 절반에 가까운 수가 학업, 성적 스트레스로 스스로 목숨을 끊는다고 합니다.

이렇듯 우리 아이들은 학교에서 살인적인 경쟁 교육에 시달리고 있고, 사회 모든 영역에서도 경쟁은 끝이 없습니다. 그러면서도 경쟁이 당연하다고 여기는 사회입니다. 우리는 왜 이처럼 일상적으로 경쟁 이데올로기에 사로잡혀 있을까요?

첫째는 정신사적인 이유입니다. 19세기 말부터 20세기 중반까지 일본 제국주의가 지배하던 시대는 사상사적으로 보면 '사회적 다윈주의'의 시대였습니다. 사회적 다윈주의는 일본만이 아니라 모든 제국주의 국가에서 지배적인 사상이었지요. 식민지 조선도 예외가 아니었습니다. 인간 사회는 무한 경쟁이 펼쳐지는 일종의 거대한 정글이고, 여기서는 다윈의 법칙, 즉 적자생존, 자연도태 등 자연의 원리가 그대로 사회의 원리로서 적용된다는 제국주의 사회학이 정신사적으로 주류를 이루었습니다.

일제의 패전 이후 해방이 되었으나, 우리는 다시 분단의 비극을 겪습니다. 이때 남한 사회에 들어온 미국은 일본과는 달리 이 세계를 더 이상 정글로 보지 않았습니다. 그들은 이 세상을 '시장'으로 보았습니다. 자유시장경제라는 시스템 안에서 또다시 경쟁이 당연한 전제가 되었고, 경쟁 사상이 강화되고 고취되었습니다. 일본 제국주의의 '사회적 다윈주의'와 미국 자본주의의 '시장 자유주의'가 결합되면서 한국 사회는 근대 사회에서 유례를 찾기 힘든 '경쟁 절대주의' 국가로 발전한 것입니다.

둘째는 사회사적인 이유입니다. 너무도 불평등이 심한 사회이기 때문에 경쟁이 격렬해졌다는 거지요. 이것은 사회학에서는 일반적으로 받아들여지는 가설입니다.

한국은 지금 세계에서 가장 불평등이 심한 나라에 속합니다. 과거에는 '불평등' 하면 미국과 멕시코를 떠올렸지만, 최근에는 많은 사람들이 한국을 지목합니다. 우리의 불평등이 얼마나 심각한지는 여러 자료들이 입증하고 있습니다. 프랑스 경제학자 토마 피케티가 운영하는 '세계불평등연구소'가 2022년에 발표한 '세계불평등 보고서(World Inequality Report)'에 따르면 대한민국의 불평등은 세계 최고 수준입니다. 한국은 자산 부문에서 상위 10퍼센트의 사람들이 전체 부의 58.5퍼센트를 차지하고, 하위 50퍼센트는 전체 부의 5.6퍼센트를 가진 것으로 나타났습니다. 인구의 절반이 사실상 부채 상태이거나 무산자라는 얘기지요.

얼마 전에 작고한 탁월한 경제학자 정태인에 따르면 한국은 세계에서 가장 불평등한 나라가 아니라 자본주의 역사상 가장 불평등한 공동체라고 합니다. 정태인은 주로 피케티의 불평등지수, 즉 이른바 '피케티 베타지수'에 따라 불평등을 연구했습니다. 피케티 베타지수란 한 나라의 총자산을 국민소득으로 나눈 값을 의미합니다. 즉 한 나라 안에서 자본이 차지하는 정도를 나타내는 지표이지요. 이 지수가 높을수록 돈이 돈을 버는 기회가 많아지고, 노동이 돈을 버는 기회가 적어지는 세습 자본주의적 성격

이 강한 사회를 뜻하지요. 피케티는 이 지표를 "불평등 연구를 위해 필요한 첫 단계"로 보았습니다.

정태인에 따르면, 이러한 피케티 베타지수를 적용해 보면 한국은 '자본주의 역사상 가장 불평등한 사회'라는 것입니다. 일반적으로 자본주의 역사상 가장 불평등하다고 알려진 때가 1830년 프랑스 혁명 시기라고 합니다. 우리에게 잘 알려진 빅토르 위고의 소설『레미제라블』의 시대적 배경이 된 시기이지요. 당시의 불평등을 평가하는 베타지수가 7.2였는데, 지금 대한민국의 베타지수는 대략 9라고 합니다. 한국의 불평등지수가 역사상 가장 심각한 상황이라는 의미이지요.

이러한 비교분석이 어느 정도 타당한지는 보다 자세히 규명될 필요가 있습니다. 그러나 여기서 분명한 것은 한국의 불평등은 국가적 차원을 넘어 세계사적 차원의 불평등이라는 사실입니다.

한 가지 더 짚고 넘어가야 할 것이 있습니다. 이것은 정말 충격적인 이야기입니다. 한국은 세계에서 가장 불평등한 나라일 뿐만 아니라, 한국인은 세계에서 가장 불평등을 '사랑'하는 국민이라는 사실입니다. 세계 100여 개 국가의 사회과학자들이 모여 정기적으로 실시하는 '세계가치관조사(World Values Survey)'라는 것이 있습니다. 대체적으로 4~6년에 한 번씩 정기적으로 조사를 하는데 2014년 조사에서 놀라운 결과가 나왔습니다. 대한민국이 불평등을 가장 선호하는 나라임이 밝혀진 것입니다.

이 부분은 앞에서 간략히 언급되었습니다만, 반복을 무릅쓰더라도 좀더 상세한 설명이 필요합니다. 이 설문의 정확한 질문은 "당신은 소득이 보다 더 평등해져야 한다고 생각하십니까? 아니면 차이가 더 벌어져야 한다고 생각하십니까?"였습니다. 이 질문에 대해 한국인들은 "보다 평등해져야 한다"는 대답이 24퍼센트인 반면 "더 차이가 벌어져야 한다"는 대답이 무려 59퍼센트였습니다. 불평등을 선호하는 이가 절반을 넘은 지구상 유일한 국가였습니다. 심지어 자유시장경제의 나라 미국도 평등이 30퍼센트, 불평등이 36퍼센트의 선호도를 보였습니다.

사실상 '공화국'이라기보다는 '시장국'이라고 불리는 미국보다 더 불평등을 선호한다는 점은 실로 충격입니다. 독일의 경우는 우리와 정반대의 경향을 보였습니다. '평등' 선호도가 58퍼센트, '불평등' 선호도가 16퍼센트였습니다.

저는 이 수치를 보고 너무나 충격을 받은 나머지 이 설문조사를 믿을 수 없었습니다. 틀림없이 설문조사 어딘가에 문제가 있을 것이다, 표본 집단 구성에서 잘못이 있거나 기술적인 실수가 있었을 것이라고 생각했지요. 그런데 6년 뒤인 2020년 조사 결과는 더 참담했습니다. 한국의 경우 평등해야 한다는 수치가 반토막 났습니다. 겨우 12퍼센트에 불과했습니다. 반면 "더 차이가 벌어져야 한다"에 찬성한 이는 무려 65퍼센트에 달했습니다. 도대체 이 현상을 어떻게 설명해야 할까요.

불평등에 대한 한국인들의 이러한 태도는 모든 것을 경쟁에서 결판 지워야 한다는 경쟁지상주의의 반영이라고 저는 생각합니다. 대부분의 젊은이들이 '차별에 찬성한다'는 기이한 현상도 같은 맥락에서 보아야 할 것 같습니다. 경쟁에서의 승자와 패자는 확실하게 차별적 대우를 받는 것이 정의라고 보는 이상한 사회인 것이지요.

셋째, 정치사적인 이유 때문입니다. 지금 한국 사회는 가까운 일본, 중국은 물론이고, 서구 선진국이 모여있는 유럽의 어느 나라하고도 비교할 수 없는 '평등 지향적 사회'입니다. 제가 보기에 한국보다 더 평등 지향적인 사회는 없는 것 같습니다. 이 말은 일견 앞에서 말한 '불평등한 사회'라는 말과 모순되는 것처럼 들립니다. 그러나 자세히 보면 한국은 한편으로는 매우 평등을 지향하는 사회이면서, 다른 한편으로는 매우 불평등한 사회인 것입니다. 즉 '평등 지향적 불평등 사회'인 것이지요.

여기에서 평등 지향적 사회라는 말은 무엇을 의미하나요? 한국 사회는 전통적인 기득권 세력, 일반적으로 정치학에서 '이스태블리시먼트(establishment)'라고 부르는 세력이 완전히 와해된 사회입니다. 우리처럼 전통적인 권력이 철저하게 붕괴되어 사라진 사례는 세계사에서도 유례를 찾기 어렵습니다.

우리나라는 일본 제국주의의 식민지로 전락하면서, 조선 왕조가 붕괴했습니다. 500년 지속되어 온 강력한 중앙집권적 권력이 외세의 힘에 의해 급격히 몰락한 것입니다. 대개의 경우 기존의 권력이 정치적·경제적 힘을 상실하고 무너지더라도, 문화적 권력으로서는 통상 한 세기 이상 살아남는다고 합니다. 왜냐하면 한 세도가 집안이 정치적·경제적으로 쇠락했다 해도, 지역 공동체 안에서는 문화 권력으로서 오랜 기간 행세를 하기 때문입니다. "양반은 망해도, 삼대는 간다"는 말도 이런 인식에서 나온 것이지요.

프랑스의 경우를 보면 분명하지요. 프랑스의 왕족과 귀족은, 정치적·경제적 권력과 관련하여 보면, 프랑스 대혁명으로 몰락했고 그 이후 부침을 계속했지만, 오늘날에도 문화적 권력으로서는 여전히 강력한 영향력을 잃지 않고 있습니다. 이러한 현상을 사회학적 관점에서 연구한 획기적인 학문적 성과가 피에르 부르디외의 『구별짓기』이지요.

우리의 경우는 달랐습니다. 바로 한국전쟁 때문입니다. 이것이 한국 사회의 전통적 기득권 세력이 완벽하게 몰락하는 결정적인 계기였습니다. 전쟁은 지역 공동체에서 폐쇄적으로 살아가던 사람들을 완전히 산개시켜 놓았고, 그 결과 문화적 권력이 작동하던 공간적 세계가 붕괴되어 버렸습니다. 그러니까 전통적인 권력이 급격히 사라지고 상당히 평등한 세계가 생겨난 것이지요.

여기서 다른 나라에서는 보기 어려운 '평등 지향성'이 탄생했다고 저는 보고 있습니다. 최희준이 부른 노래에 있는 "빙글빙글 도는 의자, 회전의자에 임자가 따로 있나, 앉으면 주인이지" 하는 가사는 한국 사회의 이런 특성을 단적으로 보여줍니다. 이런 노래는 일본에서는 상상도 할 수 없는 것이지요. 일본엔 '임자가 따로 정해져' 있습니다.

저는 한국인의 이러한 성향이 우리의 엄청난 잠재력의 원천이라고 봅니다. 최근의 촛불혁명이나 그 이전 수많은 민주화운동 과정에서 시민과 민중들이 보여준 폭발적인 사회적 에너지의 원천에는 평등 지향적 성향이 자리하고 있다고 봅니다.

이처럼 한국은 어느 나라보다도 전통적인 기득권 세력이 완전히 붕괴된 사회입니다. 그런데 이 전통적인 권력이 와해된 '평등의 벌판'에 하나의 괴물이 등장한 것입니다. 그 괴물의 이름이 바로 '학벌'입니다. 신분과 계급이 사라진 공간에 학벌이 새로운 신분과 계급으로 등장한 것이지요. 그리하여 강력한 학벌계급사회로 재편된 것이 오늘날 한국의 모습이지요. 학벌은 한국의 평등 지향적 사회 안에서 일종의 새로운 신분, 계급, 특권을 만드는 거의 유일한 기준이 되었습니다. 바로 여기에서 세계에서 유례가 없는 '살인적인 경쟁'이 생겨난 것입니다.

경쟁 교육에 대한 고정관념

영국 BBC 기자 출신인 마거릿 헤퍼넌은 『경쟁의 배신』에서 '경쟁 신화'의 총체적 파탄을 신랄하게 고발합니다. "우리는 경쟁을 마치 종교처럼 맹신해 왔고, 경쟁이 놀라운 효율과 기적적인 경제 발전 그리고 무한한 창조성과 눈부신 혁신을 안겨주리라 기대했다. 하지만 우리는 부정, 부패, 사회적 역기능, 환경 파괴, 낭비, 불평등의 바다에 빠져 허우적대는 자신의 모습을 발견하게 되었다."

경쟁 특히 경쟁 교육에 대한 가장 신랄한 비판자는 아마도 독일의 철학자 테오도르 아도르노일 것입니다. 그는 유명한 교육학 저서 『성숙을 위한 교육』에서 "경쟁은 근본적으로 인간적인 교육에 반하는 원리로서 인간적인 교육은 결코 경쟁 본능을 강화하는 방향으로 나아가지 않는다"라고 하면서, "경쟁을 통한 발전은 신화다"라고 단언합니다. 독일에서 1970년 교육개혁을 단행할 때 "경쟁 교육은 야만이다"라는 아도르노의 사상이 모토가 되었습니다.

독일 교육은 왜 이처럼 경쟁을 부정적으로 생각하는 것일까요? 그것은 무엇보다도 히틀러의 파시즘을 경험했기 때문입니다. 히틀러는 이 세상을 무한 경쟁이 펼쳐지는 거대한 정글로 보았고, 이 정글에서는 다윈의 법칙이 적용된다고 보았지요. 인간 사회 또한 자연 세계의 질서가 그대로 작동한다는 허버트 스펜서의 사회적 다윈주의를 신봉했습니다. 그래서 적자생존, 약육강식, 자연도태라는 자연계 법칙이 인간 사회에도 그대로 적용된다고 보았습니다. 강자가 약자를 지배하는 것이 자연의 이치이고, 우월한 자가 열등한 자를 지배하는 것이 자연의 순리라고 보았지요. 그러니 우월한 게르만족이 열등한 유태족을 지배하고, 학대하고, 학살한 것은 자연의 원리에 따른 것인데, 무엇이 문제냐는 식이었지요.

68혁명 이후 전후 최초의 정권 교체를 통해 등장한 빌리 브란트 정부는 바로 이러한 히틀러의 세계관을 뿌리 뽑는 것이 진정한 과거청산의 출발점이라고 생각했습니다. 경쟁-우열-지배의 이데올로기야말로 히틀러 파시즘의 정신적 뿌리이고, 이를 극복하지 못하는 한 히틀러 파시즘은 언제든 재현될 위험이 있다고 본 것이지요. '아우슈비츠가 더 이상 반복되어서는 안 된다'는 것이 독일 교육개혁의 목표였고, 이를 구현하기 위해서는 무엇보다도 경쟁 교육을 넘어서야 한다고 보았습니다.

바로 '경쟁' '우열' '지배'라는 이데올로기에 따른 교육을 해서는 결코 민주주의자를 기를 수 없다는 것이지요. 민주주의자는 파시스트와는 달리 이 세계를 다양한 개성을 가진 자유롭고 평등한 개인들로 이루어진 공동체로 봅니다. 다시 말해 민주주의자는 경쟁보다 협력을 중시하고, 세계를 우열의 위계질서보다 다양성의 평등질서로 보며, 세상을 지배종속의 원리 대신 자유호혜의 원리로 이해하는 사람이지요.

1970년 교육개혁이 이뤄진 뒤 독일의 학교에서는 의식적으로 경쟁 교육을 하지 않았습니다. 파시스트가 아닌 민주주의자를 기르는 교육을 실천에 옮긴 것이지요. 그래서 학교에 등수나 석차도 없고, 학교 간의 경쟁도 없으며, 대학입학 시험도 없습니다. 우리로서는 너무도 꿈같은 얘기지요. 이러한 교육개혁이 오늘날 독일을 세계에서 가장 성숙한 나라로 만들었습니다. '20세기 최악의 전범국가'가 '21세기 최고의 모범국가'로 변모한 이 기적의 진원지는 바로 '야만적 경쟁 교육'을 없앤 교육개혁이었습니다.

경쟁 없는 교육이 하향 평준화를 낳는다?

한국 교육은 어떻습니까? 한국의 교실에서는 아이들을 경쟁에 몰아넣고, 우열을 나누고, 우월한 자가 지배하는 것이 당연하다고 가르치고 있습니다. 우리가 '정상적인 교육'이라고 부르는 교육 자체가 사실은 '파시즘 교육'에 가깝습니다.

물론 과거의 독일 교육은 지금과는 전혀 달랐습니다. 우리처럼 권위주의적이고 강압적이었습니다. 어떤 경우에는 우리보다 더 심했지요. 헤르만 헤세의 『수레바퀴 아래서』 같은 작품을 읽어보면 과거 독일 교육의 참혹한 실상을 살펴볼 수 있지요. 히틀러 시대엔 더 말할 것도 없습니다. 권위주의적 파시즘 교육의 극치를 보여주었지요. 특히 주입식, 암기식 교육 중심이었고, 이를테면 히틀러의 칙령 같은 것을 달달 외우게 했습니다. 우리가 과거에 '국민교육헌장'을 외우듯이 말이죠. 그런 독일 교육이 바뀐 결정적인 전환점은 68혁명입니다. 이때 근본적으로 새로운 교육의 필요성을 자각했고, 그것이 1970년의 교육개혁을 낳았습니다. 그것은 바로 '경쟁 없는 교육'입니다.

한국에선 경쟁 없는 교육을 이야기하면, 그것이 하향 평준화를 야기할 것이라고 우려하는 분들이 많습니다. 하지만 이런 우려는 두 가지 측면에서 타당하지 않습니다.

첫째, 우리가 '하향 평준화'라고 말하지만, 과연 우리에게 더 이상 하향될 것이 있는가요? 지금 한국 교육은 더 이상 내려앉는 것이 불가능할 정도로 이미 바닥에 놓여 있습니다. 이런 교육으로 어떻게 창의적이고 개성적이고 성숙한 인간을 길러낼 수 있나요?

처음 독일에 유학 갔을 때 저는 좀 오만한 생각을 가졌습니다. 제가 아주 뛰어나거나 아니면 독일 아이들이 상당히 모자라거나 둘 중에 하나라고 생각했습니다. 예를 들면, 수업 시간에 단테에 대한 이야기가 나온 적이 있습니다. 저의 입에서는 거의 자동적으로 『신곡』이라고 말이 새어나왔습니다. 그런데 많은 독일 학생들이 『신곡』에 대해 잘 모르고 있는 것 같았습니다. 단테라는 작가를 처음 알았다는 학생도 있었습니다. 마찬가지로 단테 외에도 어떤 작가에 대한 언급이 있으면 저는 그의 대표작을 즉각 주워 삼켰습니다. 그러면서 그걸 모르는 독일 학생들에 대한 우월감을 느꼈던 거지요.

이런 우월감이 터무니없는 것이었다는 사실을 깨닫는 데는 오래 걸리지 않았습니다. '단테' 하면 곧장 『신곡』을 떠올렸지만, 그게 제 지식의 전부였다는 사실을 깨달은 것이지요. 그저 제목만 알고 있을 뿐, 작품을 제대로 읽어본 적도 없고, 그로 인해 제 삶이 영향을 받은 것도 없었습니다.

그런데 독일 아이들은 달랐습니다. 그들이 누군가를 '알고 있다'고 말하면 그것은 그야말로 '제대로' 알고 있는 것이었습니다. 그 작품을 읽어보았을 뿐만 아니라, 작가의 시대와 삶에 대해서도 상당한 지식을 가지고 있었고, 그 작품이 자신의 삶에 영향을 주거나, 변화를 불러일으켰을 때 비로소 '안다'고 표현했습니다. 독일 학생들이 '안다'고 말할 때는 상당히 긴 시간 동안 자기 나름의 경험으로 해석된 얘기들을 하는 것이었죠. 제가 단테를 안다고 했을 때, 과연 제가 단테에 대해 할 수 있는 얘기가 무엇이고, 단테가 저에게 준 의미는 무엇인지, 제게는 그런 차원의 성찰이 없었던 것입니다.

독일에서는 그저 언제 사용할지도 모를 수많은 '죽은 지식'을 머릿속에 쌓아가는 과정을 교육이라고 생각하지 않습니다. 그들에게 교육은 스스로 사유하는 능력을 기르는 일입니다. 그래서 가장 중시하는 것이 바로 책 읽기입니다. 지식을 가능한 많이 머리에 축적하는 것이 아니라, 자기가 관심 있는 분야의 책들을 천천히 깊게 읽고 사유하는 습관을 들이는 것이 독일 교육의 기본입니다. 저는 독일 학생들이 자기 관심 분야에 관해서는 거의 전문가 수준의 지식을 가지고 깊은 사유를 하는 것을 보고 놀란 적이 한두 번이 아닙니다. 이런 학생들은 한국에서는 거의 본 적이 없습니다. 잘못된 교육과 왜곡된 평가 방식 때문이지요.

우리는 경쟁체제 속에서 살아남기 위해, 선다형 단답형의 지식 문항들을 풀어내기 위해, 잡다한 지식들을 낮은 수준에서 되도록 많이 알아야 합니다. 그러니 우리 아이들에게는 심연이 결여되어 있습니다. 한국에서는 깊이 사유하고 자신의 고유한 생각을 자유로이 펼치는 학생을 찾아보기 어렵습니다.

둘째로, 경쟁 없는 교육은 하향 평준화를 낳는다는 주장과 관련하여 독일 학문 수준의 변화 추이를 살펴보지요. 68혁명 이후, 그러니까 경쟁 교육을 지양하고, 비판 교육을 지향하는 교육을 본격적으로 시작한 이후 독일의 학문적 수준은 과연 하향되었을까요?

20세기 이래 독일은 학문 분야 노벨상 수상자를 가장 많이 배출한 나라 중 하나였고, 68혁명 이후에도 수많은 수상자를 배출하여 현재 110명을 넘어섰습니다. 경쟁 없는 교육이 학문 수준을 낮췄다는 증거는 어디서도 찾아볼 수 없습니다. 경쟁을 통해야만 학문도 발전하고 교육도 활력을 찾는다는 고정관념을 독일은 완전히 뒤집어놓았습니다. 아도르노의 말처럼 "경쟁을 통한 발전은 신화"입니다.

한국 교육이 절망이자 희망인 이유

대한민국이 지난 세기에 거쳐 온 독특한 역사적 경로는 '학벌계급사회'라는 아주 병리적인 사회문화 현상의 원인을 설명해 줍니다. 동시에 학벌체제만 넘어설 수 있다면 우리나라가 다른 어떤 나라보다도 자유롭고 평등한 '사회적 유토피아'로 나아갈 수 있는 잠재력을 가진 사회라는 사실을 보여주기도 합니다.

우리는 이 학벌체제를 극복함으로써 근대 사회가 아직 이루지 못한 자유롭고 평등한 이상적인 공동체를 만들어낼 수 있을지도 모릅니다. 이것은 단순한 교육의 문제가 아니라, 대한민국이 새로운 유형의 이상적인 사회 모델을 세계를 향해 제시할 수 있는가에 대해 긍정적인 답을 줄 수 있는 근거가 될 수 있습니다.

그래서 저는 한국 교육의 문제가 단순히 교육 영역만의 문제가 아니라고 생각합니다. 야만적인 경쟁이 만들어낸 오만한 승자와 열등감에 찌든 패자가 아니라, 존엄한 인간, 성숙한 민주주의자, 개성적인 자유인을 길러내는 새로운 교육으로 한국 교육을 바꿀 수만 있다면, 한국은 세계에서 유례없는 이상적인 나라로 성장할 수 있을 것입니다. 저는 우리나라를 민주적이고, 평등하고, 자유로운 사회로 만들 수 있는 가능성이 바로 교육에 있다고 봅니다.

학벌계급사회를 극복하는 문제는 한국 사회가 앞으로 어떤 미래 비전을 가지고 나아갈 것인가를 결정하는 핵심적인 문제입니다. 이를 어떻게 풀어가느냐에 따라 우리 사회의 미래는 결정될 것입니다.

코로나 팬데믹 때 한국이 보여준 저력, 특히 민주적 잠재력은 놀라웠습니다. 코로나가 몰고 온 사회적 위기 속에서 우리처럼 의연하게 대처한 나라는 찾아보기 어렵습니다. 특히 사망자가 급증하던 초기 단계에서 대구 시민들이 보여준 성숙한 시민의식은 놀라운 것이었습니다. 도시 봉쇄도, 이동 제한도 없었지만 시민들은 스스로 이동을 자제했고, 동요나 혼란도, 사재기도 없었습니다. 우리의 시민의식이 이미 그 정도 수준까지 올라온 것입니다.

이런 성숙한 시민의식과 새로운 교육제도를 통해서 아이들을 길러낼 수 있다면, 교육이 학벌이라는 일종의 숨겨진 신분체제가 아니라 모두가 평등하고 자유로운 인간으로 사는 공동체를 위해 기능할수 있다면, 우리는 정말 괜찮은 사회를 만들 수 있을 것입니다.

저는 그것이 단순한 꿈이라고 생각하지 않습니다. 왜냐하면 우리는 지금까지 극심한 경쟁 교육으로 인해 너무나 많은 고통을받았고, '이제 이 방식은 더 이상 계속 갈 수 없다'라는 인식이 서서히 퍼져나가기 시작했기 때문입니다. 여전히 지금까지의 야만적 경쟁방식으로 고통받는 우리 아이들을 해방할 때가 되었음을우리는 몸으로 가슴으로 머리로 느끼고 있습니다. 교육 해방의시대를 열 준비가 된 것입니다.

패자와 승자로 나뉘는 아이들

2017년에 한국개발연구원(KDI)은 흥미로운 설문조사를 했습니다. 한국·중국·미국·일본 4개국의 대학생 1천 명을 대상으로 "당신들에게 고등학교는 어떤 곳이었는가?"라고 물었습니다. 이네 나라는 아시다시피 전 세계에서 가장 경쟁 교육이 심한 것으로 악명이 높습니다. 설문의 세 가지 선택문항은 다음과 같습니다. 1. 함께하는 광장 2. 거래하는 시장 3. 사활을 건 전쟁터. 이중 한국 학생들이 가장 많이 선택한 답은 무엇이었을까요? 무려 80.8퍼센트가 '사활을 건 전쟁터'라고 대답했습니다. 미국, 중국이 대략 40퍼센트, 일본은 약 14퍼센트 정도가 같은 대답을 했지요. 일본의 경우 '함께하는 광장'이라고 대답한 이들이 76퍼센트였습니다.

일본 대학생들의 대답에 대해서 '의외'라고 생각하는 분들이 많았습니다. 저 또한 일본의 수치가 이해되지 않아서, 많은 일본 전문가들에게 물어보았습니다. 이들 대부분이 "저 수치가 맞다" "일본은 유럽 교육 쪽으로 옮겨간 지 오래다"라고 말했습니다. 특히 한 지인의 말이 인상적이었습니다. 이 분은 중고등학교 시절은 일본에서, 대학은 한국에서 보낸 한국인인데 한국과 일본 교육을 비교하며 매우 흥미로운 말을 했습니다.

"한국 학생들은 바로 옆 자리에 있는 친구와 '경쟁(compete)'하지만, 일본 학생들은 자기 앞의 꿈을 '추구(pursue)'합니다. 그리고 그 꿈을 이루도록 서로 격려하지요."

저는 이 말에 한편으론 정말 놀랐고, 또 한편으로는 화가 났습니다. 우리는 일본이 심어놓은 경쟁 교육에서 여전히 벗어나지 못하고 있는데, 정작 그러한 교육의 뿌리인 일본은 이미 오래 전에 여기에서 탈출해 유럽 교육에 접근해 가고 있다니 마음이 아팠습니다. 만약 같은 질문을 유럽, 특히 독일의 대학생에게 던졌다면 '전쟁터'라고 답한 비율은 제로에 가까웠을 것입니다.

언젠가 한 방송 프로그램에서 강연한 적이 있는데, 이 자리에 독일인 다니엘 린데만 씨가 패널로 나왔습니다. 저는 그에게 위의 세 가지 항목 중 자신은 어느 쪽에 속한다고 생각하느냐고 물었습니다. 그는 이렇게 답했습니다.

"저에게는 위의 세 가지 경우가 모두 해당되지 않습니다. 저에게 고등학교 시절은 하루하루가 파티였습니다."

저는 갑자기 감정이 북받쳐 말을 잇지 못했습니다. 우리 학생들은 '전쟁터'에 있다는데, 독일 학생들은 '파티'장에 있다고 하니, 그 대비가 너무 처절하다고 느꼈습니다. 다니엘의 말은 진실입니다. 정말 독일의 청소년들, 특히 중고등학생들에게 학창시절은 인생에서 가장 행복한 시기, '인생의 황금기'입니다.

우리 아이들이 학창시절을 '전쟁터'로 기억한다는 것은 무슨 의미인가요? 전쟁터에는 두 부류의 인간밖에 없습니다. 승자 아니면 패자이지요. 한국 교육의 승자는 자신이 누리는 모든 부와 권력은 곧 자신이 전쟁터에서 쟁취한 '전리품'이라고 생각합니다. 그것은 '내가 노력해서' '내가 잠도 안 자고 공부해서' '내가 스카이에 합격해서' '내가 놀지 않고 책을 파서' 마침내 승리해 얻은 결과물입니다. 그래서 그들은 자신들이 우리 사회에서 누리는 것이 우리 국민들이 오랜 정치적·사회적 투쟁과 희생을 거쳐 이루어놓은 성과물이라는 사실을 제대로 인식하지 못합니다.

오늘날 한국 교육이 길러낸 '전교 1등'들이 거의 예외 없이 미성숙하고 오만한 엘리트가 되는 것은 바로 이런 '사활을 건 경쟁 교육'의 필연적 결과입니다. 공부만 잘하면 모든 것이 용서되는 교실에서 12년간 교육받은 아이들이 어떤 인간으로 성장하겠습니까. 이런 의미에서 보면 한국의 오만하고 미성숙한 대다수의 엘리트들도 결국 한국 교육의 피해자들입니다.

패자는 어떨까요. 학교에서 잘 적응하지 못한 아이들, 경쟁에서 뒤처지거나 낙오된 아이들은 교실에서 열등감과 모멸감, 패배감과 무력감, 좌절감과 절망감을 내면화합니다. 인생을 시작하기도 전에 불행의식에 가득 차 있습니다. 많은 아이들이 자해하거나 자살하는 이유가 여기에 있습니다.

그렇다고 이 경쟁의 승자들은 행복할까요? 2018년 '서울대학교 학생복지 현황 및 발전방안 최종보고서'에 따르면 서울대 재학생들의 불안 및 우울 정도는 충격적입니다. 서울대 학생들의 46퍼센트, 구체적으로는 응답자 1,760명 중 818명이 우울증 상태라는 것입니다. 이른바 경쟁의 최고 승자들이라는 학생들의 현실이 이렇게 참담합니다. 어린 시절부터 항상 1등을 해야 된다는 강박이 이들을 우울증에 시달리게 한 것이지요. 그런 아이들의 내면이 과연 자유롭고 행복할까요? 패자는 말할 것도 없고, 승자조차 불행하다면 우리는 도대체 누구를 위한 경쟁을 하고 있는 것인가요.

몇 차례 TV 프로그램에서 우리 교육의 끔찍한 현실에 대해 강연을 한 적이 있습니다. 이 강연들은 예상치 못한 커다란 반향을 불러일으켰습니다. 이것은 한국 국민들 대다수가 자신을 잘못된 교육의 희생자라고 느끼고 있음을 방증합니다. 특히 30~40대 부모들의 반응이 뜨거웠습니다. 그러니까 지금 초·중·고 학생의 부모들은 자신의 부모 세대와는 달리 우리나라의 암담한 교육을 다음 세대에까지 강요해서는 안 된다고 생각하고 있는 것입니다.

'내 자식은 나와 같은 교육을 받아서는 안 된다'는 것이 젊은 부모 대다수의 생각이라고 저는 확신합니다.

이런 저항의식은 지난 이명박, 박근혜 정부 때부터 조금씩 쌓여왔던 것으로 보입니다. 교육제도와 입시에 문제가 있다는 사실을 절감하고, 대학 입시 하나로 우리 아이들의 인생이 결정된다는 것이 너무도 부조리하다는 점을 깊이 깨달은 것 같습니다. 주입식 교육, 암기식 교육으로는 우리 아이들을 제대로 성장시킬 수 없다는 각성을 하기 시작한 것입니다. 독일을 비롯한 덴마크, 핀란드, 네덜란드 등 유럽 국가의 교육에 주목하기 시작한 것은 바로 이런 이유들 때문입니다. 이는 당연한 현상입니다. 우리는 그들이 어떻게 개혁과 변화를 시도했고, 그 속에서 교육이 어떻게 달라졌으며, 그 영향으로 사회가 어떻게 변했는지를 정확히 알 필요가 있습니다.

2장

'능력주의는 폭군이다'

노력하면 다 할 수 있다?

많은 사람들이 교육을 통해 계층 이동을 이룰 수 있다고 생각해 능력주의에 빠져듭니다. 그래서 경쟁 교육의 문제점을 이야기하면 흔히 이런 물음에 부딪힙니다. '그간 교육을 통해 이뤄져온 계층 이동의 가능성마저 닫히면, 지금 한국 사회가 직면한 엄청난 불평등을 어떻게 해소하느냐'는 것입니다. 이는 당연한 물음입니다.

그러나 당연한 만큼이나 타당하지 못한 물음이기도 합니다. 교육을 통한 계층 이동이라는 발상 자체가 기만적인 자유주의적 사고에서 나온 것이기 때문입니다.

하나의 사례를 들어보겠습니다. 버락 오바마는 능력주의의 화신이었습니다. 그는 가는 곳마다 이렇게 연설했지요. "노력하면 다 할 수 있습니다!" 그러곤 이렇게 덧붙였어요. "저를 보세요. 노력 끝에 미국 최초의 흑인 대통령이 된 것입니다. 제 아내 미셸을 보세요. 그녀는 나보다 더합니다. 찢어지게 가난한 흑인 노동자의 딸이 노력하여 프린스턴 대학, 하버드 로스쿨을 나와 변호사가 되고, 마침내 최초의 흑인 퍼스트레이디까지 되었지요."

여러분은 오바마 연설의 단골 메뉴에 대해 어떻게 생각하십니까? 어찌 보면 너무도 당연하고 무해한, 선의의 격려처럼 보이지요.

하지만 이 말은 어떤 사람들에게는 말이 아니라 칼이었습니다. 예를 들어 세계화에 따른 공장 이전으로 실업자가 된 디트로이트의 자동차 공장 노동자에게 오바마의 연설은 이렇게 들렸을 것입니다. '왜 당신들은 노력은 하지 않고 불평만 늘어놓는 거냐. 열심히 노력해서 좋은 대학을 나왔으면 이런 불행은 없었을 텐데. 지금부터라도 새로운 도전을 위해 노력해라.'

다시 말하면 미국 자본주의의 신자유주의적 탐욕이 만든 대규모 실업 문제를 노동자 개인의 노력 문제로 환원한 것이지요. 자본주의의 구조적 문제를 노동자의 개인적 문제로 전가하는 것입니다. 이것이 바로 능력주의의 함정입니다.

'트럼프'라는 괴물이 등장한 이유

하버드 대학의 마이클 샌델 교수는 우리나라에서는 『정의란 무엇인가』라는 책으로 유명하지만, 저에게는 『공정하다는 착각』(영어 제목은 '능력주의는 폭군이다(The Tyranny of Merit)')이라는 책이 더 많은 영감을 주었습니다.

이 책은 사실 이론적인 책이라기보다는 매우 현실적인 이유에서 쓰인 저서입니다. 트럼프 정권의 탄생과 코로나 사태에 대한 대응, 트럼프 지지자들의 의사당 난입 폭동 등을 보면서 전 세계가 충격을 받았지요. 특히 아직도 미국을 '민주주의의 모범국'으로 생각하는 많은 한국인들도 엄청난 충격을 받았으니까요. '어떻게 미국이 이렇게까지 야만적인 국가일 수 있을까?'

그러나 누구보다도 더 큰 충격을 받은 사람은 바로 하버드 대학 정치학과 교수인 마이클 샌델이었을 것입니다. 그는 단순히 충격을 받는 데 그쳐서는 안 되고, 정치학 교수로서 트럼프 현상을 설명해 내지 않으면 안 되었지요. 그 결과가 바로 이 책입니다.

'트럼프 현상'을 낳은 것은, 즉 '도널드 트럼프'라는 아주 문제적인 인물이 대통령이 될 수 있었던 것은 다름 아닌 '능력주의'에 그 근본 원인이 있다고 본 것입니다. 능력주의가 미국의 공동선(common good)을 파괴했고, 그것이 트럼프라는 '괴물'을 등장시켰다는 의미입니다.

마이클 샌델 교수는 트럼프 현상을 분석하면서 다음과 같은 결론을 내립니다. 능력주의 사회에서 특히 저학력 백인 노동자들이 느끼는 굴욕감과 분노가 계급적 증오보다 더 컸고, 그 굴욕감과 분노가 트럼프 현상을 낳았다는 것입니다. 다시 말하면 미국의 능력주의는 사회적 비극의 모든 원인을 개인에게 돌리면서, 미국 사회의 불평등은 결국 능력에 대한 공정한 보상의 결과라고 정당화한다는 것입니다.

여기에 바탕을 이루는 것이 바로 자유주의적 교육관입니다. 누구나 노력을 하면 좋은 대학에 갈 수 있고, 그것을 통해 출세할 수 있다는 의미이지요. 샌델은『공정하다는 착각』에서 이러한 기만에 대해 신랄한 비판과 폭로를 가하고 있습니다. 요컨대, 노력하면 성공할 수 있다는 신화는 자유주의적 교육관이 낳은 거짓이라는 거지요. 이와 함께 능력주의라는 이름으로 부와 권력 그리고 기회가 기득권 계층에게 독점되는 현상을 통렬하게 비판하고 있습니다.

예일대 법대 교수 대니얼 마코비츠도『엘리트 세습』(영어 제목은 '능력주의의 덫(Meritocracy Trap)')에서 능력주의가 몰고 온 사회적 문제를 날카롭게 지적하고 있습니다. 샌델이 능력주의가 공정하다고 생각하는 것은 '착각'이라고 꼬집는다면, 마코비츠는 능력주의를 하나의 '조작'이라고 힐난합니다. 즉 게임 자체가 기득권 계층이 무조건 이기도록 이미 다 '조작'되어 있다는 것입니다.

마코비츠의 논리를 우리에게 적용한다면, 강남의 소수 아이들이 무조건 이기도록 다 예정된 게임에 다른 모든 아이들이 동원되어 고생하고 있다는 뜻이지요. 최근 문제가 된 이른바 '킬러 문항'을 둘러싼 사회적 논쟁도 사실은 강남의 소수 아이들에게 국한된 '그들만의 게임'에나 적용되는 얘기이지요.

샌델과 마코비츠는 실제로 미국의 명문대학 입학생의 출신을 분석함으로써 능력주의의 신화를 깹니다. 간단히 말해서 능력주의의 가장 확고한 징표, 즉 미국 명문대학 입학은 '학생의 능력'이 아니라, 그의 '아버지의 재력'에 달렸다는 사실을 증명했습니다.

예컨대, 아이비리그 등 명문대학 입학자는 경제적으로 상위 1퍼센트에 속하는 집안의 자식과 하위 50퍼센트에 속하는 집안의 자식 중에서 누가 더 많을까요? 상위 1퍼센트 가정의 자식이 더 많다는 것이지요. 그밖에도 수없이 많은 예를 들고 있습니다. 그 결과로서 샌델은 미국 사회를 '학력계급사회', 심지어 '현대판 세습귀족정'이라고 비판하고, 마코비츠 또한 미국의 학력에 따른 신분화 현상을 '새로운 귀족정'이라고 힐난합니다. 이제는 우리도 명문대학에 입학함으로써 사회적 차별을 넘어설 수 있다는 자유주의적 환상에서 깨어나야 합니다. 명문대학에 가지 못했으니 사회적 차별을 받아도 괜찮다고 하는 잘못된 자의식에서도 깨어나야 합니다.

미국에서는 신자유주의가 지배한 지난 40년간 교육의 이데올로기적 기능이 더욱 강화되었습니다. 다시 말해, 교육의 가장 중요한 기능은 '평등한 세상'이라는 환상을 제공하는 것이지요. 이 세상은 기본적으로 평등하고, 누구에게나 기회가 평등하게 주어지며, 불평등은 공정한 경쟁의 결과로 불가피하다는 것이지요. 그렇기에 오바마가 주장하듯이, 불평등의 문제는 교육을 통한 계층 이동의 기회를 확장함으로써 풀 수 있다고 하는 겁니다. 그러나 이것은 거짓된 이야기지요. 사회적 불평등은 교육을 통해서 완화된다기보다는 오히려 강화되고 있습니다.

혁명 대신 자살을 선택하게 하는 나라

마이클 샌델 교수는 능력주의를 사회의 공동선을 다 때려 부수는 '폭군'으로 비유했습니다. 그러면서 능력주의가 미국 사회를 어떻게 망쳤는지를 다음과 같이 지적합니다.

첫째, 능력주의는 미국 사회를 '오만함(hubris)에 가득찬 엘리트'와 '굴욕감(humility)에 휩싸인 대중'으로 갈라놓았다는 것입니다. 오만한 엘리트란 누구인가요. 그들은 바로 명문대학의 졸업생들입니다. 미국에서는 아이비리그를 비롯한 명문대학 졸업장이 능력의 가장 확실한 증표이기 때문이지요. 거기선 하버드, 예일, 프린스턴, 스탠퍼드, MIT 등의 명문대학을 나온 사람들을 대개 '능력 있는 엘리트'라고 부릅니다.

그러나 정말 그들이 능력 있는 자들일까요? 명문대에 들어가는 아이들은 대부분 '능력'이 있는 사람들이라기보다는 '재력'이 있는 집안의 자식들이지요. 그런 사람들이 미국의 상류층을 이루며 굴욕감에 휩싸인 대중 위에 군림하고 있다는 것입니다.

능력주의가 폭군인 이유는 또 있습니다. 능력주의는 오만한 엘리트와 분노한 대중으로 미국 사회를 완전히 갈라놓았을 뿐만 아니라, 미국을 '절망사(death of despair)'의 나라로 만들었다는 것입니다.

현재 미국은 역사상 최악의 불평등 사회가 되었지만, 능력주의 이데올로기로 인해 대중들은 혁명을 꿈꾸지 않는다는 겁니다. 대중들은 자신의 불행의 원인을 미국의 약탈적 자본주의라는 사회 구조에서 찾지 않고, 자신의 무능에서 찾는다는 거지요. '내가 무능하기 때문에, 내가 불행한 것이다'라는 의식을 내면화하도록 능력주의 이데올로기가 부추긴 결과이지요. 그래서 불행한 대중들은 '혁명 대신 자살'을 택하게 된다는 겁니다. 그 결과가 바로 '절망사의 나라'입니다. 2018년 한 해에만 약 15만 명이 넘는 미국인이 '절망사'로 죽었습니다. 사실 절망사가 미국보다 더 심각한 나라는 확고부동한 '자살률 세계 1위' 대한민국입니다.

능력주의가 때려 부수는 것은 또 있습니다. 바로 노동의 존엄 (dignity of work)입니다. 돌봄, 간호, 청소, 배달, 건설 등 공동체의 유지에 꼭 필요하고 사회적으로 인정받고 존중받던 '사회적 노동'이 능력주의가 기승을 부리면서 언제부턴가 경멸의 대상, 무시의 대상으로 변했다는 것입니다. '능력이 없으니 저 일을 하지'라면서 사회적 노동을 경시하는 풍조가 널리 퍼졌다는 거지요. 이러한 현상을 샌델은 "능력주의가 노동의 존엄을 파괴했다"고 비판

합니다. 이처럼 능력주의는 사회를 엘리트와 대중으로 분열시키고, 사회적 노동을 경시하고, 절망사를 조장하는 방식으로 미국 사회를 파괴하는 폭군이 되었다는 것입니다.

미국 사회에 대한 샌델의 분석은 그대로 한국 사회에도 적용할 수 있습니다. 한국이 세계에서 가장 갈등이 심한 나라가 된 것이나, 사회적 노동을 경시하는 풍조가 팽배한 것이나, 세계에서 자살률이 가장 높은 것이나, 세계에서 가장 우울한 나라가 된 것과 같은 현상 말입니다. 이러한 현상들은 모두 능력주의라는 폭군이 파괴한 사회적 폐허의 모습입니다.

한국의 능력주의가 갖는 독특한 특성을 보다 깊이 있게 이해하고자 하는 분에게는 박권일의 『한국의 능력주의』를 일독할 것을 권합니다. 탁월한 칼럼니스트인 박권일은 이 책에서 "불평등은 참아도 불공정은 못 참는" 한국인의 독특한 심성의 기저에는 한국 특유의 능력주의가 도사리고 있다고 하면서, 그 기원을 매우 흥미롭고, 설득력 있게 추적하고 있습니다.

저는 특히 교육의 영역에서 한국의 능력주의의 폭력성이 확연히 드러난다고 생각합니다. 세계 최고 수준의 청년 자살률과 아동 우울증, 세계 최저의 아동·청소년 행복도 등은 한국 학생들이 겪는 고통의 정도를 헤아리게 합니다. 경쟁, 승패, 우열의 전쟁터에서 축적된 분노와 울분이 아이들을 언제 폭발할지 모르는 '인간 폭탄'으로 만들고 있습니다. 10, 20대 청소년의 사망 원인 1위가 자살인 것은 능력주의 경쟁 교육이 한국의 젊은이들을 얼마나 고통스럽게 벼랑 끝으로 몰아대는지를 반증하는 것입니다. 학생들만 고통을 당하는 것이 아닙니다. 살인적인 경쟁 교육이 학생뿐만 아니라 교사들도 죽음으로 내몰고 있습니다. 서이초 사건이 보여주듯이 교사 또한 한국 교육의 희생양이 되고 있습니다.

팽팽한 긴장의 전쟁터에서 배려와 연대, 선의와 우정의 세계가 열릴 수는 없습니다. 사실 미국보다 능력주의의 폭력성이 더욱 심한 곳이 바로 대한민국입니다.

3장

공정은 정의의 덫이다

오르고 올라도 끝이 없다

저는 독일을 방문해서 독일 사람들과 대화할 기회가 비교적 많았습니다. 8년간 독일에 살면서는 독일 사람들의 문화를 아주 가까이서 접하게 되었지요. 그런 저에게 독일에서 가장 인상 깊었던 점은 무엇보다 그들의 '당당함'이었습니다.

저는 주로 대학에서 생활했기 때문에 자연히 학생들과 교수들을 많이 만났습니다. 물론 대학에서 일하는 사무원들도 만났고, 마트나 식당 등 일상생활에서 만난 사람들도 많습니다. 그때마다 그들의 표정과 태도에서 느낀 것은 모두가 당당하고 분명하게 자신의 입장을 밝히고, 필요하면 최선을 다해서 책임을 감당한다는 것이었습니다. 대학을 다니든 다니지 않든, 또 어느 대학을 다니든, 무슨 과를 전공하든 열등감을 가진 사람은 없었습니다. 독일에서 지낸 8년의 시간을 떠올려보며 '내가 만나본 독일인 가운데 열등감이 있는 사람을 본 적이 있나?' 생각해 본 적이 있습니다. 놀랍게도 아무리 생각해 봐도 그런 사람이 없었습니다. 이게 믿어지십니까?

그들의 입장에서 보면 제가 먼 동양에서 온 외국인이니 저에 대해 인종적 우월감 비슷한 걸 가지고 있는 게 아닐까, 거기서 그런 당당함이 나온 건 아닐까, 라고도 생각해 봤습니다. 그런데 확실히 그런 느낌은 아니었습니다. 오히려 오늘날 독일은 인종적 우월감을 죄악시하는 나라입니다. 히틀러 시대의 경험이 독일을 인종차별에 대해 가장 예민하고 비판적인 사회로 만들었지요.

독일에선 이처럼 열등감을 가진 사람들을 찾아보기 어려울 뿐만 아니라, 우월감을 가진 사람들도 흔히 보기 어렵습니다. 마이클 샌델 교수가 『공정하다는 착각』에서 미국이 오늘날 이처럼 야만적인 사회가 된 원인을 '엘리트들의 오만'에서 찾는 것을 보고, '내가 독일에서 오만한 엘리트를 본 적이 있었나?' 하고 자문해 보았습니다. 결론은 놀랍게도 '본 적이 없다'였습니다.

저는 독일 사회에서 흔히 엘리트라고 불리는 교사, 교수, 변호사, 의사들을 많이 만났습니다. 그들을 찬찬히 떠올려보았지만 오만한 사람을 한 명도 기억할 수 없었습니다. 저는 이것이 개인적인 경험일 뿐일지도 모른다는 생각에, 제 아내에게도 "독일에서 오만한 엘리트를 본 적이 있는지" 물었습니다. 독일에서 함께 공부하며 7년 정도 생활한 제 아내는 한참 생각하더니 "생각나는 사람이 없다"는 것입니다. 제가 있는 독일유럽연구센터의 연구교수님 세 분에게도 같은 질문을 드렸고, 같은 답을 얻었습니다. 한 교수님만 "오만한 교수를 한 명 본 적이 있다. 그런데 그 교수는 독일인이 아니었다"고 답했습니다. 정말 믿어지지 않는 얘기입니다.

모든 엘리트가 예외 없이 겸손하다면, 이것은 개인적 특성이라기보다는 사회적 현상이라고 보아야 할 것입니다. 어떻게 이런 사회가 가능할까요?

당당한 독일인들에게서 강한 인상을 받은 이후, 제 삶을 돌아보면서 가끔 이런 생각을 합니다. '지금까지 만난 한국 사람 중에 정말 당당한 사람이 얼마나 있었나? 열등감이 없는 사람을 만난 적이 있었나?' 돌아보니 대부분의 사람들이 무언가 열등감에 사로잡혀 있었습니다. 특히 학력에 대한 열등감은 한국 사회에서 너무도 뿌리가 깊습니다. 더 놀라운 것은 판사, 검사, 의사, 변호사, 교수 등 소위 한국 사회에서 잘 나간다는 엘리트들도 열등감에 있어서는 예외가 아니라는 사실입니다. 술기운이 무르익을 쯤이면 이런 말들이 스멀스멀 새어나옵니다.

"내가 실력이 없어서 서울대에 못 간 거 아니야."

"내가 실력이 없어서 판검사 못 된 거 아니야."

"내가 실력이 없어서 서울지검에 못 간 거 아니야."

"내가 실력이 없어서 대치동에서 개업 못한 거 아니야."

이 리스트는 끝없이 이어집니다. 이런 말은 어떤 심리에서 나온 것일까요. 소위 출세했다는 사람들마저 마음속 깊은 곳에서는 '패배자'라는 자기규정을 하고 있다는 것입니다. 왜 그럴까요? 한국인들은 무슨 일을 하든 늘 자기 위에 누가 있고, 자기 밑에 누가 있다는 식으로 생각합니다. '제주지검'의 검사는 '서울지검'에 있는 검사보다 낮다고 생각하는 것이지요. 중앙대학교 교수는 서울대학교 교수보다 처진다고 생각하는 식입니다. 그러다 보니 모든 한국인들이 특정한 열등감을 내면화하고 있습니다.

이런 현상을 보면서 저는 한국인의 성격에 잘못된 무언가가 내면화된 것이 아니라, 한국이라는 사회 구성체에 어떤 문제가 있다고 생각했습니다. 즉 한국 사회는 기본적으로 그 구조가 수직·위계일 뿐만 아니라, 사람들 간의 관계도 수직·위계적이기 때문에, 그 구성원들도, 심지어 기득권자들마저도 이런 수직·위계적 관점을 자신도 모르게 내면화하고 있는 것이 아닌가 생각했지요.

그러던 차에 고려대학교 김우창 교수가 『정치와 삶의 세계』에서 한 말을 발견했습니다. "한국 사회는 오만과 모멸의 구조로 되어 있다."

정말 날카로운 통찰입니다. 한국 사회는 승자의 오만과 패자의 모멸로 구조화된 사회입니다. 이것이 한국 사회를 헬조선, 즉 사회적 지옥으로 만드는 사회심리적 토양이지요. 승자는 턱없이 오만하고, 패자는 모멸감을 평생 내면화하고 살아가는 것입니다. 끝없는 경쟁 속에 구조화된 수직·위계적 질서 속에서 결국 모든 사람이 열등감과 모멸감을 느끼고, 심지어 승자라고 불리는 사람들조차 위계질서 내의 또다른 패자로 자신을 인식하는 사회이지요.

한국 사회를 특징짓는 이러한 현상, 즉 끝없는 경쟁, 오만과 모멸, 열등감과 우월감이 도대체 어디서 온 것인가요? 이런 현상에 관심을 갖다 보니 다시 교육에 대해서 생각하지 않을 수 없었습니다. 이것은 무엇보다도 교육에서 온 것이며, 이런 현상을 극복하는 것도 결국 교육에 답이 있음을 절감하게 됐지요. 그래서 연구년이었던 2017년에 독일에 가서 독일 교육을 좀더 자세히 들여다보게 된 것입니다.

자기착취를 권하는 사회

세계적으로 주목받는 이탈리아 철학자 프랑코 베라르디는 얼마간 한국 사회를 둘러본 후 "현대 니힐리즘의 가장 급진적인 형태"를 보이는 곳이라고 결론을 내리고 있습니다. 그가 이런 부정적인 결론에 도달한 첫 번째 근거는 한국인의 자살률이 높다는 점이지만, 한국인의 일상적 삶 자체가 허무주의를 부르는 토양이라고 그는 보았던 거지요.

베라르디는 "한국인의 일상은 사막"이라고도 했습니다. 사실 이 사막은 이데올로기의 모래바람으로 가득합니다. 한 대기업 광고에서 기업 오너가 직접 나와 이렇게 말합니다. "긍정의 힘을 믿습니다." 이 카피는 굉장히 무서운 말입니다.

오늘날 현대인들은 자본이 내뱉는 이데올로기의 언어에 24시간 무방비로 노출되어 있습니다. 우리는 하루 종일 자본이 보내는 긍정과 소비와 노동의 '복음'을 듣습니다. '긍정의 힘을 믿어라, 끝없이 소비하라, 쉬지 않고 일해라'. 저는 "긍정의 힘을 믿습니다" "나는 긍정입니다"라는 H 그룹의 광고를 보고 정말 '파렴치하다'고 느꼈습니다. 자본의 이데올로기를 너무도 노골적으로 설파했기 때문입니다.

여기서 이러한 말의 의미를 좀더 깊이 이해하려면 우리는 '이데올로기'라는 개념을 조금 자세히 알아야 합니다. 사실 우리가 진리, 진실, 정답이라고 알고 있는 많은 것들은 이데올로기입니다. '모든 지배적인 사상은 지배하는 자의 사상이다'라는 것이 이데올로기 이론의 기본인식입니다. 이 말을 그대로 적용한다면, 한국 사회에서 지배적인 사상, 관념, 이념은 이 사회를 지배하는 자들의 사상, 관념, 이념이라는 것이지요.

예를 하나 들어볼까요. '경쟁'이라는 사상은 한국에서는 모두가 공유하고 수용하는 대표적인 이데올로기입니다. 경쟁은 좋은 것이다, 경쟁을 해야 발전한다, 인류 역사는 경쟁의 역사다 등등 이러한 생각에 이론을 제기하는 한국인들은 거의 없을 것입니다. 한국인들은 대부분 경쟁 이데올로기에 포획되어 있기 때문이지요. 그러나 경쟁에 대한 이러한 생각들은 앞에서도 지적했듯이 진리라기보다는 이데올로기입니다.

100년 전만 해도 우리에겐 두레, 상부상조, 상호부조가 미덕이었지, 경쟁과 대결이 미덕이었던 적은 없습니다. 서로 돕고, 협력하고, 필요하면 연대해야지 자신만 살아남겠다고 경쟁하는 것은 도덕적으로나 사회적으로나 옳지 못한 일로 여겨졌습니다. 이처럼 부정적으로 인식되던 경쟁이 자본주의 사회가 등장하면서 긍정적 의미를 내장하게 된 것입니다. 자본주의란 근본적으로 자유경쟁을 전제로 한 경제체제이기 때문이지요.

앞에서 살펴보았듯이, 현대 사회는 더 이상 폭력으로 지배하지 않고, 이데올로기로 지배합니다. 그리고 이데올로기의 가장 강력한 도구는 언어이지요. 그래서 언어를 지배하는 자가 사회를 지배하는 것입니다.

오늘날 언어를 지배하는 자는 누구인가요? 자본주의 사회를 지배하는 자본가들이 언어 또한 지배하고 있습니다. 오늘날 언어를 지배하는 공론장은 자본의 손아귀에 쥐어져 있습니다. 자본권력은 돈의 위력을 통해 매체를 장악하고 공론장을 지배합니다. 때론 공론장의 일부를 직접 소유하기도 하고, 광고를 통해 공론장에 막강한 영향력을 행사합니다.

앞서 예를 든 것보다 더한 광고도 많습니다. 한 젊은 엄마가 새벽같이 일어나 소풍 가는 아이를 위해 도시락을 싸고 아이들에게 아침을 먹여 보냅니다. 그 엄마는 일하고 돌아와 집을 정리하던 도중 아이가 유치원에서 그려온 그림을 봅니다. 그림에는 '우리 엄마 우주 최고'라고 쓰여 있습니다. 그림을 본 엄마는 머리를 질끈 묶고 책상에 앉아 무언가 공부를 합니다. 그리고 이런 멘트가 흘러나옵니다. "나는 불꽃이다." 이것은 또다른 H 그룹의 광고입니다.

정말 화가 치밀 정도로 너무나 몰염치하고 몰상식한 광고입니다. 끝없는 자기착취를 미덕이라고 권하는 겁니다. 그런데 자기 자신을 불꽃처럼 불태우라는 카피가 왜 우리에게는 거북하지 않고 자연스러울까요? 그것은 우리나라가 대단히 약탈적인 자본주의 체제에 놓여있고, 그 속에서 우리가 너무나도 자연스럽게 적응하고 있을 뿐만 아니라, 자기착취를 자신의 신념으로 삼고 있기 때문입니다. 과거에는 노예 감독관이 채찍질 하면서 폭력으로 노예를 지배했다면, 현대 사회는 노예 감독관을 우리 가슴속에 심어놓는 방식으로 지배합니다. 밖에서 폭력으로 감시하는 것이 아니라, 스스로 알아서 착취하도록 하는 것입니다.

한국 사회에서 착취의 문제를 극복하기 어려운 이유는 '타인에 의한 착취'에서 '자신에 의한 착취'로 넘어갔기 때문입니다. 다른 말로 하면, 착취가 정치의 영역을 넘어 문화의 영역으로 넘어갔기 때문이지요. 한국에서는 이 끔찍한 자기착취를 '자기계발'이라고 부릅니다. 그러니 스스로 자기를 착취하지 않는 인간은 불안해합니다. 끝없이 자기를 착취하는 개인들을 만들어내는 이것이 '한국형 착취 양식'이라고 저는 생각합니다.

한 가지 예로 A사 광고가 있습니다. "어떤 알바든 천국이 데려다 줄게"라는 멘트와 함께 시작합니다. 이후 시급 높은 알바, 브랜드 알바 등 여러 아르바이트들이 등장하고 "지금, 천국으로 올라타. 알바천국 하나로 끝"으로 마무리됩니다. 또다른 광고에서는 말합니다. "정의로운 나라, 평화로운 나라…… 노후 걱정 없는 나라. 근데 알바가 좋은 나라도 만들어주실 거죠? 알바선진국으로 갑시다." 마치 아르바이트가 천국이라도 되는 양 끊임없이 선전해 댑니다.

자기착취는 더욱 정교하고 악랄한 착취입니다. 노예 감독관의 착취는 심해지면 착취당하는 자의 내면에 저항의식이 싹틉니다. 이것이 축적되어 폭발하면 혁명의 시대가 열리는 것입니다. 이러한 해방의 역사가 곧 인류의 역사였습니다. 그러나 자기착취의 경우에는 착취가 심해져도 착취당하는 자의 내면에 저항의식이 생겨나지 않습니다. 오히려 죄의식이 커져갑니다. '내가 게을러서 안 되는 거야' '내가 공부를 안 해서 망한 거야' '내가 너무 많이 놀았어'라면서 죄의식만 쌓이는 것입니다.

그 결과는 참혹하지요. 한국이 자기착취의 나라이면서 자살률이 높은 나라인 것은 결코 우연이 아닙니다. 자기계발의 이데올로기가 자기착취를 정당화하고, 자기착취가 죄의식과 열등감을 키우며, 그것이 결국 개인을 자살로 내모는 구조입니다.

1968년 유럽에서 일어난 해방 운동인 68혁명의 모토 가운데 하나가 '정치투쟁의 최전선은 내 안에 있다'라는 말입니다. 내가 자유인으로 해방되기 위해서 싸워야 할 전쟁터가 왜 정치적 광장이 아니라 심리적 내면일까요. 그것은 내 안의 '노예 감독관'으로부터 해방되지 않으면 해방은 불가능하다는 의미이지요.

내가 가지고 있는 생각, 감정, 욕망, 감수성, 심지어 밤에 꾸는 꿈까지, 그것들이 과연 나의 것일까요, 아니면 나를 노예로 만드는 자의 것일까요. 여러분은 자신을 자유인으로 만드는 꿈을 꾸십니까, 아니면 더 깊은 노예 상태로 빠뜨리는 꿈을 꾸십니까? 물론 전자라고 생각하겠지만 다시 곰곰이 들여다보세요. '나는 불꽃이다' 류의 광고 카피에 오히려 감동하지는 않았나요?

한국인이 일반적으로 한국 사회를 보는 관점은 객관적이지 않습니다. 한국 사회를 지배하는 자들의 언어를 통해서 이해하기 때문입니다. 다시 말하면 그들의 눈을 통해서, 혹은 그들이 씌운 안경을 통해서 세상을 보는 것이지요. 우리가 한국 사회에 대해 가지고 있는 모든 생각은 '우리'의 생각이 아니라, '저들'의 생각입니다. 한국 사회를 지배하는 자들이 우리에게 준 가이드라인 그대로 세상을 이해하는 거죠.

'아, 내가 가지고 있는 생각이 과연 내 생각일까, 아니면 나를 지배하는 저들이 내 머릿속에 집어넣은 생각일까.' 이러한 각성이 시작입니다. '나는 이렇게 생각해, 나는 이렇게 느껴, 나는 이렇게 욕망해'라고 할 때 바로 그 '나'가 정말 나인지, 아니면 '나'라는 이름으로 덧씌워진 저들인지를 아는 것이 굉장히 중요합니다. 우리에겐 이런 자기성찰이 너무나도 부족합니다.

촛불이 묻고 우리가 외면한 것

우리의 최근 역사에서 중요한 사건이 바로 촛불혁명입니다. 촛불혁명을 짚어보기 전에 질문 하나 해볼까요. 한국은 과연 얼마나 민주적인 사회인가요? 또 우리의 학교는 과연 얼마나 민주적인 공간인가요? 이 두 가지는 한국의 민주주의에 대한 근원적인 물음입니다. 이것을 좀더 객관적인 시선으로 살펴보지요.

외국의 학자들은 대한민국을 어떻게 평가할까요? 그들은 우리가 생각하는 것보다 한국을 대단히 높이 평가합니다. 그렇다면 대체 무엇을 높이 평가할까요? 대부분 학자들이 경탄하는 것은 한국의 민주주의였습니다. 그중에서도 특히 이들을 감동시킨 것은 촛불혁명이었습니다.

세계를 감동시킨 한국 민주주의는 2019년 스웨덴의 '민주주의 다양성 연구소'에 의해 객관적인 인정을 받게 됩니다. 176개국의 민주주의를 분석하여 순위를 매겨 발표했는데, 한국은 여기서 12위로 평가받았습니다. 특히 인구 5천만 이상, 일인당 국민소득 3만 달러 이상의 국가를 뜻하는 '30-50클럽'에 속한 7개 나라(미국, 일본, 영국, 프랑스, 이탈리아, 독일, 대한민국) 중에서 우리가 1등을 했다는 것은 정말로 자랑스러운 일입니다.

더욱 놀라운 사실이 하나 더 있습니다. 오스나브뤼크 대학의 부총장을 지낸 기외르기 스첼 교수는 국제적인 명성을 가진 사회학자이자 동아시아 전문가이기도 합니다. 그분이 언젠가 저에게 이런 말을 했습니다.

"한국이 30-50클럽에 가입하게 되었다는 보도를 보았다. 정말 축하한다. 그런데 너희 나라는 다른 여섯 나라와 한 가지 다른 점이 있다. 그것은 한국을 제외한 여섯 나라는 모두 제국주의의 과거를 가졌다는 것이다. 한국만 제국주의 과거가 없는 유일한 나라다. 다른 나라를 침략하고, 약탈하고, 지배한 과거가 없더라도 당당히 세계 최고 수준의 나라가 될 수 있다는 것을 한국이 보여준 것이다. 다시 말해, 30-50클럽 중에서 한국만이 도덕적 권위를 가진 나라다. 그것을 정말 자랑스러워해야 한다. 한국은 제3세계 국가들에게 희망의 등불 같은 존재가 되었다."

그렇다면 2016년 겨울 광화문을 뜨겁게 물들였던, 그리고 세계를 감동시켰던, 위대한 촛불혁명이 요구한 것은 무엇이었습니까? 촛불혁명의 발단은 최순실 사태에 대한 분노, 즉 부패한 권력이 사회적 정의를 파괴한 행위에 대한 분노였습니다. 그러니까 촛불의 요구는 바로 이 두 가지가 아닌가 싶습니다. 첫 번째는 인간 존엄성에 대한 요구, 두 번째는 사회적 정의에 대한 요구라고 생각합니다.

촛불 민주주의가 요구한 것, 즉 인간의 존엄성과 사회적 정의 두 가지를 놓고 보았을 때 어느 것이 우선시되어야 할까요? 더 중요한 것은 인간 존엄성에 대한 요구라고 생각합니다. 왜냐하면 사회적 정의는 그 자체가 목적이라기보다는, 인간의 존엄성을 실현하고 유지하는 데 필요한 사회적 전제이기 때문입니다. 궁극적으로 가장 중요한 것은 바로 인간 존엄입니다.

그런데 현실은 어떤가요? '촛불 정부'가 들어선 이후 대통령도 그렇고 정치인들도 '인간 존엄'과 '사회적 정의'라는 용어를 쓰는 것을 들어본 적이 거의 없습니다. 그들이 주로 쓰는 말은 무엇이었던가요? 바로 '공정'입니다.

공정, 양날의 칼

이 시점에서 우리는 이 '공정'이라는 말을 잘 살펴봐야 합니다. '조국 사태'를 비롯하여 공공의대 증원에 대한 전공의들의 집단 반발, 인천공항공사 비정규직의 정규직 전환 문제까지 지금 한국 사회에서 가장 뜨거운 논란거리가 바로 공정을 둘러싼 논쟁입니다. 지난 2022년에 치러진 대통령 선거에서도 모든 후보들이 예외 없이 목청 높여 강조한 것 또한 공정이었습니다. 많은 국민이 불공정한 현실에 분노했기 때문에 모든 대선 후보들이 이 문제를 해결하겠다고 나선 것이지요.

이처럼 공정이 오늘날 대한민국의 시대정신이 된 것은 어느 정도 타당성이 있습니다. 당연히 공정은 불공정과 특권을 비판할 때 유용한 개념적 무기입니다. 그러나 한편으로 이 개념은 불평등과 차별을 정당화하는 논리로 쓰이기도 합니다. 한국 사회에서 공정이라는 개념이 불공정과 특권을 비판하는 기능이 강한지, 아니면 불평등과 차별을 정당화하는 기능이 강한지, 냉정하게 생각해 보세요. 한국에서 공정 개념은 현실에서 사회의 여러 가지 모순을 은폐하는 거대한 기만의 논리로 사용되고 있습니다. 이제 이 점에 대해 좀더 자세히 살펴보도록 하지요.

첫째, '공정'이란 말이 가지고 있는 전제입니다. '공정한 협력' '공정한 연대'라는 말을 들어보셨습니까? 그런 말은 없습니다. '공정한' 뒤에는 반드시 '경쟁'이 뒤따라옵니다. '공정'이라는 개념 자체는 항상 경쟁을 전제하고 있습니다. 다시 말하면 '공정'이라는 개념은 애초에 연대와 협력의 세계를 배제하는 말입니다. 이것이 공정 논리의 결정적인 함정입니다. 마치 경쟁이 세상의 자연스런 원리인 것처럼, 나아가 경쟁이 어떤 긍정적인 현상인 것처럼 전제하고 쓰는 말이 공정인 것이지요. 공정의 개념이 가진 가장 결정적인 함정은, 문제가 공정에만 있는 것처럼, 경쟁은 아무 문제가 없는 것처럼 전제되어 버린다는 점입니다.

과연 경쟁은 너무도 당연한 현상일까요? 경쟁은 초역사적으로 타당한 보편적 진리가 아니라 특수한 역사적 상황에서만 정당화되는 이데올로기에 불과합니다. 공정이 당연한 것으로 전제하는 경쟁은 결코 자연적 현상이 아니라, 역사적 현상입니다. 공정은

'정의'를 구현하는 수단일 뿐이라는 사실을 잊지 말아야 합니다. 중요한 것은 정의입니다. 그러나 한국 사회는 사회적 정의를 내세 워야 할 때 공정을 내세우면서 경쟁을 정당화하고 있습니다.

둘째, '공정'이라는 말은 양날의 칼과 같은 개념입니다. 불공정 을 비판하면서 불평등을 정당화하는 것이지요. 그런데 한국 사회 에서는 이 양날의 칼 중에서 부정적인 칼날이 훨씬 더 셉니다. 이 사회에서 공정은 차별과 불평등을 정당화하는 핵심 논리로 쓰이 고 있지요. 이를테면 요즘 학생들 중에는 '차별에 찬성'하는 이들 이 꽤 많다고 합니다. 이 현상을 사회학자 오찬호는 『우리는 차별 에 찬성합니다』라는 책에서 상세히 다루고 있지요.

이런 젊은이들의 논리적 핵심은 정의가 아니라 공정입니다. "우 리가 시험 봐서 붙었는데 어떻게 비정규직이랑 같은 대우를 받느 냐? 그건 무임승차다. 차별이 정당하지" 하면서, "차별받는 게 억 울하면 공정하게 시험에 합격해서 정규직이 되라"고 합니다. 이런 무서운 논리가 우리 사회에 널리 퍼져 있습니다. 대학에서도 지 방캠퍼스 학생들을 대하는 수도권 학생들의 태도에서 똑같은 현 상을 볼 수 있습니다.

이렇게 차별을 당연시하는 이들의 주장에는 언제나 '내가 어 떻게 이 자리에 올라왔는데'라는 속내가 있습니다. 결국 그 자리 에 들어가기 위해 치러야 했던 경쟁의 강도에 따라서 보상을 해 달라는 것이지요. 그러나 사회적 보상은 사회적 가치에 따라서 정해지는 것이지, 경쟁의 치열도에 따라서 정해지는 것이 아닙니다. 심각하게 착각하고 있는 것이지요. 이 외에도 수많은 불평등이 공정의 이름으로 정당화되고 있습니다. 즉 한국 사회에서 공정은 아주 불의한 방식으로 기득권을 정당화하는 데 활용되고 있습니다.

특히 교육과 관련해서는 이런 현상이 심각합니다. 공정 개념이 소위 'SKY'로 이루어진 학벌계급사회를 지탱하는 확고한 이데올로기로 기능하고 있습니다. "우리는 치열한 경쟁 속에서 공정한 시험을 통해 일류대학에 들어왔다. 따라서 우리가 특권을 갖고 승자독식의 권리를 누리는 건 너무나 당연하다." 바로 이런 논리가 지배하는 것입니다.

셋째, 우리는 공정이라는 개념을 마치 진공의 공간에서 만들어진 말처럼 사용합니다. 그러나 우리가 사는 이 삶의 공간은 결코 진공이 아닙니다. 이곳은 언제나 구체적인 공간, 역사적이고 사회적인 공간입니다. 한국이라는 실제적 공간은 이미 역사적, 사회적으로 켜켜이 불공정이 쌓여 이루어진 공간입니다. 이미 심하게 기울어진 운동장에 서서 '공정한 게임의 규칙'만을 이야기하는 것은 파렴치한 기만입니다. 우리를 둘러싼 거대한 조건들이 모두 불공정한데 게임의 규칙만 공정하다면, 그것이 공정한 사회인가요? 이미 그 출발선 자체가 심각하게 불공정한 사회에서, 출발 조건의 차이가 엄청나게 벌어져 있는 사람들이, 동일한 규칙 아래 경쟁을 한다고 공정한 게임이라고 할 수 있나요?

불평등을 정당화하는 논리

세계에서 가장 불평등한 나라에 속하는 대한민국에서 '평등'을 외치지 않고 모두 '공정'을 외치는 데는 숨은 의도가 있습니다. 사실 공정은 기득권 세력을 견제하는 논리처럼 보이지만, 깊은 의미에서 보면 그들의 특권을 지켜주는 이데올로기입니다. 지난 대선에서 후보들이 평등을 외치지 않고 너나없이 공정을 외쳐댄 것은 그들이 한국 사회의 근본적인 변화를 원치 않기 때문이지요.

과연 공정이 실현되면 대한한국이 좋은 사회가 될까요. 세계에서 가장 많은 사람이 자살하고, 세계에서 가장 많은 노동자가 일하다 죽고, 세계에서 가장 많은 아이들이 우울증에 빠져 있고, 세계에서 가장 아이를 낳지 않는 이 헬조선이 행복의 나라로 바뀔까요. 사회집단 간의 갈등을 의미하는 '문화전쟁'이 세계에서 가장 극심한 나라가 평화의 나라로 변할까요.

한국 사회의 근본 문제는 불공정이 아니라 불평등입니다. 우리의 생활에도 불평등이 만연해 있습니다. 대기업과 중소기업, 정규직과 비정규직, 수도권과 지방 사이의 불평등과 차별, 학벌과 성별에 따른 불평등도 상상을 초월합니다.

우리가 거듭 이야기해야 할 것은 절차적 공정이 아니라 사회적 정의입니다. 시험에 붙은 자는 모든 것을 갖고, 시험에 떨어진 자는 모든 것을 잃는 사회는 사회적 정의가 결여된 사회입니다. 승자가 되더라도 패자와 6:4 정도로 나누어 가져야 정상적인 사회인 것이지요. "억울하면 승자가 되라"는 것은 사회의 논리가 아니라 정글의 논리입니다. 한국에서는 무한경쟁이라는 정글의 논리를 빛나게 하는 개념으로 '공정'이 쓰이고 있는 겁니다.

실로 우리는 공정과 정의라는 개념에 대한 감수성이 그리 예민하지 못합니다. 공정과 정의는 상당히 다른 차원의 개념입니다. 사실상 동일 선상의 가치를 가진 개념이 아닌 것이지요. 공정은 규칙이고, 정의는 원칙입니다. 공정은 상식이고, 정의는 철학입니다. 공정은 수단이고, 정의는 목적입니다. 무엇보다도 공정은 시장의 논리이고, 정의는 사회의 논리입니다.

어찌 보면 공정은 경쟁을 더 치열하게 관리하겠다는 논리입니다. 경쟁을 더 합리적으로, 더 가열차게, 더 빈틈없이, 더 숨 막히게 하는 사회를 만들겠다는 선언이자, 경쟁의 패자는 더욱 죽음으로 내몰겠다는 결의입니다. 공정경쟁, 공정거래가 이 최악의 불평등 국가를 개혁할 수단이 될 수 있는지 의문입니다. 그것은 불평등을 심화시키고 정당화하는 방편이 될 가능성이 높습니다.

한국 사회에서는 공정이 정의를 가로막는 알리바이로도 기능합니다. 정규직 전환을 둘러싼 수많은 논란을 보세요. 공정 논리가 사회적 차별과 불평등을 정당화할 때 동원되고 있습니다. 그 결과 약자들의 정당한 권리 구제조차 불공정하다고 공격하는 사회가 되었습니다.

신자유주의의 광풍이 몰고 온 이 전대미문의 불평등 사회에서 공정만을 이야기하는 것은 부도덕합니다. 그것은 불의가 지배하는 곳에서 혁명가가 아니라 지배자가 되라고 설교하는 것이고, 형식적 정당성을 부여함으로써 불평등 사회에 면죄부를 주는 것이며, 모든 일을 개인의 책임으로 전가하며 경쟁의 패자를 돌보지 않는 무책임한 국가에 면책특권을 주는 것입니다.

한국 사회에서 말하는 공정은 정의를 구현하는 공정이 아니라, 정의를 무력화하는 공정입니다. 한국 사회는 공정의 덫에 걸려 정의의 들판으로 나아가지 못하고 있습니다. 한국인들은 공정 이데올로기의 감옥에 갇힌 수인입니다.

성적으로 줄 세우기 위한 도구, 시험

지금 한국에서 기만적 공정을 정당화하는 가장 중요한 기제가 바로 교육입니다. 교육이 사회를 정의로운 방식으로 개선하는 데 기여하기는커녕 불평등을 도덕적으로 정당화하고, 제도적으로 영구화하는 방식으로 작동하고 있습니다. 이 사회는 아직도 교육의 문제를 단지 선발 과정의 공정성 문제로 축소시키고 있는 실정입니다. 최근까지도 한국에서 교육개혁을 한다고 하면 으레 입시과정에서의 공정성 문제가 중심의제가 되고 있습니다.

또한 '공정'을 명분으로 인간이 아닌 기계가 채점하는 수능시험은 사유를 죽이고, 개성을 짓밟고, 자유를 억누릅니다. 기계가 채점하는 명명백백한 정답의 세계에서 우리 아이들은 사유도, 개성도, 자유도 없는 강박적 정답의 독재를 내면화합니다. 넷 혹은 다섯 중에 하나의 정답이 있는 세계에 갇힌 아이는 자유로운 사유의 세계를 꿈꿀 능력을 잃습니다.

한국에서 시험은 학생의 지적 능력을 파악하여, 취약한 능력을 보완하고 장점을 발전시키는 데 활용하는 교육적 보완재가 아니라, 오로지 학생들을 성적으로 줄 세우기 위한 도구로 전락했습니다. 학생의 지적·사회적 능력을 향상시키는 것이 아니라, 학생들의 성적 격차를 명확하게 만들어 확실한 등수를 부여하는 것이 시험의 목표입니다. 수능시험이 끝난 다음날의 풍경을 한번 보세요. 언론의 관심은 오로지 변별력입니다. '올해에는 수학이 쉬웠다. 국어가 어려웠다' '변별력이 낮아 걱정이다' 따위의 기사들뿐입니다. 시험의 내용이 교육의 질을 담보하는지를 묻는 기사는 없습니다. 프랑스의 바칼로레아 시험과 정반대의 양상인 거지요. 바칼로레아 철학 문제가 발표되면, 프랑스 사람들은 하루 종일 이 주제로 함께 토론합니다. 한국 교육은 변별력을 위해 교육을 희생하는 전도된 교육입니다.

수능시험의 또다른 문제점은 바로 상대평가입니다. 그것은 아이들의 지적 수준이 아니라, 성적 순위를 평가하는 것입니다. 그러니 모든 학생은 서로에게 경쟁자이자 적이 됩니다. 나의 불행이 남의 행복이 되고, 남의 불행이 나의 행복이 되는 구조입니다. 저는 '사교육걱정없는세상'의 활동가들과 함께 헌법재판소에 상대평가 위헌소송을 제기한 적이 있습니다. 당시 우리는 '상대평가 위헌 선언문'을 천명했습니다.

"상대평가 체제는 학생들을 끊임없이 경쟁시키고 옆 친구보다 한 시간이라도 더 자지 않고 공부하고 한 문제라도 더 맞혀야 한다고 주입한다. 학생들에게 경쟁에서 살아남으라고 강요하고 친구를 경쟁자로 만드는 사이, 우리 사회는 타인의 고통에 대한 연대와 공감을 잃고 인간성을 상실해 가고 있다. 누군가를 짓밟고 거둔 승리에 대한 강요, 단 1퍼센트의 변별을 위한 평가는 그 목적이 정당하지 않을 뿐만 아니라, 자기파괴적이고 비교육적이며 반인간적이다."

이처럼 한국의 시험 제도, 특히 수능시험은 한국 교육의 모든 문제점이 응축된 제도입니다. 한국식 수능은 한국의 엘리트를 미성숙한 인간으로, 대한민국을 시대착오적인 국가로 만드는 주범입니다. '공정'이라는 이름으로 지극히 왜곡된 한국의 시험 제도는 우리 아이들을 일종의 '시험형 인간'으로 만듭니다. 시험의 특성에 맞추어, 시험에서 승자가 되는 방향으로, 시험의 고통과 공포 속에서, 아이들의 성격이 형성되고 구성되는 것입니다.

우리 아이들이 강박적이고, 이기적이고, 경쟁적이고, 불안하고, 우울하고, 조급하고, 폭력적이고, 표피적인 인간으로 자라는 원인은 우리 아이들의 성격이 한국의 시험 방식에 조응한 결과입니다. 나아가 우리 아이들은 세상에는 하나의 정답만이 존재한다는 믿음을 신념화한 결과, 다시 말해 시험의 정답을 물신화함으로써, 깊은 사유의 공간을 결여한 무사유의 인간, 지배 이데올로기를 무비판적으로 내면화한 노예적 인간으로 길러집니다.

우리는 경쟁-능력주의-공정 이데올로기라는 오랜 '야만의 트라이앵글'에 사로잡혀 현실을 올바로 인식하지도 변화시키지도 못하고 있습니다. 그래서 불행한 아이들, 병든 사회, 소멸하는 국가가 되어가고 있습니다. 우리가 너무도 당연시해온 경쟁, 능력주의, 공정 이데올로기는 그 본질에 있어서 대한민국을 '세계에서 가장 우울한 나라'로 만든 야만의 트라이앵글입니다. 한국인들은 경쟁 이데올로기, 능력주의 이데올로기, 공정 이데올로기라는 3중의 감옥에 갇힌 수인입니다.

경쟁 교육은 한국인을 잠재적 파시스트로 만들었고, 능력주의는 대한민국을 헬조선으로 전락시켰으며, 공정주의는 한국 사회를 불평등과 차별의 사회로 고착시켰습니다. 이런 총체적 난국과 절망적 파국을 목전에 두고도 우리는 이것을 극복하려고 노력하기는커녕 오히려 하릴없는 무력감에 빠져서 상황을 악화시키고 있습니다.

3부

한국 교육,
어떻게 달라져야 하는가

1장

독일 교육, 정답은 아니어도
해법은 될 수 있다

백만 난민의 기적

2015년은 유럽에서 엄청난 정치적 격변이 몰아친 해였습니다. 특히 영국이 유럽연합(EU)에서 탈퇴하는 브렉시트(Brexit)는 충격적인 사건이었지요. 브렉시트의 발단은 알다시피 시리아 난민 사태였습니다.

당시 EU에서는 유럽으로 몰려드는 시리아 난민들을 수용하는 문제로 골머리를 앓고 있었고, 국가 간에 긴장도 높아지고 있었습니다. 영국에서도 '앞으로 5년간 시리아 난민 2만 명을 수용'하기로 하는 논의가 이루어지고 있었습니다. 이 문제를 가지고 극우정당인 영국독립당이 강력한 선동을 벌였지요. "이제 난민들이 EU를 통해 우리에게 몰려온다. 그러니 우리가 EU를 떠나자"라는 선동이 대중들에게 먹히면서 EU 탈퇴안이 국민투표에 붙여졌고, 결국 브렉시트가 국민투표에서 가결되었습니다.

시리아 난민 사태는 영국뿐만 아니라 유럽 전역에 심대한 영향을 미쳤고, 유럽의 정치 지형을 바꿔놓았습니다. 프랑스에서도 '2년간 난민 2만 4천 명을 수용'하는 문제로 정국이 들끓었고, 결국 대표적인 극우 포퓰리즘 정당인 국민연합(국민전선에서 당명 개정)의 마린 르펜이 대통령 선거에서 결선 투표까지 가는 이변이 생겨났습니다.

이는 프랑스에서 엄청난 충격으로 받아들여졌습니다. 아시다시피 프랑스는 근대 민주주의의 발원지입니다. 근대를 열어젖힌 프랑스 대혁명의 나라, 근대 민주주의의 핵심 이념인 자유·평등·박애의 정신이 표명된 '인권선언'의 나라에서 극우 포퓰리스트 정치인이 결선 투표에 진출했다는 것은 실로 '국가적 수치'로 여겨졌습니다. 이를 두고 당시 프랑스의 많은 지식인들은 "프랑스 민주주의의 파국"이라고 이야기할 정도였습니다.

이런 격변의 상황에서 독일은 영국이나 프랑스와는 전혀 다른 선택을 합니다. 당시 독일의 총리는 앙겔라 메르켈이었습니다. 그는 총리직을 수행하는 동안 전 세계에서 가장 영향력이 있는 정치인, 가장 신뢰할 만한 정치지도자로 꼽혔고, 자리에서 물러난 오늘날까지도 세계인의 존경을 받는 인물이지요. 16년 동안 총리직을 수행한 메르켈은 헬무트 콜과 함께 현대 독일 역사상 최장수 총리이기도 합니다.

시리아 난민 사태가 뜨거운 정치적 쟁점이 되어 유럽 전체를 뒤흔들던 무렵, 메르켈은 "우리가 백만 명의 난민을 받겠다" "우리는 해낼 수 있다"라고 선언합니다. 모두가 귀를 의심했지요. 그 선언은 독일뿐만 아니라 전 세계를 놀라게 했습니다. 극우 정당인 영국독립당 나이절 패라지는 "메르켈의 결정이 치명적인 실수"라며, "그녀는 끝났다"고 단언했습니다. 미국 언론도 놀라운 충격으로 받아들였습니다. "가장 이상주의적인 원칙으로 21세기 독일을 이끌었으나 그 이상주의로 인해 그녀의 정치 인생이 내리막길로 들어섰다"며 "다음 선거에서 승리하기 어려울 것"으로 비관적인 예상을 내놓았습니다.

당시에 많은 사람들이 메르켈의 '백만 난민 선언'은 정치인으로서 한 결정이라기보다는 목사의 딸로서 한 결정이라고 비아냥댔습니다. 메르켈의 아버지는 구동독 브란덴부르크 주의 작은 시골 마을 템플린의 목사였습니다. 그래서 이런 말이 나온 거지요. 메르켈의 결정은 프로테스탄트 정신에서 나온 윤리적 결정이지, 결코 냉혹한 국제정치의 세계에서 내린 정치적 결정이 아니라는 것입니다. 그만큼 난민 백만 명을 받는다는 것은 아무도 상상할 수 없었던 일이지요.

이러한 충격적 선언은 실천되었을까요? 메르켈 총리는 2015년 한 해 동안 실제로 시리아 난민 117만 명을 받았습니다. 당초에 선언한 백만 명보다 17만 명을 더 받았습니다. 그래서 당시 독일의 호사가들은 하나같이 "이제 메르켈의 정치생명은 끝났다"고 얘기 했습니다. 그런데 그들의 예상은 완전히 빗나갔습니다. 2017년 총 선에서 메르켈은 비교적 여유 있는 승리로 다시 총리가 됐습니다.

2017년 당시 저는 연구년을 맞아 프랑크푸르트 대학 사회연구 소에서 머물고 있었습니다. 프랑크푸르트학파는 국내에 잘 알려 져 있는 에리히 프롬을 비롯해서 테오도르 아도르노, 허버트 마 르쿠제, 위르겐 하버마스 등이 속해 있는 학파이고, 프랑크푸르 트 사회연구소는 프랑크푸르트학파의 학자들이 모여 있는 연구 소입니다.

당시 소장으로 있던 세계적으로 저명한 철학자 악셀 호네트 교 수의 배려로 저는 영광스럽게도 아도르노가 머물렀다는 방에서 연구를 했습니다. 마침 아도르노의 교육 사상을 연구할 요량이던 저는 아도르노의 방에서 열심히 읽고 쓸 수 있었습니다. 이때 이 놀라운 선거를 가까이에서 관찰하고, 많은 독일인들을 만나며 그 들의 높은 정치의식과 성숙한 시민의식을 충격적으로 경험했습 니다.

저는 한 신문 칼럼에서 메르켈이 이룬 '백만 난민의 기적'에 대 해 썼습니다. 실로 이것은 현대 정치사에서 찾아볼 수 없는 기적 적인 사건이지요. 많은 정치 전문가들은 도널드 트럼프가 미국 대통령으로 당선된 이후 정치의 세계에서 도덕, 윤리, 정의와 같 은 가치는 완전히 사라졌고, 단지 노골적인 국익 추구만 남았다고 말합니다. 바로 그런 가치 소멸의 시대, 탈윤리의 세계에서 앙겔라 메르켈은 아직도 정치의 세계에 윤리와 도덕, 정의와 인도주의라는 보편적 가치가 살아 있다는 것을 보여주었습니다.

분명 메르켈이 백만 난민을 수용하고도 총선에서 승리를 거둔 것은 놀라운 일입니다. 그런데 여기서 곰곰이 생각해 보아야 합니다. 정작 놀라운 것은 메르켈 총리인가요, 아니면 백만 난민을 받은 총리를 또 뽑아준 국민인가요? 어떤 국민이기에 117만 명의 난민을 받은 총리를 다시 총리로 선택한 것일까요? 이것은 굉장히 높은 수준의 정치의식을 가진 국민이 아니었다면 불가능한 일이지요.

대학 캠퍼스에서 놀고 있는 아이들

당시 프랑크푸르트 대학의 캠퍼스에서 저는 조금 이상한 것을 발견했습니다. 무엇보다도 어린 아이들이 캠퍼스에 너무 많았습니다. 처음에는 그저 대학에 딸린 유치원(독일에서는 아이가 있는 학생들을 위해 대학에서 영유아의 보육시설, 즉 키타를 운영합니다) 키타에서 나온 아이들이라고 생각해 눈여겨보지 않았는데, 자주 보니 독일 아이들 같지 않아 보였습니다. 나중에 알았지만 아이들이 놀고 있는 건물은 대학에서 내놓은 시리아 난민 수용소였습니다.

그 사실은 한 화가 덕분에 알게 되었습니다. 웬 남자가 매일같이 캠퍼스 건물 벽에 그림을 그리고 있었는데, 상당한 수준이었습니다. 어느 날 제가 궁금해서 물었습니다.

"며칠째 이 건물에 그림을 그리는데 직업이 무엇입니까?"

"화가입니다."

"왜 건물에 그림을 그립니까? 돈을 받고 그리는 겁니까?"

"아닙니다. 그냥 제가 좋아서 재미로 그리는 겁니다. 왠지 필요할 것 같아서요."

그는 평범한 화가였고, 누구의 의뢰를 받거나 돈을 벌기 위해 그림을 그리는 것은 아니었습니다. 그렇다고 그의 말처럼 단순히 '재미로' 그린 것도 아니었지요. 그가 그린 그림 한편에는 다음과 같은 말이 쓰여 있었습니다.

"아무도 더 이상 추방당하지 않는 세계
그 세계 이외에는 고향은 없다.
진실로 해방된 인류가 함께 사는 세계
그 세계 이외에는 고향은 없는 것이다."

진정한 고향은 지리적 고향이 아니라, '진실로 해방된 인류가 함께 사는 곳'이라는 말이지요. 비록 시리아 난민들이 지리적 고향을 잃은 처지지만, 이곳에서 해방된 인류로서 함께 잘 살아보자는 이야기입니다.

이 평범한 독일 화가가 삭막한 대학 건물에 사는 시리아 난민들을 위로하기 위해서 몇 주에 걸쳐 그림을 그리고, 글을 적어놓는 모습을 보면서 큰 감동을 받았습니다.

이 화가에게 충격과 영감을 받은 저는 독일인들이, 이 경우는 프랑크푸르트 대학의 학생들이, 시리아 난민 수용을 어떻게 생각하는지 궁금해졌습니다. 그래서 다음날부터 연구소의 연구원들과 대학생들에게 물었습니다. "대학 당국이 대학 건물을 난민들을 위한 수용소로 내놓았습니다. 이에 대해 당신의 생각은 어떻습니까?" 놀랍게도 이들의 대답은 한결같았습니다. 대다수가 "미안하다"고 답했지요. 저는 당황했습니다. 대체 무엇이, 왜 미안하다는 걸까요?

이들의 답은 대부분 이랬습니다. 프랑크푸르트 대학에는 세 개의 캠퍼스가 있는데 제가 있던 곳은 제2캠퍼스였습니다. 제3캠퍼스에서는 최근에 새로 지은 기숙사 건물을 난민 수용소로 내놓아, 그곳에 수용된 난민들은 인간적인 삶을 영위하는 데 별 불편이 없는 데 반해, 이곳 캠퍼스에서는 사무실용 건물을 수용소로 내놓아 난민들이 인간적인 생활을 하기에는 턱없이 모자란다는 생각에 마음이 아프다는 얘기였습니다. 학교의 건물을 난민촌으로 내놓았다는 사실에 분노하거나 비판하는 학생은 본 적이 없습니다.

대학교의 건물을 난민 수용소로 내준 것도 놀라운데 시설이 좀 낡았다고 미안함을 느낀다니, 학생들의 말이 도저히 믿기지 않았습니다. 한두 명이 그런 말을 하면 그건 그 사람의 독특한 윤리의식, 시민의식, 개성적 사유라고 할 수 있지만 대부분이 같은 의미의 말을 한다면, 그것은 하나의 현상이 됩니다. 그 배후에 무엇인가가 있다는 말이지요.

수많은 유태인들이 학살될 때 그것을 모른 척하면서 방조하고 심지어 동조했던 사람들이 독일인이었고, 현재 난민들이 허름한 곳에서 생활하는 것에 대해 하나같이 미안하다고 말하는 사람들도 독일인입니다. 어떻게 이렇게 커다란 차이가 선조와 후손 사이에 존재할 수 있을까요?

최근의 사례를 하나 더 보겠습니다. 2020년 9월 초에 그리스에 있는 시리아 난민촌에서 화재가 났습니다. 그 화재로 당시 수용소에 있던 1만 5천 명의 시리아 난민이 갈 곳을 잃고 비참한 상태에 빠졌습니다. 이 난민들에게 가장 먼저 손을 내민 곳이 독일 정부였습니다. 9월 15일 독일 정부는 난민 2,700명을 먼저 수용하겠다고 발표합니다. 이 발표가 있고 닷새 후에 독일의 40개 도시에서 수만 명이 정부의 정책에 항의하여 거리로 쏟아져 나옵니다.

이들은 도대체 무엇에 항의하는 것일까요? 왜 난민을 받느냐고 항의하는 것일까요? 아닙니다. 왜 난민을 '모두' 받지 않느냐고 항의하기 위해 나온 것입니다. 저는 이 기사를 한국 신문에서 보았습니다. 누워서 신문을 읽다가 등줄기를 타고 소름이 올라오는 것을 오롯이 느꼈습니다. 제 머릿속에 떠오른 생각은 "아직도 지구상에 이런 인간들이 살아남아 있구나"였습니다.

이날 신문에 실린 사진을 보면, 베를린 시위대가 들고 나온 피켓에는 큰 글씨로 'Lager Evakuieren'이라고 적혀 있습니다. 라거(Lager)란 창고를 뜻합니다. 독일 맥주를 보통 라거 비어라고 하지요. 창고에서 오래 숙성시킨 맥주라는 의미입니다. 라거는 창고와 같이 생긴 건물, 특히 수용소를 뜻하기도 합니다. 그러니 'Lager Evakuieren'이란 말은 '수용소를 비워라'라는 뜻이지요. 그리고 그 아래엔 '인간 존엄에 걸맞은 거주지를 제공해라. 우리에게 장소는 많다'라고 쓰여 있습니다. 모두 독일로 보내라는 말이지요. 간단히 말하면, "왜 2,700명만 받느냐, 1만 5천 명 전원을 수용하라"는 주장입니다.

물론 독일인 모두가 난민 수용을 찬성하는 것은 아닙니다. 당연히 반대하는 사람들도 있지요. 그런데 반대하는 사람들의 비율이 소수에 불과하다는 것이 다른 나라와 다릅니다. 독일 사회의 주류는 찬성을 한다는 거지요.

실제로 독일은 최근 거의 모든 여론조사에서 매우 긍정적인 평가를 받고 있습니다. 갤럽의 조사에 따르면 독일은 3년 연속(2017~2019)으로 "세계에서 가장 존경받는 나라(the most admired country in the world)"로 선정되었습니다.

특히 앙겔라 메르켈 총리에 대한 긍정 평가는 압도적입니다. 그는 2015년 《타임》지가 선정한 '올해의 인물', 2016년 《뉴욕타임스》가 '서방 세계에서 신뢰할 만한 마지막 정치 지도자', 2011년부터 2021년까지 10년 연속 《포브스》가 선정한 '세계에서 가장 영향력 있는 여성 100인' 1위에 올랐지요.

또한 2020년 퓨리서치 센터가 수행한 여론조사에서 '세계에서 가장 신뢰받는 지도자'로 선정되었습니다. 이 조사에서는 '그를 얼마나 지지하는가?'를 묻는 것이 아니라 '그가 옳은 일을 한다는 신뢰를 어느 정도나 가지고 있는가?'를 물었습니다. 단순한 지지를 넘어 그가 옳은 일을 한다는 믿음이 사람들 마음속에 자리 잡고 있는 것이지요.

어떻게 독일이 이런 존경받는 나라가 되고, 존경 받는 지도자를 갖게 되었을까요. 이것은 한마디로 기적입니다. 지난 20세기의 역사만 돌아보아도 이것이 기적이라는 사실을 알 수 있습니다. 독일이 어떤 나라입니까. 제1차 세계대전과 제2차 세계대전을 일으키고, 유태인 학살 즉 홀로코스트를 저질렀으며, 유태인을 가스실에 몰아넣고 '공장식으로' 죽였습니다. 아우슈비츠로 상징되는 20세기 최악의 범죄를 저질렀습니다. 그것은 '인류'에 대한 범죄지요. 그랬던 독일 사람들이 오늘날 가장 성숙한 시민이 되었다니 참으로 놀랍지 않을 수 없습니다. 어떻게 '20세기 최악의 전범국가'가 '21세기 최고의 모범국가'가 되었을까요?

저는 2022년 여름 독일에 한 달간 다녀온 적이 있습니다. 이 체류 기간에도 독일 시민들의 성숙한 모습을 다시 한번 경험했습니다. 독일이 우크라이나 전쟁 난민을 얼마나 받았는지 아십니까? 2022년 2월부터 9월까지 6개월 동안 독일이 받아들인 우크라이나 난민은 총 1백만 8,700명이라고 합니다. 반년간 백만 명 이상의 난민을 수용한 것입니다. 제가 함부르크에 머무는 동안 독일 방송에서는 우크라이나 전쟁에 대한 상세한 보도가 이어졌습니다. 특히 인상적인 점은 베를린 중앙역에 도착하는 우크라이나 전쟁 난민의 수보다 "환영한다! 우리 집으로 가자"는 피켓을 들고 나온 베를린 시민들이 두세 배 많았다는 사실입니다.

가장 최근의 통계를 보면 2015년 이후 지금까지 독일이 받은 난민의 수는 총 400만 명 정도라고 합니다. 독일의 인구가 대략 8천만 명이니, 인구의 약 5퍼센트가 난민이라는 말입니다. 독일은 그야말로 '난민의 나라'가 된 것입니다. 어떻게 이런 나라가 가능할까요? 좀더 구체적으로 묻자면, 어떻게 이 나라는 이런 성숙한 시민들을 만들었을까요? 독일 시민들의 이런 성숙한 시민의식은 어디서 온 것일까요?

독일, 상식이 통하는 교육 사회

제가 독일에 대해 하는 이야기를 듣고 사람들이 보이는 반응은 대체로 비슷합니다. "정말 그런 사회가 있을까?" "너무 좋게만 보는 거 아니야?" "독일은 정말 유토피아인가?" 등입니다. 대학에서 '독일 정치와 사회'라는 교양수업을 마칠 때마다 학생들이 보이는 반응도 이와 크게 다르지 않습니다. "저런 사회가 존재한다는 것이 믿기지 않는다" "아무래도 교수님이 과장하시는 게 아닌가 싶다"는 반응이 나옵니다.

이런 반응을 볼 때마다 제가 느끼는 것은 '우리 사회가 얼마나 병든 곳이면 독일을 이처럼 이상적이라고 생각할까'라는 감정입니다. 독일은 유토피아가 아닙니다. 그저 상식적인 사회입니다. 독일이 유토피아로 보이는 것은 우리가 너무도 비상식적인 사회에서 살고 있기 때문입니다.

제가 독일에서 8년 동안 살면서 어떤 문제가 생겼을 때, '당연히 이렇게 풀리겠지'라고 예상하면, 대체로 그 예상대로 일이 풀립니다. 독일은 거의 모든 문제가 인간이 가진 이성에 기초하여 상식적으로 풀리는 '정치적 이성'을 가진 나라입니다. 교육도 대체로 그렇습니다.

그런데 한국에서는 '이건 당연히 이렇게 풀려야 돼'라고 생각하는 문제들이 그대로 풀린 적이 거의 없습니다. 여기서 저의 예상은 저만의 특별한 의견을 말하는 게 아닙니다. 인간이라면 기본적으로 당연하다고 여기는 생각, '뇌물을 받았으면 벌을 받아야지'와 같은 수준의 상식을 말하는 것이지요. 독일은 그러한 상식이 통하는 곳인데 한국은 아니라는 거지요.

'독일 교육도 문제가 있다'면서 어떤 분이 독일의 피사(PISA) 순위를 거론하기도 합니다. 피사는 국제학업성취도 평가를 말합니다. 국가별로 동일한 문제로 시험을 보고, 이것을 비교하여 순위를 매겨 발표하지요. '경쟁과 비교'는 독일 교육이 가장 싫어하는 것입니다. 이 평가에서 독일은 대체로 중하위에 머물다가 최근 중위권으로 올라왔다고 들었습니다. 그중 국어 듣기 평가 항목의 점수가 제일 낮다고 하는데, 독일이 난민을 가장 많이 받기 때문에 난민 아이들 수가 많아서 그렇다는 것입니다. 사실 난민 신청을 하는 사람들에게 독일은 그야말로 꿈의 나라입니다. 가장 대우가 좋으니까 가장 많은 난민들이 몰립니다. 그래서 이미 독일은 굉장한 수준의 다문화 사회가 되었고, 그 점이 교육적인 부담으로 작용한 측면이 있습니다.

독일의 피사 순위가 높지 않은 또다른 이유는 피사의 평가 방식이 독일의 '비판 교육(Kritische Pädagogik)'과는 맞지 않기 때문입니다. 피사는 정답을 고르는 방식인데, 독일 아이들에게는 정답이란 애초에 존재하지 않지요. 그들은 학교에서 자신의 생각을 펼치는 능력을 기르지, 정답을 고르는 요령을 배우지 않습니다. 비판 교육이란 단순히 지식을 묻는 것이 아니라, 그 지식의 배후에 권력이 작용한다는 점을 비판적으로 성찰하게 하는 교육입니다. 그러니 독일 학생들에게 피사 시험은 그야말로 고약한 것이지요. '사유'를 배운 아이들에게 단순히 '지식'을 묻기 때문입니다.

이에 반해 한국의 피사 순위는 엄청 높습니다. 한국을 비롯해 일본, 핀란드가 이른바 '피사 강국'입니다. 한때 피사에서 높은 평가를 받지 못하니까 독일 내부에서 사회적 논쟁이 일어나기도 했습니다. "우리 교육 이대로 괜찮은 건가. 무언가 잘못된 것이 아닌가?"라는 문제 제기가 있었던 거지요. 그 무렵 독일의 한 공영방송(N3)에서 한국 교육을 취재하러 왔습니다. 한국은 어떻게 교육하기에 피사에서 좋은 평가를 받는지 현장 취재를 하러 온 것입니다. 그 결과가 어떻게 되었을까요?

독일 취재팀은 한마디로 경악했습니다. 어떻게 이것을 '교육'이라고 부를 수 있나 하고 놀랐던 거지요. 이것은 교육이 아니라 아이들에 대한 일상적인 인권 유린이자 학대라고 봤습니다. 그래서 원래 '교육 프로그램'으로 방송될 예정이었던 영상이 결국 '인권 프로그램'으로 나갔습니다. 독일인의 눈으로 볼 때 한국의 교육은 지극히 비정상적인 인권 유린 행위로 비친 것입니다.

몇 가지 예를 들어보지요. 한국의 학생들은 과중한 학습노동에 시달린다는 것입니다. 독일에서는 아이들에게 과도한 학습을 시키는 것은 아이들의 행복권을 침해하는 것으로 여깁니다. 그래서 독일 대부분의 주에서는 어린아이들의 숙제 시간까지 다 규정해 놨습니다. 초등학교 1~2학년은 30분, 3~4학년은 40분, 김나지움(Gymnasium) 5~6학년은 90분, 7~10학년은 120분을 넘지 못합니다. 그리고 토, 일요일에는 숙제를 내주지 않습니다. 이렇게 집에서 공부를 과하게 하지 않도록 규정을 만들어놓고 아이들을 보호합니다. 교사가 아이들에게 과도한 숙제를 내주거나, 부모가 주말에 공부하라고 하면, 아이들은 이 규정을 들어 거부합니다.

아이들을 보호하기 위해 시험 규정도 두고 있습니다. 시험은 일주일에 두 과목 이상, 하루에 한 과목 이상 볼 수 없습니다. 아이들에겐 시험이라는 것 자체가 과도한 스트레스를 주기 때문이지요. 그래서 한국 교육을 취재하러 온 독일 사람들이 특히 한국의 수능 시험을 보고 경악한 것입니다. 한 학생의 일생에 결정적인 중요성을 갖는 시험을 하루에, 그것도 7~8개 과목을 치러야 하는 우리 학생들의 모습은 그들에게는 명백한 학대요, 인권 유린으로 보였던 것이지요.

공부 시간은 또 어떻습니까? 독일의 학교에서 수업은 대체로 오후 1시 이전에 모두 끝이 납니다. 오전 8시부터 6교시 수업을 하고 하교하여 집에서 점심식사를 하는 반일제(Halbtag) 학교 운영이 여전히 일반적입니다. 우리의 고등학교에 해당되는 김나지움 고학년도 마찬가지입니다. 아무리 늦어도 오후 3시를 전후해 수업을 마칩니다. 이후엔 무엇을 할까요?

독일의 학생들은 자유 시간을 보내느라 바쁩니다. 친구와 함께 영화 보러 가고, 연극도 보러 다니고, 오케스트라 연주도 들으러 다닙니다. 여행도 빼놓을 수 없을 만큼 아주 중요하지요. 반더른(Wandern), 즉 목적지를 정해놓지 않고 자유롭게 다니는 여행을 독일 학생들은 특히 좋아합니다.

그리고 연애에 몰두하는 학생들도 많습니다. 사실 15세 전후의 아이들에게 연애보다 더 위대한 사업이 있을까요? 이 시기에 연애를 하는 것은 인생에서 정말 중요한 일입니다. 누군가를 깊이 사랑해 본 경험을 가진 사람만이 진정한 의미의 휴머니스트가 될 수 있기 때문입니다. 한 인간에 대한 깊은 사랑을 경험하지 못한 사람이 보편적인 인간, 즉 인류를 사랑하는 휴머니스트가 되는 것은 불가능한 일입니다.

독일 학생들은 또 학창시절에 엄청나게 책을 읽습니다. 책 읽는 습관이 몸에 배어 있습니다. 기차나 버스에서, 바닷가나 공원에서 독서하는 사람들이 많은 이유는 바로 학창시절부터 독서를 습관화했기 때문이지요.

한번 생각해 보세요. 인생에서 가장 감수성이 예민하고, 지적 호기심이 가장 왕성한 나이의 아이들이 인류가 만들어놓은 최고의 예술 작품을 즐기고, 여러 곳을 돌아다니며 경험하고, 누군가와 깊은 사랑을 공유하고, 책 속에 푹 빠져서 지적인 모험을 하고, 유토피아를 꿈꾸고…… 이러면서 한 아이가 성숙한 인간으로 성장하는 것입니다.

그런데 우리 교육을 보십시오. 이 모든 것을 못 하게 하고, 그저 죽은 지식을 달달 외우는 것을 '공부'라고 시키고 있습니다. 책한 권 깊이 읽지 않고, 문제집을 푸는 것을 '공부'라고 시키고 있지요. 그러니 공부를 잘하는 아이일수록 미성숙한 인간이 되는 것은 당연한 일입니다. 지금 한국 사회를 병들게 하고 있는 미성숙한 엘리트들의 행태는 결코 우연히 나온 게 아닙니다.

사실 한국 교육은 그 자체가 인권 유린입니다. 우리가 '교육'이라고 부르는 행위는 냉정하게 보면 우리 아이들을 가혹한 학습 노동에 몰아대는 명백한 인권 침해 행위입니다. 주지하다시피, 국제노동기구(ILO)에서는 이미 오래전부터 8시간 이상의 노동을 금하고 있습니다. 한국에서도 이런 국제 규범에 맞추어 1953년 근로기준법을 만들면서 1일 8시간, 주 6일 근무, 총 48시간 근무라는 법정근로시간이 법으로 명문화되었습니다. 그러므로 특수한 상황이 아님에도 불구하고 8시간 이상의 노동을 강요하는 것은 인권을 유린하는 것이라고 봅니다.

그런데 우리 아이들은 8시간이 아니라, 10시간, 15시간씩 학습노동에 시달리고 있습니다. 사실 학습노동은 육체노동 못지않은 고된 노동이고, 어찌 보면 육체노동보다도 더 힘든 노동입니다. 그러한 노동에 한창 성장하는 우리 아이들을 몰아넣은 것은 우리 어른들이 행하는 일상적 가혹 행위입니다.

저와 비슷한 연배의 부모님들이라면 학교 다닐 때 '삼당사락(三當四落)'이라는 말을 들어보셨을 겁니다. '세 시간 자면 붙고 네 시간 자면 떨어진다'는 뜻이지요. 제가 다닌 학교에서는 이 말을 교실 칠판 위에 붙여두었습니다. 저는 네 시간 이상 잠을 잔 날이면 깊은 죄의식에 시달리곤 했습니다. 지금 와서 돌아보면 정말로 끔찍한 일이지요.

우리 세대가 이와 같은 인권 유린을 일상적으로 당하면서 자랐기 때문에, 이것이 왜 문제인지를 느끼지 못하는 것입니다. 아이들을 일상적으로 학대하면서도, 그것이 학대라는 사실을 전혀 인지하지 못하고 있다는 것이 문제입니다. 심지어 많은 사람들이 그런 '학대'를 '사랑'이라고 잘못 이해하거나 포장하고 있습니다. 이에 대해 이제 깊이 성찰할 때가 되었습니다.

학생들이 자유롭게 진로를 선택하다

한국의 교육과정과 독일의 교육과정이 얼마나 다른지 살펴볼까요. 독일 교육과정은 인문계를 기준으로 했을 때, 초등학교가 4년, 중고등학교가 9년으로 총 13년입니다. 지금은 유럽이 통합되어서 다른 나라와 서로 학교를 옮겨 다니기도 하는데, 다른 나라는 대부분 12년입니다. 우리나라도 12년이지요. 오직 독일만 13년입니다. 유럽 통합과정에 대학 교육통합 프로그램인 '볼로냐 프로세스'의 일환으로 교육통합 문제가 제기되면서 독일의 일부 주에서 김나지움 교육과정을 기존의 9년에서 8년으로 바꾸는 'G8 개혁'이 있었습니다.

독일에선 초등학교 4년 동안 아이는 한 명 또는 두 명의 교사에게 배웁니다. 이 점 역시 특별하지요. 한 교사가 20명 정도 되는 아이들을 2년 또는 4년 동안 가르치고 돌봅니다. 그러면 그 교사는 아이들에 대해 거의 모든 것을 알게 됩니다. 어쩌면 부모보다도 더 잘 안다고도 말할 수 있습니다.

교사들은 내가 맡은 이 아이가 언제 행복해하는지, 무엇을 잘하는지, 무엇을 할 때 가장 능동적인지 등을 주의 깊게 관찰하고 기록합니다. 단순히 인지적인 차원을 넘어, 정서적·정신적·신체적·심리적 차원을 포함하여 아이의 모든 것을 통합적으로 깊이 파악하는 것이지요. '아이가 가진 고유한 성향과 취향, 재능을 끌어내 발현시키는 것'이 교육(education, Erziehung)이라는 독일 교육의 이념과 조응하는 제도라고 할 수 있습니다.

독일에서는 초등학교 4학년 과정까지 마치면 아이들은 인문계 중등학교(김나지움)으로 갈지, 직업계 중등학교(하웁트슐레, 레알슐레)로 갈지 결정합니다. 교사는 그간의 관찰과 분석을 토대로 아이와 학부모에게 적합한 진로를 권합니다. 예를 들어 어떤 아이가 물건 만드는 걸 좋아하고 재능이 있다면 무언가를 만드는 일을 할 수 있는 직업계 중등학교로 가면 좋겠다고 권하고, 책 읽기를 즐기거나 예술 방면에 재능을 보이면 인문계 학교를 권하는 식이지요. 그러면 대부분의 부모는 교사의 말에 따릅니다.

독일에서 학생의 진로 결정에 교사의 추천이 존중되고 신뢰받는 이유는 독일의 문화를 알면 충분히 이해할 수 있습니다.

첫째, 독일 학교에서는 교사와 학부모의 신뢰 관계가 매우 두텁습니다. 독일에선 매달 '학부모의 밤'이 정기적으로 열리는데, 여기에는 학부모 중 한 명이 반드시 의무적으로 참석해야 합니다. 앞서 한 교사가 2년에서 4년 동안 아이를 계속 책임진다고 말했지요. 아이에 대해 교사가 이해하는 차원이 우리와 다르고, 학부모가 교사를 신뢰하는 수준이 다릅니다.

교사든 부모든 그들의 관심은 일치합니다. 아이들의 고유한 개성, 소양, 취향, 재능을 알고자 하고 존중합니다. 성적이나 지식은 이차적인 문제입니다. 또한 교사와 학부모가 늘 상시적으로 아이에 대한 이야기를 나누기 때문에 갈등이 거의 없습니다.

둘째, 독일 사회의 바탕을 이루는 가장 중요한 원칙은 '구성원에게 최대한 많은 기회를 준다'는 것입니다. 독일 만하임응용 대학의 빈프리트 베버 교수의 말처럼, 한국이 "원샷(one-shot) 사회"라면 독일은 "텐샷(ten-shot) 사회"라고 할 수 있습니다. 기회가 다양하게 열려 있다는 거지요. 어떤 결정을 하면 무조건 끝까지 그 길로만 가야 하는 게 아닙니다. 이쪽 길로 가다가 마음이 바뀌어서 저쪽 길로 건너갈 수 있어야 하는 거지요.

한국 사람들 중에는 독일 아이들의 '이른' 선택에 대해, 너무 어린 나이에 진로를 정하는 것이 아니냐, 그 나이에 직업학교라니 아이들에게 가혹한 게 아니냐고 비판하는 분들이 있습니다. 독일에서도 이러한 비판에서 출발하여 2000년대 이후 진로 결정을 10학년 이후로 유보하는 통합학교(Gemeinschaftschule)의 비율을 꾸준히 늘리고 있습니다.

이른 시기에 한쪽 길을 택한 아이에게 그 길 외엔 다른 길이 없다고 한다면 그건 잘못된 사회입니다. 독일에선 직업학교에 다니다가 인문계 중등학교인 김나지움으로 옮기고 싶다고 생각하면 그 길을 다시 선택할 수 있습니다. 그런 기회들이 계속 열려 있는 것이죠. 하지만 우리의 경우는 한 번 길을 선택하면 다시 새로운 길을 선택하는 것이 지극히 어렵거나 불가능하기 때문에, 오직 하나의 길, 성공이 보장된다는 명문대학 진학을 최선의 선택이라고 생각하는 것입니다.

셋째, 독일은 한국처럼 시험을 봐서 성적이 우수한 아이들이 대학에 가고, 그렇지 못한 아이들이 직업세계로 가는 시스템이 아닙니다. 이때 말하는 직업세계는 단순 노무직뿐만 아니라 모든 사무직도 다 포함됩니다. 은행원이 되거나, 증권회사에 다닐 수도 있습니다. 기술직, 사무직, 행정직의 다양한 직종에 하움트슐레, 레알슐레 졸업생들이 진출합니다.

하움트슐레와 레알슐레는 한국의 중학교 과정과 유사하며 직업학교(Berufsschule)로의 진학을 준비하는 일반학교(allgemeinbildende Schule)입니다. 하움트슐레는 기본적인 교육을 제공하는 5년 과정의 학교로, 대학 진학이 목표가 아닌 수공업 분야의 직업세계로 나가기 위한 자격을 제공합니다. 하움트슐레보다 한층 더 심화된 것이 레알슐레로, 주로 6년 과정입니다. 레알슐레 졸업 후 직업학교 또는 김나지움으로 진학할 수 있습니다. 최근 하움트슐레는 감소하는 추세로 일부 주에만 남아 있습니다.

제가 독일에서 유학하던 때만 해도 초등학교 4학년 학부모가 교사에게서 김나지움 진학을 권유받으면 당황하는 경우가 적지 않았습니다. 통계에 따르면 교사의 진로 추천을 그대로 따르는 경우가 약 90퍼센트이지만, 김나지움 진학을 오히려 불안해하며 직업계 중등학교 진학을 고집하는 경우도 있습니다. 독일에서는 전통적으로 대학 진학이 학자나 예술가가 되기 위한 길로 여겨져 왔습니다. 그런데 학자와 예술가는 미래가 불확실하고 자칫 잘못하면 '굶기 딱 좋은' 직업이라고 생각하기 때문에 자식이 김나지움에 가는 것을 불안하게 바라보는 학부모가 적지 않았습니다. 예전

보다는 많이 완화되었지만, 이러한 통념은 여전히 남아 있습니다.

그에 반해 한국 부모들은 무조건 대학에 가야 한다고 생각합니다. 교사가 학생에게 대학에 진학하기보다는 일찍 회사에 취업하는 게 좋겠다고 말하면 대부분의 부모들은 '아이가 공부를 못한다고 저렇게 권하는구나' 모욕감을 느끼고 받아들이지 않습니다. 한국은 대학 진학이 아이의 미래를 결정하는 핵심적인 요인이자, 사회적 상승의 사다리를 오르기 위한 전제가 된다고 여기는 사회입니다. 심지어 대학을 나오지 않으면 결혼할 때도 어려움을 겪는다고 생각하는 사회가 한국입니다. 독일 사회는 이런 면에서 우리와는 교육 시스템과 교육 문화가 매우 다릅니다.

우리가 독일 교육을 들여다보아야 하는 이유

10월 3일은 독일에서는 통일의 날입니다. 1990년 10월 3일에 통일이 됐으니 2020년 10월 3일은 독일 통일 30주년이었습니다. 이날 기념식에서 프랑크 발터 슈타인마이어 독일 대통령이 기념사를 했는데, 매우 인상적인 대목이 있었습니다.

"우리는 지금 역사상 존재했던 독일 국가 중에서 최고의 독일에 살고 있다."

정말 놀라운 말이 아닐 수 없습니다. 독일 역사에서 흥망했던 수많은 국가들이 있었지만, 그중에서 오늘날의 독일이 최고의 국가라는 것이지요. 그는 이 연설에서 여러 번 '최고의 독일(das beste Deutschland)'을 외쳤습니다.

여기서 '최고'라는 말은 무엇을 뜻하는 것일까요? 군사력이 최고다, 경제력이 최고다, 라는 말이 아니라, 독일인, 특히 독일의 젊은 세대들이 무척이나 자랑스럽다는 의미입니다. 지금 독일에서 자라고 있고, 살고 있는 독일인들이 보여주는 성숙한 시민의식과 높은 정치의식에 대한 자긍심이 그대로 드러나 있는 말입니다.

독일이 오늘날 전 세계인의 존경을 받는 나라가 되었다는 것은 실로 '기적'입니다. 독일은 지난 세기에 거듭 세계대전을 일으키고, 인류에 대한 가장 끔찍한 범죄를 저지른 나라입니다. 이런 나라가 어떻게 오늘날 '가장 존경받는 나라'가 되었을까요?

'과연 교육이 인간을 변화시킬 수 있을까?' 이것은 교육학의 오랜 물음입니다. 그런데 독일에선 실제로 교육을 통해 인간을 변화시켰습니다. 오늘날의 독일인은 그들의 아버지, 할아버지 세대와는 질적으로 다른 독일인입니다. 제 식으로 표현하면, 신독일인(Neudeutsche)입니다. 백만 난민을 받아들이는 독일인, 과거의 잘못을 직시하고 성찰하는 독일인, 열등감도 오만함도 없이 스스로 당당하게 행복을 꾸려가는 독일인. 어떻게 이런 이들이 사는 사회가 되었을까요? 독일의 성숙한 문화는 어디서 생겨난 것일까요? 독일의 이런 '기적'을 가능하게 한 전환점은 언제일까요?

'독일의 기적'을 낳은 전환점은 바로 68혁명이었습니다. 독일의 68혁명은 나치의 과거를 청산하는 것을 핵심적인 목표로 삼았고, 근본적인 과거청산은 교육개혁을 통해 가능하다고 보았습니다. 이런 맥락에서 1970년에 교육개혁이 시작되었습니다.

당시 교육개혁의 모토가 바로 "경쟁 교육은 야만이다"였습니다. 이때부터 독일에선 경쟁 교육을 지양했습니다. 경쟁을 시키지 않는 교육이 벌써 반세기 동안 시행된 것이고, 그 결과가 오늘의 독일인인 것입니다. 50년이 지난 지금 독일은 과거와는 다른 새로운 인간을 길러내는 데 성공했다고 할 수 있습니다. 교육이 독일을 인류 최악의 야만적 독재국가에서 세계 최고 수준의 성숙한 민주국가로 만든 것입니다.

성숙한 독일인과 성숙한 문화, 성숙한 시민사회를 보면서 '어떻게 교육을 했기에 이러한 인간들을 길러낼 수 있었는가'라는 궁금증을 떨칠 수 없었습니다. 동시에 그들과 너무도 다른 우리의 모습을 반추하지 않을 수도 없었습니다.

저는 방송이나 북 콘서트, 강연회 등 기회가 있을 때마다 우리 교육의 문제를 지적하고 독일 교육을 하나의 대안으로 제시하고 있습니다. 그렇다고 독일 교육은 무조건 좋고 우리 교육은 무조건 나쁘다는 것은 물론 아니지요. 독일 교육이라고 왜 문제가 없겠습니까. 제가 독일 교육을 우리 교육의 대안으로 강조하는 이유는 물론 제가 독일 교육을 직접 경험해 보았기 때문이기도 하지만, 무엇보다도 독일 교육의 '정신'이 우리에게 절실하게 필요하다고 생각하기 때문입니다.

독일 교육은 기본적으로 독일 헌법 제1조에 기반하고 있습니다. 독일 헌법 제1조는 "인간 존엄은 불가침하다"입니다. 독일 교육은 인간 존엄을 기르고, 지키고, 실현하는 교육입니다. 인간이 존엄한 존재라는 것을 인식시키고, 존엄한 존재로서 아이들의 자존감을 강화시키고, 타인을 존엄한 존재로 대하는 태도를 가르치는 것이지요. 어찌 보면 독일 교육은 인간 존엄이라는 가치를 지키기 위한 상식적 태도를 가르치는 교육이라고 할 수 있습니다. 그러나 이러한 상식이 우리에게는 매우 중요한 가치입니다. 한국 교육은 바로 '인간 존엄'이라는 가치에 반하는 교육이기 때문입니다.

따라서 우리가 독일 교육에서 배워야 한다면, 그것이 우리가 추구해야 할 절대적인 이상이라서가 아니라, 우리 교육의 병리성을 가장 확실하게 보여주는 거울이기 때문입니다.

2장

경쟁과 서열이 없는 학교

모두에게 열려 있는 독일의 대학교

독일에서는 교육개혁이 시작된 1970년대부터 학교에서 경쟁이 없습니다. 등수와 석차도 없고, 학교 간의 경쟁도 없습니다. 대학입학 시험도 따로 없습니다. 고등학교 졸업시험이자 대학입학 자격시험인 아비투어(Abitur)가 있는데, 네 과목을 치릅니다. 독일어, 수학의 기본 과목 이외에 인문사회, 자연과학, 언어, 예체능 등의 선택 과목이 있지요. 이 중 대개 세 과목은 지필시험을 보고 한 과목은 구술시험으로 치릅니다.

아비투어에는 90퍼센트 이상의 학생이 합격합니다. 그 정도로 독일에서는 인문계 중등학교인 김나지움 과정을 충실히 이수한 학생은 큰 어려움 없이 아비투어 시험에 거의 다 붙습니다. 그러면 '대학 희망 3원칙'에 따라 학생이 원하는 대학, 원하는 학과를, 원하는 때에 갈 수 있는 권리가 생깁니다. 곧바로 대학을 가지 않아도 됩니다. 10년 후에 가도 되고, 20년 후에 가도 됩니다.

많은 학생들이 아비투어를 마치고 여행을 가거나, 연애에 몰두하거나, 선망하던 곳에 취직하는 경우도 많습니다. 자신이 정말로 하고 싶은 것을 맘껏 해보고, 사회나 직장에서의 경험도 해보고, 이를 통해 자신의 적성과 맞는 일이 무엇인지 확인하고서 전공을 택하는 경우가 많습니다. 그러다 보니 독일 대학에는 나이든 학생들이 매우 많은 편입니다.

독일은 대학 진학을 원하는 사람들에게 문을 활짝 열어두었을 뿐만 아니라, 대학과 학과를 옮길 수 있는 자유를 최대한 보장합니다. 예를 들어 베를린 대학에서 심리학을 공부하던 학생이 한두 학기 지나고 나서 '심리학 정말 재미없네, 프랑크푸르트 대학에 가서 사회학을 공부해야지'라고 생각한다면, 그대로 하면 됩니다. 기숙사를 새로 얻어야 하고 이사를 가야 하는 수고를 들일 용의만 있다면 얼마든지 대학과 학과를 바꿀 수 있습니다. 그래서 독일 대학생의 경우 두세 개 대학을 다닌 경력은 흔합니다.

독일에선 어떻게 이런 일이 가능할까요? 독일 교육이 우리와 근본적으로 다른 이유는 무엇보다도 교육을 바라보는 관점이 다르기 때문입니다. 우리의 경우 '경쟁 없는 교육'은 상상조차 할 수 없습니다. 그러니 원하는 대학, 원하는 학과에 들어가려면 경쟁에서 승리하지 않으면 안 됩니다. 그렇게 보면 독일 교육은 우리로서는 참으로 이해할 수 없는 체제인 거지요.

대기업과 중소기업의 임금 격차가 거의 없다

우리는 경쟁 교육을 하지 않으면, 사회가 유지될 수 없고, 적어도 사회가 발전할 수 없다는 통념을 가지고 있습니다. 과연 그럴까요? 독일의 교육은 분명 우리의 통념에 의문을 던집니다. 경쟁 교육을 하지 않아서 독일의 학문이 몰락했나요? 독일은 경쟁을 시키지 않는데도 세계 최고의 학문 수준을 유지하고 있습니다. 특히 인문사회과학과 자연과학 분야에서는 미국에 앞서 있는 영역이 많습니다.

경쟁 교육을 시키지 않는다고 독일 경제가 나빠졌나요? 독일이 못사는 나라가 되었나요? 아닙니다. 독일은 여전히 경제적으로 세계에서 제일 잘 나가는 나라입니다. 가장 안정적인 성장을 해온 세계 최고의 경제 대국 중 하나지요. 특히 제조업 분야 고용률은 세계 최고 수준입니다. 독일연방정부 통계청이 발표한 자료에 따르면, 독일은 2000년대 초반 노동시장 개혁을 추진한 이후 2008년 고용률이 70퍼센트를 넘어섰고, 2019년에는 76.7퍼센트까지 높아졌습니다. 코로나 기간이었던 2020년과 2021년도 75퍼센트 대를 유지했습니다.

특히 주목해야 할 것은 앞서 언급했듯이 독일이 '세계에서 가장 존경받는 나라'가 되었다는 사실입니다. 독일은 경제적으로나 학문적으로나 윤리적·도덕적으로나 가장 권위를 인정받는 나라가 되었습니다.

물론 우리나라에서 경쟁 교육이 세계에서 가장 심각한 수준으로 계속되고 있는 데는 이유가 있습니다. 무엇보다도 대학에 가지 않으면, 게다가 소위 명문대학에 들어가지 못하면, 너무나 많은 차별을 당하기 때문입니다. 임금, 진급 등 경제적·사회적 차원의 차별은 말할 것도 없고, 문화적으로도 심한 차별을 받습니다. 고등학교 졸업장을 가지고는 취직하기도 힘들고, 결혼하기도 쉽지 않은 나라가 대한민국입니다. 이렇게 여러 가지 차별을 당하다 보니 대학을 둘러싼 경쟁이 치열해지는 것이지요.

독일에서는 우리와 달리 경제적·사회적·문화적 차별이 거의 없습니다. 물론 전혀 없다고 말할 수는 없겠지만, 우리처럼 심각한 수준은 아닙니다. 임금 수준을 살펴보면 독일에서는 고등학교를 졸업하고 바로 취업한 사람과 대학을 졸업하고 취업한 사람의 소득 차이가 크지 않습니다. 오히려 30~40대까지는 고등학교를 마치고 바로 취직한 사람의 연봉이 더 높습니다. 그래서 "아추비(Azubi)는 벤츠 타고, 아비(Abi)는 골프 탄다"는 말까지 생겨난 것이지요. 고등학교를 졸업하고 직업훈련을 받는 '아추비'는 벤츠를 타는데, 대학입학자격을 갖춘 '아비'들은 폭스바겐의 소형차 골프를 탄다는 말입니다. 그만큼 고졸자와 대졸자 사이에 사회적 차별이 없습니다.

독일에선 대기업과 중소기업의 임금 격차도 거의 없습니다. 대기업에서 100을 받는다면, 중소기업에선 90~95 정도의 임금을 받습니다. 정규직과 비정규직도 임금 격차가 크지 않습니다. 법적으로도 정규직과 비정규직의 임금에 차이를 두는 것을 금지하고 있습니다. 그래서 시간을 유연하게 쓰고자 하는 사람들은 비정규직을 선호하는 경향이 강합니다. 그러다 보니 독일에서는 공부를 좋아하는 아이들, 지적인 호기심이 왕성한 아이들이 주로 대학에 가는 겁니다. 그렇지 않으면 굳이 대학에 가야 할 특별한 이유가 없는 거지요.

경쟁 대신 추첨, 점수 대신 대기기간

앞에서 아비투어에 합격하면 원하는 대학, 원하는 학과를 원하는 때에 갈 수 있다는 '대학 희망 3원칙'을 말했지만, 물론 이 원칙이 현실에서 완벽하게 작동하는 것은 아닙니다. 당연히 독일에도 너무 많은 학생이 몰리는 학과, 즉 인기학과가 있고, 대학이 수용할 수 있는 범위가 물리적으로 제한되어 있기 때문이지요.

학생들이 너무 몰려서 선발 인원을 제한할 수밖에 없는 학과, 이른바 '정원제한학과(NC: Numerus Clausus)'들이 있습니다.

어느 학과에 학생들이 몰릴까요? 문과에서는 최근 들어 심리학과가 인기가 높고, 법대도 학생들이 많이 가는 편입니다. 놀라운 것은 독문학과, 우리로 치면 국문과가 정원제한학과인 대학도 꽤 많다는 사실입니다. 독일에서는 글을 잘 쓰는 것을 중요시하고, 글만 잘 써도 활동할 수 있는 지적인 직업 영역이 굉장히 넓습니다. 언론, 출판, 방송 분야가 폭넓고 두터우며, 체계적으로 세분화되어 있습니다. 그러니까 독문학을 공부하고 글재주가 있으면 도전할 영역이 다양합니다.

독일 대학에서도 이과 쪽에서는 우리처럼 의대가 인기가 좋습니다. 거의 모든 의대, 치의대, 수의대, 약대는 NC학과입니다. 학생들이 몰려 정원제한을 할 수밖에 없지요. 이럴 경우 대학이 수용할 수 있는 한계 내에서 학생들의 자유로운 선택권을 최대한 존중하는 '정의로운' 방법을 찾기 위해 독일에서도 많은 논쟁이 있었습니다.

이 문제를 자세히 논하기 전에 먼저 주목해야 할 것은 독일의 교육정책은 연방정부 관할사항이 아니라, 주정부 관할사항이라는 사실입니다. 따라서 독일의 교육정책은 원칙적으로 16개 주가 각각 다르다고 할 수 있습니다. 그렇다면 NC학과 문제는 각 주에서 어떻게 풀었을까요?

초기에는 대부분의 주에서 추첨을 선호했습니다. '추첨'이라는 민주적 방식이 '능력'이라는 이름으로 아이들을 경쟁시키는 방식보다 낫다고 생각한 것이지요. 당연히 추첨 방식에 불만을 토로하는 사람들도 많았습니다. 꼭 의대에 들어가 의사가 되고 싶은데 번번이 추첨에서 떨어지는 경우가 있으니까요. 이들은 NC학과의 경우에는 아비투어 성적을 반영해 줄 것을 요구했습니다. 성적은 보지 않고 추첨으로만 학생을 선발하는 것이 부당하다고 주장한 것이지요. 그래서 여러 주에서 이런 의견을 받아들여 아비투어 성적을 반영하기 시작했습니다. 하지만 그것 역시 일정한 범위 안에서 이루어졌습니다. 많은 주에서 20퍼센트까지만 아비투어 성적을 반영합니다. 그 이상은 다시 경쟁을 유발할 위험이 있기 때문에 신중해야 한다는 고려가 있었습니다.

아비투어 성적이 '능력'을 반영하는 것이라면, 이에 균형을 맞추기 위해서 학생들의 '의지'도 반영해야 한다는 주장이 수용되었습니다. 그것이 바로 대기기간입니다. 많은 주에서 학생들의 대기기간을 20퍼센트 반영합니다. 그래서 대체로 7년을 대기하면 누구나 의대에 들어갈 수 있습니다. 7년을 기다릴 정도로 의대에서 공부하고자 하는 의지가 강고하다면, 이런 학생은 공부할 기회를 주어야 한다는 거지요.

대부분의 대학에서는 대기기간에 일종의 선수과목으로 전공과 관련된 과목들을 미리 수강할 수 있게 열어놓고 있습니다. 그래서 의대에 들어오기 위해 대기하는 학생들은 관련 과목들을 들으면서 입학을 준비하는 것이지요. 이처럼 독일 대학에서는 학생들의 선택권을 최대한 존중하는 방식으로 기술적 난제들을 민주적으로 풀어갑니다.

아비투어 성적이 높아서 의대에 들어온 학생과 오래 기다려서 입학한 학생을 비교하여, 어느 쪽이 더 '좋은 의사'가 되었는가를 조사한 적이 있습니다. 누가 더 좋은 의사가 되었을까요? 놀랍게도 대기기간을 통해 입학한 의대생이 더 훌륭한 의사가 됐다는 것이 많은 연구의 결과입니다.

성적 따라 학과를 선택하는 한국 학생들

우리는 한 인간이 가지고 있는 지적 능력에 대단한 차이와 격차가 있다고 생각하지만, 독일 교육은 그렇지 않다는 것을 증명하고 있습니다. 사실 능력 차이라는 것은 '아주 작은 차이'에 불과합니다. 그런데 한국인들은 철저한 경쟁 교육을 통해 훈육되는 과정에서 인간들 사이에 엄청난 능력의 위계가 존재한다는 잘못된 인식을 갖고 있습니다. 소수의 우수한 아이들만이 무언가 특별한 능력을 가지고 특별한 과제를 수행할 수 있다고 생각하는 것은 경쟁 이데올로기와 능력주의 이데올로기가 만든 허위의식입니다.

지금 한국 대학은 이과의 경우 전국에서 몇천 등 안에 드는 거의 모든 아이들이 의대에 가려고 합니다. 전국에 있는 20여 개 의

대가 '차고 나면' 다음에 서울대 공대가 채워진다는 서울대 교수의 말을 듣고 아연실색했습니다.

지난해 말 서울대에서 '다시, 대학을 생각한다'는 주제로 강연을 했습니다. 강연을 마치고 서울대 기초교육원장과 저녁식사를 함께 했습니다. 기초교육원장은 다른 대학에서는 보통 '교양학부장'이라고 불리는 자리이지요. 서울대 교양과목을 모두 책임지고 있는 분입니다. 그분이 이렇게 물었습니다. "서울대에서 가장 인기 있는 교양과목이 뭔지 아십니까?"

놀랍게도 그것은 바로 수학이랍니다. 왜 하필 재미없는 '수학'에 학생들이 몰릴까요? 그 이유는 수능을 다시 봐서 의대에 가기 위해서랍니다. 반수를 위해 수학 강의를 듣는 거예요. 실제로 서울대에서 매년 500명 이상의 학생이 자퇴한다고 하며, 이중 70~80퍼센트가 공대 아니면 자연대 학생이라고 합니다. 정말 충격적인 얘기지요. 우리는 누군가가 서울대 공대 다닌다고 하면 훌륭한 엔지니어가 되겠구나, 자연대 다닌다고 하면 위대한 과학자가 되겠구나, 라고 생각하는 게 상식이지요. 그러나 정작 그들은 자기 자신을 의사가 되는 데 실패한 존재라고 생각한다는 겁니다.

어떻게 이런 일이 벌어질까요? 지금 우리가 목도하는 것은 왜곡된 한국 교육이 빚어낸 희비극입니다. 공부 좀 한다는 학생들은 모두가 의사가 되기를 원한다니, 어떤 교육이 이렇게 개성 없는 인간들을 키운 것입니까? 게다가 최고 모범생들이 예외 없이 의사의 꿈을 꾼다는 것은 정말이지 믿을 수 없는 이야기입니다.

의사란 적성에 맞지 않으면 정말 악몽이 될 수 있는 직업입니다. 독일에서도 의사의 가장 중요한 조건으로 일정 수준의 지적 능력, 높은 수준의 공감능력, 환자를 대하는 휴머니즘을 꼽습니다. 독일에서 의사가 되려면 기본적인 인성, 소양, 적성을 중요시하기 때문에 인지시험보다 적성시험이 훨씬 중요합니다. 그런데 우리는 사실상 지식능력만 봅니다. 독일에선 '적성'을 중시하는데, 우리는 '성적'을 우선시하는 것이지요.

그런데 한국에서 공부를 잘한다는 학생은 왜 너나없이 의사가 되려고 할까요? 한국의 '슈바이처'가 되고 싶어서일까요? 우리 학생들이 의사가 되겠다는 이유는 분명합니다. 고소득 직업이기 때문이지요. 최근 의대 정원을 늘리는 데 의사들이 강력하게 반대하고 나선 것도 고소득을 유지하기 위해서라는 사실에 씁쓸함을 느낍니다.

학과를 선택하는 데도 돈을 많이 버는 직업 순으로 학생들이 배치된다는 사실은 대학 교육의 미래를 암담하게 합니다. 아무리 자본주의 사회라 해도 이렇게 노골적인 탐욕이 대학 교육을 왜곡시키는 천민자본주의 사회는 지구상 어디에도 없습니다.

예외 없이 의대를 택한다는 아이들을 보면서 저는 이 사회의 어른으로서 한없이 부끄럽습니다. 우리 아이들이 너무 불쌍합니다. 이렇게 개성 없고, 이렇게 타산적인 아이들을 길러낸 책임은 결국 우리 기성 세대에게 있습니다.

그런데 실제로 의대에 진학한 학생들의 절반 정도가 행복한 삶을 영위하지 못하고 있다고 합니다. 의사가 되어서도 마찬가지입니다. 《의협신문》은 2010년 의사 610명을 대상으로 "지금 행복하다고 생각하는지"를 물었습니다. 이 질문에 43.8퍼센트의 의사만이 "행복한 삶을 살고 있다"고 답했습니다. 나머지 56.2퍼센트의 의사는 "행복하지 않다"고 응답했습니다.

한국의 교육 시장에서 최상위 승자에 속한다는 의사들은 왜 행복하지 않을까요? 어렸을 때부터 늘 경쟁에 치여 살며, 남과 비교되는 것에 예민했던 학생들이 의대에 들어와서는 더욱 거세진 경쟁에 불행감이 더 깊어진다는 것이지요. 남과 자신을 비교하는 이러한 습성이 의대를 졸업하고 사회에 나와서도 계속 이어집니다.

자신의 적성에 맞지 않는 일을 선택했기에 불행한 경우도 많습니다. 최근에 연세대 의대를 다니다 수능을 다시 보고 조선대 수학교육과에 입학한 학생의 언론 인터뷰가 화제였습니다. 주위의 추천으로 의대에 갔고 만족하지 않아서 자퇴를 했다는 내용입니다. 성적에 맞추어 의대에 갔으나, 적성이 맞지 않아 의대를 떠난 경우지요.

의사가 되면 두 번 중요한 결단의 순간이 온다고 합니다. 첫 번째는 '의사를 할 것인가, 학자가 될 것인가' 하는 결정입니다. 사람을 만나는 일에 어려움이 큰 이는 학자의 길을 선택합니다. 두 번째는 '칼을 들 것인가, 말 것인가' 하는 결정입니다. 피를 보는 것을 힘들어하는 사람은 후자를 택하겠지요. 의사의 행복도가 낮다는 것은 이 두 번의 결정 과정에서 적성에 맞지 않는 선택을 한 사람들이 너무 많다는 의미지요.

3장

비판 교육_ 사유하는 사람을 기른다

죽은 물고기만 강물의 흐름을 따라 흐른다

지금까지 '경쟁'의 관점에서 독일 교육을 살펴보았습니다. 다음으로는 독일 교육에서 또 하나 중요한 원리인 '비판'의 관점에서 이야기할까 합니다.

우선 '비판 교육'이라는 말이 우리에게는 낯설게 느껴지리라 생각합니다. 어떻게 '교육' 앞에 '비판'이라는 말이 붙을 수 있을까요? 우리의 통념에 따른다면 '교육'은 그 사회가 가지고 있는 규범이나 제도, 가치나 윤리 등을 잘 익혀서 사회에 잘 적응하도록 하는 것을 말합니다. 다시 말하면 교육이란 기본적으로 '적응'을 가르치는 일이라는 생각이 보편적이지요.

하지만 독일에서 교육의 기본은 '적응'이 아니라 '비판'입니다. 사회 체제에 무조건 적응하는 것이 아니라, 비판적으로 사유하는 능력을 길러주어야 한다는 의미입니다. 순수하고 절대적인 지식은 없기 때문에 모든 지식의 배후에서 작동하는 권력의 이념, 즉 이데올로기를 통찰하는 안목을 갖는 것이 교육에서 가장 중요하다는 거지요. 어린 나이부터 권력의 지배를 비판적으로 성찰하도록 교육을 받다보니 독일 중고등학생이 암기식 지식 습득에 익숙한 우리나라 대학생보다 사회 제도나 현상을 꿰뚫어보는 안목이 더 뛰어납니다.

독일 학교에서는 우리처럼 "잘 듣고 외워라" "잘 암기해서 순응하라"고 가르치지 않습니다. "항상 비판적으로 사유하라"고 가르칩니다. 제가 어느 방송에서 독일의 비판 교육을 소개할 때, 독일인 다니엘 린데만 씨가 함께 출연했던 적이 있습니다. 그는 제 말을 듣더니 자기가 독일에서 학교 다닐 때 경험을 떠올렸습니다. 첫 수업 때 교사가 들어오더니 이렇게 말하더랍니다.

"여러분, 이제부터 여러분은 모든 것을 자유롭게 해도 좋습니다. 그러나 한 가지는 절대로 하면 안 됩니다. 제가 하는 말을 절대 믿지 마세요. 제가 하는 모든 말을 의심하세요. 제 말에 대해서는 항상 '그렇지 않을 수도 있다'는 의심을 갖고 들어주세요. 그리고 제 말을 비판할 때는 근거를 모아서 하세요. 그래야 성숙한 민주주의자가 됩니다. 죽은 물고기만 강물의 흐름을 따라 흐릅니다."

참으로 놀랍고 감동적인 이야기지요. 그 교사의 말에 따른다면 한국 교육은 '죽은 물고기를 기르는 교육'입니다. 그저 죽은 지식을 달달 잘 외우는 아이들, 비판의식이라고는 찾아볼 수 없는 아이들을 우등생이라고 기르는 꼴이지요. 죽은 물고기는 강물에 둥둥 떠서 흐름을 따라갈 수밖에 없는 반면, 산 물고기라면 이리저리 펄떡이며 물결을 거스르기도 하면서 자유로이 헤엄치겠지요. 한 사회가 성숙하기 위해서는 그 구성원들이 기득권과 권력자의 주장에 대해서 거스를 수 있는 비판능력을 가져야 합니다.

독일 교과서를 예로 들어볼까요. 독일 고등학교 국어 교과서 첫 장의 제목이 '올바른 해석은 존재하는가?'입니다. 저는 대학의 문학 선생으로서 이것을 보고 뒤통수를 얻어맞은 느낌이었습니다. 동시에 통쾌한 해방감도 느꼈습니다. 학창시절 늘 가슴에 품었던 의문과 불만이 인정받는 듯했습니다. 언제나 정답을 찾아야 한다는 단의성의 강박 속에서 국어 교육을 받았으니까요.

문학에서 과연 올바른 해석이 존재할까요? 이것은 중요한 해석학적 문제이자, 비평적 차원의 문제제기입니다. 고등학교 시절부터 이런 문제와 부딪히는 것을 당연시하는 사회와 단순히 정답을 외우도록 강요하는 사회 중 어느 곳에서 성숙한 인간이 성장할까요. 한용운의 시를 해석하며 그의 '님'은 늘 '민족'이나 '조국'

이라고 외웠던 우리는 문학이라는 다의성의 세계에 입장해 보지도 못하고 단의성의 폭력에 굴복했던 것이지요. 그러니 한국인들에게 문학적 상상력이 메마른 것은 결코 우연이 아닙니다.

한국 교육에서는 이런 비판적인 관점이 너무도 부족합니다. 학교에서는 기존의 지식을 외우게 하는 데 중점을 둘 뿐, 그 지식이 어떤 경로를 거쳐 '지배적인 지식'이 되었는지는 성찰하지 않습니다. 이것이 한국 교육의 가장 큰 문제입니다. 비판능력, 사유능력을 죽이는 교육이라는 거지요.

선다형, 단답형 문제의 무서운 진실

학생들을 평가하는 방식도 문제이지요. 선다형 문제를 찍거나, 단답형 문제를 푸는 것이 한국 교육의 전형적인 평가 방식입니다. 다시 말해 명명백백한 정답을 고르거나 써내라는 것이지요. 그런데 왜 명명백백한 정답을 알아야 하나요? 그런 일은 컴퓨터가 가장 잘 합니다. 인간을 질 낮은 컴퓨터로 만드는 것이 한국 교육의 목표인가요?

선다형, 단답형 방식으로 정답을 찾게 하는 교육은 전형적인 파쇼 교육입니다. 파시스트들은 자신들이 주장하는 것을 정답이라고 부르며 모든 사회의 구성원들이 그것을 따르도록 강제합니다. 그러니 그들의 교육 또한 암기식, 주입식 방식으로 이루어졌고, 평가 또한 정답을 고르거나 말하라는 식이었던 거지요. 히틀러 시대의 독일이 그랬고, 박정희·전두환 시대의 한국이 그랬습니다. 독일은 히틀러 파시즘의 극복 차원에서 이런 교육 방식과 평가 방식을 폐기했지만, 한국은 군사 파시즘의 잔재인 이런 교육이 청산되지 않은 채 아직도 그대로 유지되고 있는 것입니다.

물론 교육 민주화가 진전된 이후 평가 방식이 개선되었습니다. 각 시도교육청에서 중고등학교의 중간·기말 고사에 논술·서술형 문항의 비율을 높이도록 권장해 온 결과 현재는 총 배점의 50퍼센트 정도를 논술·서술형으로 출제하고 있습니다. 특히 수행 평가의 경우에는 대부분 논술·서술형으로 실시하고 있지요. 문제는 중앙 부처인 교육부가 이러한 학교의 변화에 부응하지 못해 기계가 채점하는 선택형 문항 중심의 대입수능시험을 30년 가까이 유지하고 있다는 시대착오적 현실입니다.

한국의 암기식, 주입식 교육은 독일에서는 찾아보기 어렵습니다. 심지어 구구단도 못 외우게 합니다. 저의 아이도 구구단을 외워서 학교에 보냈다가 오히려 교사에게 야단을 맞았습니다. 학부모회의 때 교사가 저에게 "아이에게 구구단을 암기하게 하면 안 됩니다"라고 정색을 하고 나무랐습니다. 구구단을 기계적으로 외우는 순간 아이는 숫자에 대한 최초의 본원적 감각을 잃어버린다는 것이었습니다. 이렇게 암기하는 것은 숫자에 대한 원초적 감수성에 폭력을 가하는 것이라고도 했습니다.

독일 교실에서는 모든 아이들이 스스로 문제를 푸는 자기 나름의 고유한 방법을 갖고 있습니다. 즉 스스로 생각함으로써 자신의 고유한 사유능력을 기르는 것이 중요하지, 암기를 통해 정답을 맞히는 게 중요한 게 아니라는 거지요. 교육에서 중요한 것은 사유를 통한 문제해결이라는 겁니다.

독일 학교에도 물론 시험은 있습니다. 하지만 아이들이 심리적 압박감을 느끼지 않도록 최대한 배려합니다. 예를 들면 학교법에 '하루에 한 과목, 일주일에 두 과목 이상 시험을 볼 수 없다'고 규정하고 있습니다. 또한 많은 교사들이 시험 날짜를 가르쳐주지 않습니다. 그냥 예고 없이 기습적으로 보기 때문에 학생들은 시험공부를 따로 할 필요가 없지요. 독일 교육에서는 지식이나 정보를 아는 것이 중요한 게 아니어서 시험에서 지식을 묻는 선다형, 단답형 문제는 없습니다. 모든 시험이 다 자신의 견해를 비판적으로 서술하라는 형태입니다. 단순히 지식을 쌓는 게 중요한 게 아니라, 자신의 생각을 표현하는 능력을 기르는 것이 중요하다고 보는 거지요.

독일의 학교에서 시험 문제는 초등학교 때부터 '스스로 자신의 생각을 쓰는' 형식입니다. 정해진 정답을 찾는 것과 자신의 생각을 펼치는 것은 완전히 다른 차원의 이야기입니다. 우리의 경우처럼 정해진 정답을 짧은 시간에 고르는 교육에서는 깊이 사유하는 아이들일수록 불리합니다. 한국에서는 마치 컨베이어벨트 돌아가듯이 단시간에 많은 문제들을 골라내는 것을 시험이라고 치르고 있습니다.

독일에서는 선다형 문제를 일종의 '교육적 사기'라고 봅니다. 요행으로 정답을 고를 수 있는 시험, 아무것도 모르는 문제라도 20~25퍼센트를 맞출 수 있는 시험을 치르는 아이들은 아주 어려서부터 자연스럽게 인생은 운이라는 투기 심리를 갖게 됩니다. 이런 도박이 무슨 교육이냐는 거지요.

단답형 문제도 마찬가지로 심각한 문제를 안고 있습니다. 그것은 파시즘이 애호하는 주입식 교육의 전형적인 평가 방식이기 때문입니다. A=B라는 식으로 단순한 지식을 외우는 것이야말로 비판 교육의 최대 적이라는 겁니다.

그럼 독일에서는 구체적으로 학생들을 어떻게 평가할까요? 독일의 고등학교 졸업시험인 아비투어 역사 시험을 예로 들어보지요. 우리처럼 역사 지식을 묻는 문제는 거의 없고, 학생들의 사고 능력을 평가하는 문제로 이루어져 있습니다. 앞에서도 말한 것처럼, 독일에서 교육은 주정부 관할 사안입니다. 독일의 16개 주가 조금씩 다를 수 있으므로 모든 주가 똑같은 시험을 본다고 볼 수 없지만, 대체로 형식과 경향은 비슷합니다.

여기서는 독일 남부에서 비교적 규모가 큰 바덴뷔르템베르크 주의 아비투어 역사 과목의 사례를 살펴보겠습니다. 아비투어 역사 과목의 시험은 대개 3개의 자료를 제시하고 4개의 문제를 풀도록 구성되어 있습니다. 시험시간은 270분 혹은 300분입니다. 5시간이라니, 참으로 놀랍지요.

문제는 분석하라, 설명하라, 평가하라의 세 가지 형태이고, 단
답식 문제나 선다형 문제는 없고 모두 서술형으로 이루어져 있습
니다. 몇 가지 예시를 들어보겠습니다.

- 사료 3을 분석하시오.

  사료 3: 요셉 괴벨스가 '편집자법'을 반포하며 독일의 언론사
  대표들을 대상으로 한 연설문(Berlin, 1931.10.4.)의 일부.

- 사료 1을 분석하고, 사료 1과 사료 2를 비교하시오.

  사료 1: 콘라트 아데나워가 영국 점령지역의 기민연(CDU)
  전당대회 개회식에서 행한 연설문의 일부(Recklinghausen,
  1948.8.8.).

  사료 2: 소련 점령지역의 선거 포스터(Dresden, 1948).

- 자아상에 따르면 구 동독은 민주적인 국가였다. 이러한 자아
  상이 구 동독의 정치와 사회에 미친 영향을 설명하시오.

- 1970년 이후의 정치적 시위와 이에 대한 정부의 반응을 구
  서독과 구 동독 각각 한 가지 예를 들어 설명하시오.

- 일부 역사가들은 빌리 브란트 총리의 집권을 '독일의 두 번째
  건국'이라고 해석한다. 이 의미를 논하시오.

- 구 서독과 구 동독의 발전에서 마셜 플랜이 갖는 의미를 평가하시오.

- 1970~80년대 구 서독의 사회 문제는 성공적으로 해결되었다. 이 명제를 평가하시오.

이처럼 독일의 아비투어 문제는 역사에 대한 단순한 지식이 아니라 역사를 분석하고, 설명하고, 평가하는 사유능력을 묻고 있습니다. 학생들이 자신의 관점을 갖고 역사적 사실에 대한 비판적 성찰을 할 수 있는 능력을 평가하는 것입니다. 이런 비판 교육을 통해서 비로소 성숙한 민주시민이 탄생하는 것이지요. 자신의 관점 없이 그저 지배적인 역사적 관점을 달달 외워서 치르는 시험은 사실상 파시스트가 원하는 수동적인 노예를 길러내는 교육이지요.

아우슈비츠를 반복해서는 안 된다

독일의 역사 시험이 우리와 다른 점은 시험 방식만이 아닙니다. 시험 대상 또한 우리와 너무도 다릅니다. 앞의 사례에서 볼 수 있듯이 현대사가 역사 교육의 가장 중요한 대상입니다. 독일

사의 최대 치욕인 나치 시대와 분단으로 얼룩진 동서독 현대사가 역사 교육의 핵심 부분입니다. 독일은 역사적 치욕과 비극을 정직하게, 상세하게 다룸으로써 성공적인 과거 청산을 이룬 것입니다.

이처럼 최근 역사에 대한 진지하고 정직한 접근을 인정받아 오늘날 독일은 '역사민족(Geschichtsnation)'이라고 불리고 있습니다. 독일과 비교해 보면, 우리나라는 '역사 없는 민족(Nation ohne Geschichte)'이라고 부름직합니다. 역사를, 특히 현대사를 충분히 가르치지 않기 때문입니다. 사실 역사의 핵심은 지금의 '나'를 있게 한 가장 최근의 과거입니다. 지금의 나를 이해하기 위해서는 최근 과거를 알아야 하는 것이지요. 그래서 현대사가 가장 중요한 것입니다.

그러나 한국에서는 현대사를 비중있게 가르치지 않습니다. 역사 하면 으레 단군왕검의 고조선을 필두로 고구려, 백제, 신라의 삼국시대 등의 고대사나 고려 시대, 조선 초기 정도의 전근대사를 초·중·고등학교에서 반복하여 가르칩니다. 2000년대 들어 근현대사를 다루고는 있지만 쟁점이나 다양한 관점의 해석이 아닌 과거의 일들을 천편일률적으로 나열하고 암기시키는 정도입니다. 우리 학생들은 근현대사를 제대로 배우지 못했으니 현재의 자신을 알지 못하고, 근현대사를 비판적으로 다룬 경험이 없으니 비판적 성찰 능력이 부족한 것입니다.

그렇다면 독일에서는 근현대사를 왜 그렇게 강조하고, 자신의 역사를 비판적으로 분석, 설명, 평가하는 능력을 중시하는 것일까요. 무엇보다도 히틀러 시대에 독일이 저지른 끔찍한 역사적 비극과 관련이 있습니다. 히틀러의 죄악은 단순히 제2차 세계대전의 참상을 넘어 유태인에 대한 제노사이드인 홀로코스트로 이어졌고, 이러한 학살이 가스실에서 공장식으로 인간을 집단 살해한 아우슈비츠의 참극으로 극단화된 것이지요.

아우슈비츠는 그후 독일이 저지른 인류에 대한 전례 없는 범죄를 상징하는 용어가 되었지요. 아우슈비츠는 그야말로 인간성의 밑바닥이 어디까지인지를 보여준 참혹한 사건이었고, 아도르노는 "아우슈비츠 이후에 서정시를 쓰는 것은 야만적"이라고 말할 정도였습니다. 바로 이런 전대미문의 경험을 했기에 독일은 아이들이 비판적으로 성찰하는 인간이 되는 것을 매우 중시하게 된 것이지요.

독일 교육을 '아우슈비츠 교육'이라고 부르는 이유도 바로 여기에 있습니다. 독일 교육의 근본정신은 "더 이상 아우슈비츠를 반복해서는 안 된다"라는 모토로 집약됩니다. 그러기 위해서는 어떤 교육을 하여야 하는가가 최우선적으로 지향하는 목표입니다. 히틀러 파시즘이 행했던 무비판적이고 맹목적인 주입식 교육은 권력에 대한 맹종을 낳고, 그것은 결국 인류에 대한 범죄를 초래한다는 인식이 독일의 비판 교육을 낳은 역사적 배경입니다. 독일 교육이 무비판적인 지식, 사유 없는 학습을 경계하고, 비판적인 성찰을 강조하는 이유입니다.

불의에 저항하는 초등학생 데모

비판 교육의 일환으로 독일에서는 '저항권 교육'이라는 것이 있습니다. 아이들에게 불의한 권력에 저항하는 능력을 길러주어야 한다는 것이지요. 저항권 교육은 대부분의 주에서 초등학교 때부터 시작됩니다. 독일의 많은 도시에서는 초등학생들이 거리로 나와서 시위하는 모습을 흔히 볼 수 있습니다.

제가 유학 시절 가졌던 소망 중 하나는 초등학생 데모를 직접 보는 것이었습니다. 그러나 유학 중에는 이 소망을 이룰 수 없었습니다. 그러던 중 2017년 베를린 한복판에서 초등학생 데모대를 딱 마주쳤습니다. 버스를 타고 가는데 긴 데모 행렬이 보였고, 자세히 보니 초등학생들이었습니다. 저는 후다닥 버스에서 내려 이들을 쫓아갔습니다. 대략 200명 정도 되는 초등학생들이었습니다.

베를린 초등학생 시위대가 앞세운 현수막에는 "어떤 인간도 불법적인 인간은 없다(Kein Mensch ist illegal)"라고 쓰여 있었습니다. 나중에 알고 보니 베를린 시 정부가 난민 신청에서 탈락한 북아프리카 난민들 중 일부가 본국으로 돌아가지 않고 불법 체류를 하자 이들을 강제 송환한다는 결정을 내렸고, 언론을 통해 이 소식을 접한 초등학생들이 "우리가 이 난민들을 구해야 한다"고 나섰던 것입니다. 비참한 상황에 처한 난민들을 '불법'으로 낙인

찍고, '강제' 송환한다는 데 항의하러 나선 것이지요. 이런 맥락에서 '불법적인 인간은 없다'라는 멋진 구호가 탄생한 겁니다.

초등학생들이 하는 시위의 모든 과정은 자율적으로 이루어집니다. 아이들 스스로 어떤 주제로 시위를 할지, 시위 구호는 어떻게 정할지, 어느 지역에서 시위할지 등을 토론을 통해 정하고 거리에 나옵니다. 더 놀라운 것은 초등학생들의 시위에 공론장이 진지하게 반응한다는 사실입니다.

이날 제가 본 베를린 시위의 경우도, 바로 다음날에 베를린 교사협의회에서 "아이들의 시위에 전적으로 공감한다"는 지지성명이 나왔습니다. 며칠 후에는 베를린 교육청에서도 반응이 나왔습니다. "며칠 전에 초등학생들의 시위가 있었고, 그 다음날엔 교사들의 지지 성명이 있었다. 베를린 교육청은 이들의 주장에 공감하며 베를린 시 당국에 북아프리카 난민 강제 송환을 철회할 것을 정중히 요구한다." 대체로 이런 내용이었습니다. 이에 대해 베를린 시는 강제 송환을 철회하지는 않았지만, 1년 유예를 결정했습니다. 어린 학생들은 이를테면 '절반의 승리'를 거둔 셈이지요. TV 화면에는 이 결정에 환호하는 어린 민주시민들의 모습이 비쳤습니다.

이런 과정을 지켜보면서, 저는 어떻게 오늘날 독일인들이 세계에서 가장 성숙한 민주시민이 되었는지를 확실히 이해하게 되었습니다. 초등학생부터 '내 얘기에 어른들이 귀를 기울인다'는 것을 체험하고, '내가 움직이면 세상이 바뀔 수 있다'는 경험을 한 어린이들이 성인이 되면 과연 어떤 사람이 될까요? 어린 시절부터 타인의 고통과 억압에 공감하는 사람, 자신의 민주적 참여가 정치적 효과를 보인다는 것을 체감한 사람이 결국 성숙한 민주시민이 되는 건 당연한 일이지요. 독일이 '백만 난민의 기적'을 이룰 수 있었던 비결은 바로 이런 민주시민교육이 있었기에 가능한 것입니다.

저는 얼마 전 독일의 김나지움 학생들의 시위를 보고 그 구호의 '심오함'에 충격을 받았습니다.

CAPITALISM vs. LIFE (자본주의냐 삶이냐)

Schutz die Welt, nicht Geld (돈이 아니라 지구를 지켜라)

어떻게 중고등학생들이 자본주의와 삶을 맞세울 수 있을까요. 이 구호는 분명 20세기 초에 로자 룩셈부르크가 던졌던 양자택일의 질문, "사회주의냐 야만이냐"를 패러디한 것이지요. 오늘날 자본주의가 인간 소외를 통해 인간의 '삶'을 왜곡하고, 사회적 착취를 통해 인간의 '생존'을 위협하며, 자연 파괴를 통해 인간의 '생명'을 유린하는 안티 라이프 체제(Anti-Life System)라는 것을 깊이 통찰하지 않으면 나오기 힘든 발상이지요.

때론 아주 귀여운 데모도 있습니다. "핸드폰과 놀지 말고, 우리와 놀아 달라!" 핸드폰에 빠진 부모들에게 항의하는 시위지요. 이것이 오늘날 아주 어린 나이부터 자신의 의사를 민주적으로 표현하는 방법을 배운 독일 아이들의 모습입니다.

베를린에서 초등학생의 데모를 따라 걸으며 '어린 아이들에게도 저런 기품 있는 표정이 있구나'라는 생각을 처음 가졌습니다. 걷는 내내 제 눈에서는 눈물이 멈추지 않았습니다. 아마도 학원에서 공부에 시달리는 같은 또래의 우리 아이들이 생각나서였을 겁니다. 이 나라 아이들은 온 세상의 고통과 억압에 연대하고 있는데, 우리 아이들은 영어 단어 하나, 수학 공식 하나에 목숨을 걸고 있으니, 도대체 우리가 아이들에게 무슨 짓을 저지르는 것인가, 자책했지요.

"수용할 수 없는 지배 관계와 사회적 억압에 대한 저항 능력, 저항 기술에 대한 지식, 개혁적 혹은 혁명적 성격의 기획을 실행하는 능력을 가르쳐야 하고, 주어진 사회 규범을 자유로이 당당하게 받아들이거나 거부하고, 경우에 따라서는 다른 규범을 선택할 수 있는 능력을 학교에서 가르쳐야 한다."

이것이 독일에서 가장 큰 주인 노르트라인베스트팔렌 주의 교육부 지침입니다. 이런 저항권 교육이 오늘날 독일을 "세계에서 가장 존경받는 나라"로 만든 것입니다.

4장

성교육_ 책임감 있는 강한 자아 만들기

끊이지 않는 성범죄의 이면

한국에서는 너무나 많은 성범죄가 일상적으로 일어나고 있습니다. 우리에게 커다란 충격과 공포를 주었던 n번방 사건을 기억하십니까? 제가 이 사건을 보면서 가장 놀랐던 점은 이런 극단적 범죄를 저지른 아이들이 너무나 평범해 보인다는 것이었습니다. 우리가 일반적으로 상상하는 악인의 얼굴이 아니었지요. 오히려 교사의 입장에서 보면 교실에서 눈에 잘 띄지 않을 법한 소심하고 조용한, 그런 평범한 인상을 가진 아이들이었습니다.

n번방 사건을 비롯해 끊이지 않는 성범죄 사건들은 한국 사회

가 얼마나 잔혹하고, 얼마나 물질주의적이며, 얼마나 병들어 있는지를 생생하게 보여줍니다. 이런 상상을 초월하는 일이 어떻게 일상적으로 반복될 수 있을까요? 무엇보다도 성교육의 부재가 우리 아이들이 잘못된 길로 들어서게 만든 가장 중요한 요인이라고 생각합니다. 물론 이것은 아이들만의 문제가 아닙니다. 한국인, 특히 한국 남성 전체의 문제이지요.

사실 한국 남성은 성적인 문제와 관련해 보면 대다수가 '어른 아이'라고 할 수 있습니다. 아무리 훌륭한 인생을 살아온 사람들도 성과 관련해서는 여전히 미성숙한 태도를 보이는 경우가 너무도 많습니다. 사춘기를 온전히 겪어내고, 그 과정에서 성에 대한 올바른 태도를 습득해야 비로소 성숙한 인간으로 성장할 수 있습니다. 하지만 우리 사회에서는 그런 성숙한 인간을 찾아보기가 쉽지 않습니다. 대다수의 한국 남성들이 올바른 사춘기를 보내지 못하고 어른이 되었기에, 여전히 '유예된 사춘기'를 살고 있는 아이와 다름없습니다.

한국에서 성 문제를 제대로 제기하려면 보다 근본적인 질문을 던져야 합니다. '한국에서 12년 동안 교육을 받고 2년 혹은 3년 동안 군대에 갔다 온 남성이 정상적인 인간이 되는 게 가능한가?' 다시 말하면 한국에서 남성으로서 성인이 되는 과정이 어떤 것인지, 그 과정에서 왜 한국의 남성들이 성적 미숙아가 되는 것인지, 이 문제에 대한 진지한 성찰이 필요합니다. 이는 한국 사회를 정상화하는 데, 나가서 한국의 정치를 민주화하는 데 있어서 중요한 문제이기도 합니다.

한국에서는 성 문제에 대한 보다 큰 사회적 관심이 필요하고, 무엇보다 근본적인 원인 규명과 해결 방안에 대해 보다 개방적인 사회적 토론이 절실합니다. 그런데 왜 공영방송조차 이 문제를 두고 치열한 논의의 장을 마련하지 않는지 이해할 수 없습니다. 사실 n번방 사건 같은 극단적 성 착취 문제는 그 원인이 사회의 다양한 영역에 닿아 있고, 깊은 문화적·역사적 요인들과 관련되어 있는데도, 이는 건드리지 않고 그저 범죄 고발 프로그램 수준의 문제의식으로 다루는 것을 보면서 분노와 절망을 느꼈습니다. 문제의 근원을 도외시한 채 표피적인 현상을 손가락질하며 남녀가 대립하고 있는 상황이 우리의 현실입니다.

지금도 계속되고 있는 한국 사회의 젠더 갈등은 참으로 시대착오적입니다. 그것은 남녀 간의 권리 다툼의 문제도, 대립과 경쟁의 문제도 아닙니다. 젠더 이슈는 기본적으로 보편적인 인권과 관련된 문제입니다. 민주주의와도 직결됩니다. 여성이라서 존중받아야 한다는 것이 아니라 인간이라서 존중받아야 한다는 것이지요.

모든 인간이 평등하며 존중받아야 하는 존재라는 사실은 남성에게든, 여성에게든 중요한 문제입니다. 젠더 문제가 너무도 잘못된 방향으로 가고 있기 때문에, 이제는 공론의 장에서 진지한 논의가 이루어져야 합니다. 몇몇 개인들의 특수한 범죄적인 행위를 문제 삼을 것이 아니라, 한국 사회 전체의 왜곡된 성 문화와 지체된 성 평등을 주제로 심층적인 논의를 펼치고, 근본적인 변화를 모색해야 합니다.

만약 독일에서 지금 한국에서처럼 성범죄, 성차별 등의 문제가 사회적 의제가 되었다면, 공영방송들이 발 벗고 나섰을 것입니다. 여성에 대한 억압과 해방의 역사, 성 착취와 해방의 역사, 성이란 무엇인가, 젠더와 정치 등 다양한 관련 주제를 한두 달 집중적으로 다루며 이를 사회적 의제로 끌어올렸을 것입니다. 그러고 나서 각 분야 전문가들이 모여 장시간 토론을 펼쳤을 것입니다. 이것이 정치적 공론장으로서 공영방송이 해야 할 역할입니다.

그런데 한국의 공영방송은 사회적 문제의식을 결여한 채 '휴먼 다큐'라는 이름으로 사회적 문제를 감상적으로 다루는 수준에서 한 발짝도 나가지 못하고 있습니다. 이제 한국에서도 성교육은 어떻게 이뤄져야 할지, 여성 차별의 현실은 어떻게 극복해야 할지, 청소년의 성인지 감수성을 어떻게 높여야 할지 등의 주제들을 공영방송이 앞장서 다루어야 합니다. 이 중요한 의제들이 전혀 논의조차 되지 않는 시대착오적인 현실은 시급히 바뀌어야 합니다.

생물학적·윤리적 차원에 머문 한국의 성교육

얼마 전 한 교육 관련 방송에서 이런 일이 있었습니다. 함께 출연한 독일인 다니엘 린데만 씨가 자신이 초등학교 시절 성교육을 받았던 교재를 보여주며 독일의 성교육에 대해 설명해 주었는데, 교과서에 실린 사실적인 그림들과 린데만의 솔직한 표현에 한국인 패널들이 놀라움을 금치 못했지요.

독일의 성교육은 성을 악마화하지도 않지만, 신비화하지도 않습니다. 성을 금기시하지도, 은폐하지도 않습니다. 성을 있는 그대로 보여주고, 아주 상세하게 구체적으로 설명하고, 아이들이 궁금해하는 것들에 대해 허심탄회하게 이야기합니다. 성적 욕망은 숨기거나 부끄러워해야 할 죄악이 아니라, 인간이 당연히 가지고 있는 본능이자 자연스럽게 누려야 할 욕구라고 가르칩니다.

린데만 씨가 소개한 바로 그 교과서가 지난 2020년 한국에서는 사회적 논란의 대상이 되었습니다. 그 책은 덴마크의 교사이자 성 연구가인 페르 홀름 크누센의 『아기는 어떻게 태어날까』입니다. 이 책은 사실 독일뿐만 아니라 전 세계 가장 많은 나라에서 수십 년 동안 성교육 교재로 사용되어 왔습니다. 1971년 출간된 직후 덴마크 문화부에서 아동도서상을 받았고, 유아·아동 성교육 교재로 50년 넘게 널리 쓰이고 있습니다. 또 많은 나라에서 우수도서로 선정되었지요.

이 책이 오늘날 한국에서는 '금서' 취급을 당하고, 도서관에서 회수되는 일이 벌어진 것입니다. 뿐만 아니라 2020년 8월 여성가족부는 '동성애 미화' '성관계 노골적 묘사'라는 비판을 받은 성인지 감수성 향상 교육용 도서 7종을 전량 회수했습니다. 당시 김병욱 미래통합당 의원이 국회 교육위원회 전체회의에서 이 사업에 선정된 일부 도서가 "동성애를 미화·조장한다" "조기 성애화 문제를 야기할 수 있다"고 목소리를 높인 지 하루 만에 이뤄진 결정이었습니다.

성과 관련하여 시대착오적인 일은 여기에 그치지 않습니다. 2019년에는 중학교 도덕 수업 시간에 아이들에게 '신체 노출 장면이 포함된' 영화를 보여주고 토론했다는 이유로 한 교사가 직위해제를 당하는 일도 벌어졌습니다. 그 영화는 전 세계에서 1천 300만 명 이상이 보았다는 프랑스의 단편영화 〈억압받는 다수〉였습니다. 성 평등을 주제로 한 '세계적인 수작'을 수업 교재로 삼으면 한국의 교사는 '성비위범'으로 몰리는 것입니다. 당시 이 어처구니없는 사건을 보면서 저는 한 신문 칼럼에 이렇게 썼습니다.

"도덕 교사 배이상헌 사건은 한국 사회의 전근대성과 야만성을 단적으로 보여주는 사건이다. 이제라도 성과 성교육과 민주주의의 관계에 대한 사회적·교육적 논의가 시작돼야 한다. 우리 아이들이 성차별을 받지 않고, 성폭력에 희생당하지 않고, 성적 억압을 통해 죄의식을 내면화하지 않고, 그럼으로써 강한 자의식과 자아를 가진 성숙한 민주시민으로 성장하도록 하는 것은 '괴물이 된' 우리 성인들의 마지막 책무다. 아이들을 우리처럼 피폐한 내면과 어두운 죄의식과 약한 자아를 가진 권위주의적 인간으로 성장하게 해서는 안 된다."

물론 한국에서도 여러 가지 성교육 프로그램이 운용되고 있습니다. 그런데 대부분은 생물학적·윤리적 차원에서 성교육이 이루어지고 있습니다. 한번은 한국 성교육교사회의 초청으로 강연을 한 적이 있는데, 한국 성교육교사회의 구성원 대부분은 보건교사, 양호교사였습니다. 한국의 성교육은 여전히 보건적, 생물학적 차원에 머물러 있다는 사실을 알 수 있었지요.

사실 성교육은 심리학·사회학·생물학·교육학·의학 등이 교차하는 영역이고, 그 결과는 정치적인 문제에까지 영향을 미치는 대단히 중요한 영역입니다. 그런데도 아직 성교육이 실용적이고 기능적인 수준에 머물러 있고, 그 정치적 함의에 대한 숙고는 거의 부재한 상태입니다.

성교육은 자아 교육이자 정치 교육

민주주의의 가장 큰 적은 무엇일까요? 아마도 대다수가 군사 독재자나 파시스트 정권 등을 떠올릴 것입니다. 저 또한 박정희나 전두환 같은 독재자를 가장 먼저 떠올렸습니다. 대학 시절 '저 독재자들에 의해 한국 민주주의가 유린당했기에, 저들을 극복하면 민주주의가 제대로 작동하리라' 생각했지요.

그러다가 독일 교육에 지대한 영향을 미친 철학자 테오도르 아도르노의 글을 보고 깜짝 놀랐습니다. 그는 "민주주의의 최대 적은 약한 자아"라고 했습니다. 그러니까 약한 자아를 가진 사람들로 이루어진 사회는 민주주의를 할 수 없다는 것이지요. 저는 이 구절을 보는 순간 무언가에 감전된 듯한 전율을 느꼈습니다. 한국 민주주의의 적은 독재자가 아니라, 바로 내 자신, 즉 내 안에 있는 약한 자아라는 말이니까요. 제 생각을 완전히 뒤집는 것이었지요.

저는 아도르노의 글을 통해 왜 한국 민주주의가 이렇게 취약한지, 그 원인을 이해하게 되었습니다. 한국 사회가 찬란한 민주 혁명의 전통에도 불구하고 여전히 성숙한 민주사회로 나아가지 못한 이유, 다시 말해 '광장 민주주의'와 '일상 민주주의'가 괴리되어 있는 이유, 또한 위대한 정치 민주화를 이뤘음에도 사회 민주화, 문화 민주화, 경제 민주화를 제대로 이루지 못한 이유가 바로 여기에 있다는 것을 깨닫게 되었습니다.

한국인들은 대단히 약한 자아를 가지고 있습니다. 어찌 보면 강한 자아를 기를 기회를 갖지 못한 것이지요. 한국의 교육과정은 권위주의적 사회에서 형성된 지극히 약한 자아마저 짓밟고 찌그러뜨립니다. 그렇기에 이 사회에서는 자아가 강한 사람을 찾아보기 힘든 것입니다. 모든 사람이 'Yes'라고 하는데 혼자 일어서서 'No'라고 외치는 사람을 본 적이 있습니까?

민주주의의 최대 적이 약한 자아라면, 민주주의를 강화하기 위해서는 강한 자아를 길러내야 합니다. 그렇다면 강한 자아는 어디서, 어떻게 기를 수 있을까요? 결국 학교에서 교육을 통해 길러낼 수밖에 없습니다. 이 지점에서 민주주의라는 정치학의 문제가 자아라는 심리학의 문제로 넘어오게 됩니다. 자아, 즉 에고(ego)는 현대 심리학의 중심개념입니다. 특히 프로이트 심리학은 '자아 심리학'이라고 불릴 정도로 자아를 이론적 중심에 두고 있습니다.

프로이트에 따르면 자아는 초자아(super-ego)와 리비도(libido) 사이에서 동요하는 존재로 그려집니다. 초자아란 인간이 사회적 존재로서 갖게 되는 사회적 규범, 윤리, 도덕과 같은 상위의 규율이고, 리비도는 인간이 생물학적 존재로서 갖게 되는 본능적인 충동, 특히 성적인 충동을 의미합니다. 그러니까 자아는 리비도와 함께 생겨난다고 보아도 무방합니다. 한 인간이 자신의 생물학적 본성을 느낄 때, 즉 생물학적 충동과 사회적 규범 사이에 충돌과 긴장과 모순을 느낄 때, 자아가 생겨나는 것이지요. 우리가 성적 충동을 인식하는 시기, 그러니까 보통 '사춘기'라고 부르는 시기에 자아를 자각하게 됩니다.

아이들은 사춘기 무렵부터 성적인 욕망을 느끼기 시작합니다. 그럴 때 한국 사회에서는 어떻게 반응합니까? 초자아라고 하는 지극히 엄숙한 규범이나 도덕이 리비도를 억압하고 은폐하고 심지어 악마화합니다. 한 인간이 생물학적 존재로서 자연스레 갖게 되는 성적인 본능을 마치 죄악인 양 억압하고, 아이들을 죄인인 양 몰아세웁니다. 그러면 초자아와 리비도 사이에 끼어 있는 에

고는 깊은 죄의식을 내면화할 수밖에 없습니다.

사춘기 시절에 겪는 이러한 죄의식의 내면화 과정은 헤르만 헤세의 『데미안』에서 섬세하게 그려져 있지요. 주인공 싱클레어에게 모든 악의 화신은 동네 불량배인 크레머입니다. 그런데 어느 날 그 악이 바로 자기 자신 안에 있다는 것을 느끼게 됩니다. 사춘기 무렵 성적 충동을 느낀 순간부터이지요. 이 책에서는 싱클레어의 심리세계를 묘사하면서 초자아가 어떻게 한 소년의 내면에 강한 죄의식을 심어주는지를 아주 치밀하고 설득력 있게 그리고 있습니다.

여기서 가장 중요한 개념은 바로 죄의식(Schuldgefühl)입니다. 깊은 죄의식을 내면화한 자아일수록 더 권력에 굴종적인 인간이 됩니다. 요컨대, 한 사회가 성을 억압하면 억압할수록, 자아는 더 깊은 죄의식을 갖게 되고, 즉 더욱 약한 자아가 되고, 약한 자아를 가진 사람일수록 더 굴종적인 인간이 된다는 것입니다. 이것을 '권위주의 성격 이론'이라고 합니다. 여기서 약한 자아라는 심리학적 문제가 권위주의라는 정치학적 문제로 전환됩니다.

성교육은 본질적으로 자아 교육입니다. '내 안의 나'와 대결하는 것입니다. 다시 말해 '현실의 생물학적 나'와 '도덕적으로 이상화된 나' 사이의 분열을 스스로 보게 하는 것이 성교육의 핵심입니다.

독일에서는 성과 관련하여 죄의식을 갖지 않도록 가르칩니다. 독일 성교육의 목표는 강한 자아를 가진 민주주의자를 기르는 것이기 때문에, 자아를 약화시키는 죄의식을 심어주는 것이야말로 민주시민교육에 반하는 파시즘 교육이라고 봅니다. 독일의 성교육 제1원칙은 '성과 관련해서 윤리적인 판단을 하면 안 된다'는 것입니다. 성은 윤리와 아무런 관계가 없고, 일정한 나이가 되어 성적 욕망이 생기는 것은 일종의 축복이라는 거지요. 그것은 자연스러운 생물학적 현상일 뿐 선악의 문제가 아니라는 겁니다.

그러나 성과 관련하여 '죄의식'을 가져서는 안 된다고 가르치면서도, 다른 한편에서는 성과 관련하여 강한 '책임의식'을 가져야 한다고 강조합니다. 성은 생명과 인권에 관련된 영역이라고 보기 때문에 성희롱, 성폭력 등 성과 관련된 범죄에 대해서는 대단히 강력한 처벌이 이루어집니다. 성범죄는 공동체를 위협하는 반사회적 범죄로 보기 때문에 가중처벌을 하는 것이지요. '성적 자기 결정의 자유'를 최대한 보장하면서도, 자신의 의사에 반하는 성적 범죄에 대해서는 강력하게 단죄하는 것이 성에 대한 독일 사회의 합의 지점입니다. 청소년들에게 죄의식의 내면화를 막고, 강한 책임의식을 길러주는 것, 이를 통해 강한 자아를 가진 시민을 길러내는 것이 독일 성교육의 핵심목표입니다.

이러한 성교육의 명제는 사실상 역사적으로도 실증할 수 있습니다. 히틀러 정권의 독일이나, 박정희 정권의 한국을 돌아보십시오. 독재 국가일수록 성을 더 강하게 억압했습니다. 이런 맥락에서 '강한 자아'를 기르는 것이 민주주의를 발전시키는 데 중요한 의미를 갖게 되는 것입니다. 강한 자아를 가진 자는 결코 부당한 권력에 굴종하지 않습니다. 그리고 권력에 굴종하지 않는 시민들의 공동체만이 민주주의를 구현할 수 있습니다.

이런 이론적, 역사적 배경에서, 독일에서는 권위주의적 성격 이론을 교육학에 받아들여 성교육을 가장 중요한 정치 교육으로 가르치는 것입니다. 여기서 말하는 권위주의적 성격의 인간은 단순히 권위에 굴종하는 인간만을 뜻하지 않습니다. 자신이 권력을 가졌을 때 다른 사람에게 권위주의적으로 대하는 인간 또한 권위주의적 성격의 인간입니다. 이런 의미에서 권위주의적 성격의 인간 유형은 '사이클리스트 멘탈리티(cyclist mentality)'라는 말로 표현되기도 합니다.

자전거 타는 사람의 자세를 상상해 보세요. 위쪽은 올려다보면서, 아래쪽은 짓밟고 있는 자세이지요. 이것을 에리히 프롬 같은 심리학자들은 '가학-피학적 성격(sado-masochistic character)'이라고도 부릅니다. 상대를 학대하면서, 혹은 상대에게 학대당하면서 쾌감을 느끼는 병적 심리 상태를 말하는 것이지요. 이것이 모두 권위주의적 성격의 특성입니다. 저는 한국인의 80퍼센트 이상이 권위주의적 성격의 인간 유형이라고 생각합니다. 민주적 성격의 인간 유형은 20퍼센트를 넘지 않습니다. 이것이 한국 사회가 경이로운 민주혁명의 역사를 지녔음에도 아직도 여전히 성숙한 민주사회를 이루지 못한 사회심리적 이유입니다.

권위주의적 성격 이론은 이처럼 한국 사회의 민주주의 지체 현상을 이해하는 데 아주 유용한 이론입니다. 주로 프랑크푸르트학파의 학자들이 이론화하고 체계화했습니다. 한국에도 잘 알려진 에리히 프롬을 비롯해서, 테오도르 아도르노, 허버트 마르쿠제, 빌헬름 라이히 등이 주요 이론가입니다. 대표적인 저작을 소개한 다면 에리히 프롬의 『자유로부터의 도피』, 아도르노의 『권위주의 성격 연구』, 마르쿠제의 『에로스와 문명』, 라이히의 『파시즘의 대중심리』 등이 있습니다.

권위주의적 성격과 더불어 한국에서의 성교육과 관련하여 중요한 개념은 '사유 금지(Denkverbot)'입니다. 이 개념은 권위주의적 성격 이론의 주요 이론가 빌헬름 라이히가 특히 강조합니다.

"아이의 자연스런 성을 도덕적으로 억압하는 것은 불안하고, 소심하고, 복종적이고, 권위를 두려워하는 아이, 세상 말로 '얌전하고 말 잘 듣는' 아이를 만들어낸다. 그것은 인간의 저항능력을 마비시키고, 성적인 사유를 금지함으로써 사유 일반을 억압하고, 비판능력을 거세한다."

어렸을 때부터 성적인 것과 관련된 사유를 금지당하거나, 일정한 방향으로 사유하도록 유도받게 되면, 이것이 그 이후 한 인간의 인격 형성에 대단히 부정적인 영향을 미친다는 것입니다. 무엇보다도 비판능력을 거세한다는 것이지요. 이것은 성숙한 민주시민을 기르는 데 치명적인 내상을 입힙니다.

그런데 한국에서는 성과 관련해서 "애들은 몰라도 돼, 알아선 안 되지"라는 식으로 사유 금지가 일반화되어 있습니다. 그것이 아이들로 하여금 '아, 이것은 내가 더 이상 생각하면 안 되는 것이구나' 하는 자발적 금지 습성을 몸에 배게 하는 것이지요. 이런 경험은 단순히 성의 영역을 넘어 정치적인 모든 영역에서 스스로 자기검열을 하는 습성으로 남게 됩니다. 이처럼 여러 영역에서 드러나는 한국인들의 죄의식, 열등감, 자기검열 등의 태도 안에는 이미 성에 대해 수치심을 갖게 만든, 사유가 금지당했던 교육과 문화가 자리 잡고 있습니다.

성, 당연히 누려야 할 행복

68혁명은 흔히 '성혁명'이라고도 불립니다. '모든 형태의 억압으로부터의 해방'이라는 68혁명의 모토를 상기해 보면, 그 이유를 쉽게 헤아릴 수 있지요. 당시의 젊은이들이 특히 예민하게 느꼈던 것은 다름 아닌 성적 억압이었고, 이로부터의 해방을 염원했던 것입니다.

68혁명 이후 독일의 교육개혁 과정에서 성교육은 특별한 주목을 받았습니다. 성교육에 대한 교육적, 사회적, 정치적 논의가 활발해졌고, 그 결과를 모든 교과 과정에 명시적으로 제시하거나, 혹은 암시적으로 스며들게 하였습니다.

저의 개인적인 경험을 소개하지요. 제 아이가 세 살 무렵부터 독일에서 자랐습니다. 오늘날 돌아보니 그때 일상적으로 일어났던 일들이 실은 잘 짜인 성교육 프로그램에 따른 것이 아니었을까 하는 생각이 듭니다. 아이가 다니는 유치원에서는 해만 나면 아이들이 모두 옷을 벗고 야외에서 햇볕을 받으며 놀게 했습니다. 아이를 데리러 유치원에 갈 때마다 저는 '아 여기가 바로 에덴동산이구나' 하는 느낌을 받았습니다. 정말 에덴동산처럼 5~6세 전후의 남녀 아이들이 벗은 몸으로 자연스럽게 어우러져 놉니다. 저는 이런 방식 역시 아이들이 어려서부터 서로 다른 상대, 서로 다른 성을 자연스럽게 받아들이고 이해하게 하려는 교육적 고려에서 나왔던 것이 아닐까 생각해 봅니다.

독일 아이들은 성이라는 주제에 대해 아주 어린 나이부터 굉장히 솔직 담백한 교육을 받습니다. 세 살부터 초등학교 이전까지는 아기의 탄생에 대해 사실적으로 배웁니다. 신체와 성에 대한 입문 과정과 같습니다. 정자와 난자가 만나는 수준을 넘어 사실적인 성관계의 모습들을 알려줍니다.

초등학교 1학년 때부터는 성교육을 본격적으로 시작합니다. 교육 당국이 성교육에 일일이 간섭하지는 않지만 "만 6세인 초등학교 1학년부터 10학년(고교 1학년)까지 의무적으로 성교육을 받아야 한다"는 원칙 아래, "성은 인권이며, 성적 자기결정권을 존중해야 한다"고 가르치고 있습니다.

초등학교 저학년은 신체 및 성에 관련한 기초 상식, 아기를 갖는 사람의 마음 자세 그리고 일상 속에서 아이들에게 일어나는 성폭력에 대한 예방에 초점을 맞춰 교육합니다. 고학년부터는 이론적 차원을 벗어나 좀더 구체적이고 실질적인 교육을 받습니다. 이 시기 교육의 핵심은 성경험이 부족한 청소년들이 어떻게 성병을 예방할 수 있을지, 피임방법은 어떤 것이 있는지 등을 알려주는 것입니다. 이를 위해 산부인과와 비뇨기과 의사들이 학교를 방문해 교육합니다. 또한 독일의 성교육 교재에는 청소년기의 성관계에 대한 어떤 부정적인 서술도 없다는 사실에도 주목해야 합니다.

반면 한국의 현실은 어떤가요. 솔직 담백한 성교육은 물론이거니와 성교육이 한 인간의 자아형성 과정의 중심이요, 민주시민교육의 핵심이라는 인식이 아직도 도착하지 않았습니다. 이제는 성교육에 대한 철학적, 정치적 성찰이 필요할 뿐만 아니라, 보다 심층적이고 체계적인 논의가 이루어져야 합니다.

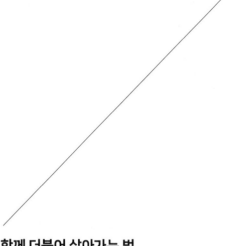

5장

생태 교육_ 연대와 공생은 필수다

함께 더불어 살아가는 법

독일 교육의 또다른 중요한 목표는 강한 자아를 가진 자가 주변에 있는 다른 사람과 함께하는 능력을 기르는 데 있습니다. 말하자면 타인과 갈등에 처했을 때 문제를 현명하게 풀어내는 능력, 타인이 어려움에 빠졌을 때 슬기롭게 도와주는 능력 등을 학교에서 가르쳐야 한다는 의미입니다. 다시 말해 사회적 자아(soziales Ich)를 길러주어야 한다는 얘기지요.

그래서 독일 학교에서는 타인과 조화를 이루고 연대하는 능력을 중요시합니다. 그런 맥락에서 독일에서는 홈스쿨링을 원칙적으로 금지하고 있습니다. 학교가 존재하는 이유는 단순히 지식을 습득하는 데 그치는 것이 아니라, 타인과의 관계를 맺는 능력을 기르는 데 있다는 것이지요.

독일 헌법재판소가 홈스쿨링 불법 조항에 대한 위헌 소송에서 거듭 교육청의 손을 들어준 것도 이런 이유 때문입니다. 1919년 부터 학교 의무교육을 법으로 규정하고 있고, 위반 시에는 벌금형을 받게 됩니다. 계속해서 시정하지 않으면 징역형에 처해지기도 합니다. 2014년 헤센 주 지방법원이 홈스쿨링에 대해 재차 불허 판결을 내려서 그 부모는 벌금형을 받았습니다.

헤센 주 지방법원 판결에서 판사는 "학교는 단지 지식만을 배우는 곳이 아니라 타인의 의견을 경청하고 경험하는 곳"이라고 판시했습니다.

이처럼 관련 재판이 끊임없이 반복되고 있지만 아직 독일 내에서 홈스쿨링을 허락한 사례는 한 건도 없습니다. 그래서 꼭 홈스쿨링을 시키겠다는 부모들은 그것이 허용된 캐나다나 호주 등으로 이민을 가는 사례도 간혹 있습니다. 이처럼 학교는 다른 사람과 함께 어울려서 살아가는 법을 배우는 곳이지, 오로지 지적 수월성을 높이기 위한 곳이 아니라는 것이 독일인들의 일반적인 생각입니다.

가성비를 넘어서는 생태적 상상력

또한 독일 교육에서 매우 강조하는 분야가 생태 교육입니다. 우리나라도 2023년부터 초·중학교에서 학교 환경 교육이 의무화되었지만, 아직 깊이 있게 다루지는 못하고 있는 실정입니다. 독일에서 생태 교육이란 무엇을 의미하고, 어떤 영향을 미쳤을까요?

이와 관련해서 얼마 전 좀 놀라운 이야기를 들었습니다. 베를린에 어학연수를 다녀온 한 학생이 전해준 얘기입니다. 그에겐 취리히에 사는 스위스 친구가 있는데 마침 베를린에서 어학연수를 하니, 그곳에서 만나자는 약속을 했답니다. 취리히에서 베를린까지 오는데 비행기를 타면 50유로, 기차를 타면 120유로 정도가 듭니다. 요즘에는 저가 항공이 흔해서, 기차가 비행기보다 몇 배 더 비싼 경우가 흔합니다. 또 여행 시간을 보면 비행기를 타면 한 시간, 기차를 타면 대략 여덟 시간 정도 걸린답니다.

이런 상황에서 그 취리히 친구가 비행기를 탔을까요, 기차를 탔을까요? 비행기를 탔다면 제가 이 얘기를 안 꺼냈겠지요. 그 친구는 기차를 타고 왔다는 겁니다. 비행기보다 두 배 더 비싼 돈을 내고, 여덟 배의 시간을 들여서 기차를 타고 왔다는 얘깁니다.

왜 그랬을까요? 비행기가 기차보다 훨씬 더 심하게 환경을 파괴하기 때문이라고 그 친구가 설명하더랍니다. 비행기의 탄소 배출량은 기차의 20배에 달한다는 거지요. '플룩샴(Flugscham)'이라는 말을 혹시 들어보셨나요? 비행기 타는 것(Flug)에 대한 부끄러움(Scham)이라는 뜻입니다. 많은 독일 사람들이 불편하더라도 최대한 비행기를 타지 않으려 합니다. 비행기가 환경 오염에 치명적이라고 생각해서 비행기 타기를 꺼립니다. 피치 못해 비행기를 타게 되면 죄책감을 느낀답니다. 이처럼 독일을 비롯한 유럽의 젊은이들은 편의를 따지기보다 우선 생태적 관점에서 생각합니다.

그렇다면 한국에서 저 친구와 같은 선택을 하는 사람이 얼마나 될까요? 한국인들은 무엇보다도 먼저 이른바 '가성비'부터 따질 겁니다. 우리는 생태적 상상력이 결여되어 있어서 모든 것을 우선 경제적인 관점에서 봅니다. 이것이 우리 아이들과 독일 아이들의 결정적인 차이입니다. 사실 우리 아이들은 어릴 때부터 극단적으로 자본주의 논리에 빠져 있습니다. 세상만사를 돈이 되느냐 안 되느냐의 관점에서 금전적 가치를 가장 먼저 따지니까요.

저는 한국 사회에서 보이는 이러한 경제우선주의 현상을 접할 때마다 떠오르는 말이 있습니다. 경제학자 칼 폴라니가 『거대한 전환』에서 자본주의를 비판하며 사용한 '사탄의 맷돌'이라는 개념입니다. 폴라니는 자본주의의 문제는 엄청난 착취체제에도 있지만, 모든 가치를 금전적 가치로 환원하는 속성, 즉 '사탄의 맷돌'에 있다고 예리하게 지적했습니다.

저는 이 사탄의 맷돌이 지구상에서 가장 잘 돌아가는 곳이 대한민국이라고 생각합니다. 이 사회에서는 모든 가치가 오로지 하나의 가치로 환원됩니다. 한 사회의 존속을 가능하게 하는 가치들, 즉 윤리적·사회적·역사적·예술적·문화적·생태적 가치 등 중요한 가치들이 한국 사회의 맷돌에 넣어 돌리면 정확하게 하나의 가치, 즉 금전적 가치로 바뀌어 나오는 것이지요. 이러한 금전만능주의가 대한민국을 헬조선으로 만드는 결정적인 요인이지요. 금전적 가치만이 지배하는 사회에서 생태적 상상력은 질식할 수밖에 없습니다.

소비 포기 운동

생태의식과 관련하여 또 하나 흥미로운 통계가 있습니다. 2014년 독일의 시사주간지 《슈피겔》에서 실시한 설문조사에 따르면 독일 젊은이들의 82퍼센트가 소비할 때 죄책감을 느끼고, 환경 보호를 위해 소비를 포기할 수 있다고 대답했습니다.

오늘날 독일에는 이와 같은 반(反)소비주의를 넘어 '소비 포기(Konsumverzicht)' 운동을 하는 사람들도 꽤 많습니다. 30여 년 전 처음 독일에 갔을 때 대학 강의실 풍경이 떠오릅니다. 늘 강의실 맨 앞줄에 앉는 남학생들의 행색이 특이했습니다. 머리는 길게 기르고 뜨개질을 하면서 수업을 들었습니다. 지금 생각해 보면, 이것은 일종의 시위였습니다. '일체의 소비를 하지 않겠다' '내가 입는 것도 직접 만들어 입겠다'는 선언 같은 거였습니다. 이렇게 소비주의에 대한 선전포고를 일상적으로 시연합니다.

많은 독일인들이 '내가 소비를 한다는 것은 나의 욕망을 위해서 미래 생명이 살아갈 지구를 훼손하는 행위'라고 생각합니다. '미래 생명에 대한 책임', 이것이 독일인들이 소비할 때 죄의식을 느끼는 이유입니다. 이것은 생태적 질서에 맞추어 새로운 삶의 방식을 추구하겠다는 의지의 표현이기도 합니다.

최근 독일에서 큰 화제를 모은 책을 보아도 소비에 대한 이들의 태도를 엿볼 수 있습니다. 책 제목이 『풍요로부터의 해방 (Befreiung vom Überfluss)』입니다. '빈곤으로부터의 해방'이란 말은 많이 들어봤을 겁니다. 그런데 '풍요로부터의 해방'이라니요. 이것은 지금 우리가 누리는 엄청난 물질적 풍요로부터 벗어나지 않으면 인류의 생태적 미래가 암울하다는 문제의식을 반어적으로 표현한 것입니다. 현 단계 자본주의, 즉 과잉생산 자본주의가 조장하는 과잉풍요 상태를 인식하고, 이로부터 해방되지 않으면 생태계의 질서는 급격히 붕괴할 것이라는 얘기지요.

실제로 독일인들의 삶을 들여다보면 풍요로부터 자신을 해방하려는 의지가 배어 있다는 인상을 자주 받습니다. 독일은 유럽에서도 매우 잘 사는 나라이지만, 독일인들의 삶은 참으로 검소합니다. 이것은 단순히 경제적으로 무언가를 아낀다는 근검절약을 실천하는 차원을 넘어서, 생태계를 보호해야 한다는 문명사적 의식에서 나온 실천 행위입니다. 그들은 미래 세대와 미래 생명을 위해 소비를 지극히 절제하는 습관이 몸에 배어 있는 것이지요.

미래 생명에 대한 책임

한 가지 예를 더 들어볼까요? 2021년 말에 치른 독일 총선을 들여다보면 이들이 생태 문제를 얼마나 중시하는지 알 수 있습니다. 당시 총선에서 가장 큰 쟁점이 바로 환경문제, 그러니까 생태, 기후변화 문제였습니다. 선거 이후 나온 조사에 따르면 이 문제가 선거 과정에서 나온 수많은 쟁점 중에 차지한 비율이 46퍼센트였습니다. 생태, 기후변화 문제가 정치적 쟁점의 절반을 차지한 셈이지요. 따라서 지난 독일 선거를 '생태 선거'라고 하는 사람들이 많았고, 그 결과 또한 녹색당의 눈부신 부상으로 나타났습니다.

이 선거에서 가장 많이 나온 말이 '미래 세대'라는 말이었습니다. '미래 생명에 대한 책임'이라는 화두가 정치적 차원을 넘어 철학적 차원에서까지 논의되기도 했습니다. 아직은 태어나지 않았지만 앞으로 태어나 지구에서 살아갈 생명들에 대해서도 지금 이 행성에 살고 있는 사람들이 책임의식을 가져야 한다는 것입니다. 미래의 생명이 살아갈 지구를 위해 지금 우리들이 어떤 준비를 해야 할 것인지, 우리의 삶을 어떤 모습으로 바꾸어야 하는지, 이를 위해서 정부는 어떤 정책을 펼쳐야 하는지, 누가 더 현실적인 대안과 미래의 비전을 제시하느냐는 문제를 두고 치열한 정치 공방을 벌였습니다.

이에 반해 2022년 우리나라에서 치러진 대통령 선거를 한번 돌아보세요. 전 세계가 미래 세대와 미래 생명에 대해 고민하고 있을 때, 한국 대통령 선거에서는 생태, 기후변화 문제가 아예 의제로 떠오르지도 않았습니다. 선거의 쟁점은 온통 누가 과거에 못된 짓을 더 많이 했는지를 두고 다투는 것이었습니다. 독일의 선거가 '미래 선거'였다면, 우리의 대통령 선거는 철저히 '과거 선거'였던 셈이지요.

정치인들이 이렇게 무관심해도 좋을 정도로 한국이 생태적 관점에서 볼 때 문제가 없는 양호한 나라인가요? 아닙니다. 한국은 양호하지 못한 정도를 넘어 지리적으로 최악의 생태 지옥에 속하는 지역에 자리잡고 있습니다.

지금 지구상에서 생태적으로 최악인 지역이 어디일까요? 많은 사람들이 예상하듯이 중국입니다. 중국은 '세계의 공장'이라고 불릴 정도로 제조업 분야가 활성화되어 있는 나라입니다. 그 결과 생산의 부산물과 오염물질도 가장 많이 배출합니다. 특히 중국의 동쪽 해안, 우리의 입장에서 보면 서해안이 접해 있는 곳에 원자력 발전소들이 빽빽하게 건설되어 있습니다. 그중에서도 상하이 지역이 환경 오염이 가장 심각합니다.

독일 시사주간지 《슈피겔》이 정기적으로 생태 지도를 찍어 보도하는데, 상하이 주변 지역을 '죽음의 지대(Todeszone)'라고 부릅니다. 상하이를 중심으로 반경 500킬로미터 안에 들어 있는 지역을 말합니다. 이 지역을 찍은 위성사진을 보면 온통 시커먼 물질로 뒤덮여 있습니다. 우리나라도 이 죽음의 지대에 걸쳐 있습니다. 우리의 수도권은 자체 발생한 오염물질 위에 상하이 지역에서 날아온 죽음의 구름이 덮여있어 이중의 환경 오염을 겪고 있는 위험지대입니다. 이런 생태적 위기 상황에도 불구하고 우리는 생태 문제에 여전히 관심이 없습니다.

독일인이 일상에서 생태 문제에 관심이 높은 것은 학교에서 생태 교육을 중시하고, 체계적으로 교육했기 때문입니다. 자연보호와 환경보호 차원에서 실시했던 독일의 환경 교육은 1970년대 일어났던 시민 생태운동 이후 생태 교육으로 전환되었습니다. 생태 교육은 자연과 인간 사회 사이에서 일어난 다양한 현상의 결과들을 이해하고, 생태적 질서의 유지에 적합한 행동을 하도록 유도하기 위한 방법으로 다양한 영역에 걸쳐 행해집니다. 생태 문제는 특정한 영역에 한정된 문제가 아니라 정치·경제·사회·문화 등 모든 영역이 얽혀서 일어난 인간 사회의 총체적인 문제이기 때문입니다.

독일에서 생태 교육은 통합적으로 이뤄집니다. 즉 생태와 관련된 주제를 환경이라는 특정 과목에 한정하지 않고, 모든 교과목에 걸쳐서 교육하는 것이지요. 단순히 지식을 전달하는 것을 넘어 일상 속에 얽혀있는 생태 문제를 자연스럽게 연계해 생각할 수 있도록 프로젝트 학습방식으로 진행됩니다. 프로젝트 학습방식이란 여러 과목이 몇 주 동안 한 가지 주제를 동시에 다루고, 과목 담당교사들과 학생들이 주제별로 소그룹으로 나눠 학습하는 방식을 말합니다. 각 주제별로 내용은 차이가 있지만 기후변화, 에너지 활용 문제, 글로벌화와 지구촌의 공동 발전, 인류의 미래에 대한 내용 등은 공통적으로 다룹니다.

또한 독일에서 생태 교육은 최근의 학술적 논의를 적극적으로 활용합니다. 코넬젠 출판사에서 출간한 11학년 역사 교과서 『역사 코스북(Kursbuch Geschichte)』의 사례를 살펴보면 현대사 부분에서 산업사회의 향방과 관련하여 최근의 사회 문제인 기후변화, '미래를 위한 금요일(Friday for future)' 환경운동, 플랫폼 노동자 등의 문제를 함께 다루고 있습니다.

여기서 흥미로운 지점이 있습니다. '환경 오염은 개개인의 소비와 생활을 통해서 개선할 수 있는 것이 아니라 거대 산업과 자본주의의 병폐이다'라고 주장하는 역사학자, 저널리스트 등이 쓴 비판적인 자료들도 제시하고 있다는 점입니다. 경제학자 케이트 레이워스의 『도넛 경제학』, 바스스파 대학 문화인류학과 교수 조너선 닐의 『기후위기와 자본주의』, 경제전문 기자 울리케 헤르만의 『자본주의의 종말』 등의 책들이 주요 교재로 쓰입니다. 학생들은 자본주의와 환경의 모순적 관계를 다루는 다양한 주장, 지속 가능한 발전을 지향하는 도넛 경제학 등 최신 학술적 논의를 비판적으로 분석하고 이와 관련하여 자신의 입장을 세우는 기회를 갖습니다.

4부

교육혁명,
학생·교사·학부모가
주체여야 한다

1장

저항과 해방의 거대한 흐름

교육개혁이 먼저인가, 사회개혁이 먼저인가

교육개혁과 관련해서 프랑스와 독일을 비교하는 것은 매우 흥미로운 일입니다. 두 나라의 개혁 모델은 서로 상반되는 경로를 취했기 때문입니다. 전체적인 맥락에서 보았을 때, 프랑스는 사회개혁을 통해 교육개혁을 이룬 반면에, 독일은 교육개혁이 사회개혁을 견인했다고 할 수 있습니다.

우리가 어떤 방식을 선택할 것이냐를 말하기에 앞서 두 나라의 모델을 좀더 자세히 살펴봅시다. 프랑스에서는 68혁명이 거대한 사회개혁 운동으로 번졌습니다. 68혁명이 '모든 형태의 억압으로

부터의 해방'을 공동의 모토로 삼았지만 나라마다 억압의 내용은 달랐습니다.

프랑스의 경우 가장 쟁점이 된 억압은 바로 자본의 억압이었습니다. 그래서 무엇보다도 노동해방을 위해 자본의 전횡을 어떤 방식으로 통제할 것인가, 노동자 권력이 어떤 식으로 사회적 진보에 기여할 것인가 하는 문제가 쟁점이었고, 이러한 맥락에서 사회개혁 운동이 전개됩니다. 이런 상황이었기에 프랑스에서는 노동운동의 흐름에 학생운동이 결합하는 형태가 가능했던 것입니다. 이른바 노학연대가 형성된 것이지요.

하지만 독일은 상황이 달랐습니다. 1968년에 이른바 긴급조치법(Notstandsgesetz)이 발효됩니다. 이 법은 우리나라에서도 박정희 군사독재 시대에 발효됐던 긴급조치법과 유사한 것으로, 긴급한 상황에서는 일종의 비상대권을 활용해서 민주적인 권리를 유보시키면서 국가가 모든 것을 통제할 수 있다는 전제에서 탄생한 법입니다. 국가의 강력한 통제를 상당 부분 합법화한 것이지요.

긴급조치법 발효는 그 자체가 독일 민주주의의 상당한 후퇴를 의미하는 것이었습니다. 실제로 68혁명을 주도한 학생들의 활동이 크게 위축되었고, 학교 밖의 공간에서 집회나 시위를 벌이는 일이 더욱 힘들어졌습니다. 결국 학교 밖의 활동에 제약을 느낀 학생들이 선택할 수 있는 공간은 대학 캠퍼스였고, 자연스레 학내에 힘이 모이게 된 것이지요.

이렇게 '캠퍼스로의 퇴각'이 역설적으로 대학개혁, 나아가 교육개혁을 촉발하는 결과를 낳게 됩니다. 독일의 학생들은 사회개혁보다는 대학개혁에 더욱 집중하게 된 것이죠. 독일에서 대학개혁이 가장 치열하고 광범위하게 전개된 이유는 바로 여기에 있습니다.

독일, 과거의 억압으로부터 해방

독일에서 새로운 사회, 새로운 교육을 가능하게 한 결정적인 계기는 바로 68혁명입니다. 독일은 68혁명 이전과 이후로 나뉜다고 해도 과언이 아닐 정도로 그 영향력은 절대적이었습니다. 68혁명 이전의 독일과 68혁명 이후의 독일은 '다른 나라'라고 말하는 사람도 있을 정도이지요.

우리가 보통 68혁명이라고 부르는 거대한 변화는 사실 1968년에 시작된 것은 아닙니다. 그러니까 68혁명의 발단은 그 이전, 대체로 1965년경으로 거슬러 올라가서 보아야 합니다. 당시에 중요한 세계사적 사건은 베트남 전쟁이었습니다. TV를 통해 베트남 전쟁의 참상을 본 세계인들은 충격에 빠졌습니다.

특히 서구 젊은이들이 부조리한 세상에 회의를 품기 시작했습니다. 미국은 자유세계의 수호자가 아니라 제3세계 국가를 식민지로 삼고자 하는 일개 제국주의 국가가 아닌가 의심하기 시작한 것입니다. 또한 미국과 소련 간의 치열한 무기 경쟁도 젊은 세대의 회의를 증폭시키는 중요한 요인이었습니다. 자유를 말하며 다른 국가를 억압하고, 평화를 말하며 파괴 무기 개발에 혈안이 되어 있는 세상에 대해 젊은이들은 분노했습니다.

"서른 넘은 자와는 대화하지 마라. 그들은 전부 정신병자다." 이런 말이 젊은 세대 사이에서 풍미했습니다. "모든 가치의 전복"이라는 니체의 유명한 명제가 시대정신이 되었습니다. 이러한 상황에서 젊은 세대는 기성세대가 만들어놓은 모든 체제와 가치에 반기를 들기 시작했습니다. 세계의 젊은이들을 묶어낸 공동의 구호는 "모든 형태의 억압으로부터의 해방"이었습니다.

독일 68세대가 가장 치열하게 제기했던 문제는 바로 과거청산, 즉 '청산되지 않은 과거'로부터의 해방이었습니다. 68혁명이 일어난 당시까지도 독일은 나치의 과거를 청산하지 못한 나라였던 것입니다.

이것은 오늘날 우리가 가지고 있는 독일에 대한 통념과 상당한 차이가 있습니다. 특히 우리는 독일이 '가장 모범적으로 과거청산에 성공한 나라'라고 알고 있습니다. 그래서 독일의 사례를 들어 과거청산이 미흡한 일본을 비판하곤 합니다. 여기서 우리가 말하는 독일은 '68혁명 이후의 독일'입니다. 68혁명 이전까지의 독일은 과거청산이 거의 이루어지지 않은 나라였습니다.

실제로 1968년에 독일 총리에 재임 중이던 쿠르트 키징어가 과거에 나치 당원이었다는 사실은 독일이 나치즘의 청산에 얼마나 미흡했는지를 단적으로 보여줍니다.

독일의 68혁명은 이런 의미에서 '과거청산 혁명'이었습니다. 젊은 세대는 부모 세대에게 묻기 시작한 거지요. "아버지는 히틀러 시대에 무엇을 했습니까?" 독일 베를린 공대 사회학과 교수인 만프르트 카펠러는 "당시에 독일의 모든 가정은 전쟁터였다"고 회고합니다. 과거를 묻는 자식과 과거를 회피하는 부모 사이의 갈등이 심각한 양상을 띠었던 거지요. 이러한 힘겨운 과정을 거치면서 독일에서는 과거청산이 실질적으로 시작되었습니다.

전후 독일인들이 얼마나 철저하게 과거를 억압했는지를 보여주는 상징적인 사례를 하나 들어보지요. 에리히 프롬과 쌍벽을 이루는 독일의 대표적인 사회심리학자로 알렉산더 미처리히라는 인물이 있습니다. 그가 1960년대에 쓴 책이 당시에 엄청난 화제를 모았는데, 책의 제목이 『눈물 흘릴 능력을 잃다(*Die Unfähigkeit zu trauern*)』였습니다. 독일인들은 어떠한 비극적 사건 앞에서도 눈물을 흘리지 '못한다'는 것입니다. 나치 과거에 대한 과도한 심리적 억압이 지속되다 보니 눈물을 흘린다는 인간의 자연스런 행동마저 할 수 없는 지경에 이르렀다는 것입니다.

이보다 더 신랄한 비판이 있을까요? 그 정도로 독일인들은 자신들의 과거에 대해 철저히 억압해 왔다는 것이지요.

그런데 그런 부모 세대에게 마침내 자식 세대가 질문을 던지기 시작한 겁니다. 그제야 부모 세대가 입을 열기 시작했고, 그때부터 말하자면 '눈물을 흘리는 능력'을 회복하게 됩니다. 그렇게 독일인들은 자신들의 과거를 솔직하게 되돌아보기 시작했고, 비로소 독일 사회에 과거청산의 가능성이 열리게 된 것입니다.

교육을 왜곡시킨 한국의 86세대

과거청산을 잘한 나라, 성장과 분배가 균형을 이룬 복지국가 독일은 기실 68혁명 이후에 탄생한 '새로운 독일'입니다. 68혁명을 분기점으로 독일은 이른바 '제2의 건국' '정신적 건국'을 이룬 것입니다.

그렇다면 우리나라는 어떨까요? 독일의 68세대에 상응하는 세대가 한국에서는 86세대라고 할 수 있습니다. 독일에서 68세대에게 종전 이후 처음으로 사회를 질적으로 변화시킬 기회가 주어졌다면, 한국에서는 86세대에게 해방 이후 처음으로 사회를 근본적으로 변화시킬 기회가 주어졌다고 할 수 있습니다. 이렇게 국제적으로 비교하는 보편적 관점을 취하면, 한국의 86세대에 대한 보다 객관적이고 균형 잡힌 평가가 가능하리라 생각합니다.

여기서는 주로 교육개혁과 관련하여 비교해 보겠습니다. 독일에서는 68세대가 새로운 교육의 주도자가 되어서 새로운 아이들을 길러냈고, 이 아이들이 자라서 새로운 독일을 만들었습니다. 그렇다면 한국의 86세대는 무엇을 했나요? 그들 또한 교육개혁을 통해 사회개혁의 초석을 놓았을까요? 아니면 기존의 파행적 체제를 더욱 악화시켰을까요?

한국의 86세대는 '군부독재 하의 비정상사회'를 '민주정부 하의 비정상사회'로 만들었다는 것이 저의 평가입니다. 군부독재를 타도하고 민주정부를 세웠으나, 한국 사회의 비정상성을 정상화하지는 못했습니다. 권력의 행사 방식만 바뀌었을 뿐, 사회적 모순을 해결하지 못했습니다. 오히려 정치적 정당성을 가진 새로운 기득권이 됨으로써 많은 영역에서 비정상성을 심화시켰습니다.

그 대표적인 영역이 바로 교육입니다. 86세대는 한국 교육의 근본적인 문제들, 예컨대, 경쟁주의, 능력주의, 우열사고, 권위주의 등을 극복하고 척결하려는 노력은 하지 않고, 이 문제들을 신자유주의적 방식으로 왜곡하거나 악화시켰습니다.

독일에서 68세대는 '경쟁 교육은 야만이다'라는 모토 아래 비판 교육, 반권위주의 교육, 저항권 교육, 생태 교육, 성교육 등 혁신적인 교육이념을 통해 완전히 새로운 아이들을 키우는 교육개혁을 감행했습니다. 한국에서 86세대는 사교육 시장에 들어가서 생존의 둥지를 틀더니, 언제부턴가 그곳에서 새로운 강자로 부상했습니다. 그들은 한국 교육의 근본적인 변혁을 도모하기는커녕, 오히려 기존의 문제를 심화시키고, 심지어 제도화시켰고, 결과적으로 지금과 같은 '교육지옥'을 만드는데 결정적인 기여를 했습니다.

이와 관련하여 KBS 1 〈시사기획 창〉에서 방송한 '불평등 사회가 586에게'라는 프로그램은 많은 것을 생각하게 합니다. 제목에서 드러나듯이, 오늘날 한국 사회가 맞닥뜨린 엄청난 불평등은 상당 부분 586세대에게 그 책임이 있다는 것이 이 프로그램의 주된 관점입니다. 이제 586이 된, 1987년 6월 민주항쟁의 주역인 86세대에게, 오늘날 한국 사회의 절박한 문제 앞에서 과연 책임 있는 태도와 행동을 취하고 있는지 묻습니다. 이들은 민주화의 성취를 바탕으로 사회 각 분야를 이끄는 주도 세력이 되었지만, 이들이 만들어낸 세상도 예전과 다름없는 지옥이라는 거지요.

학생운동을 거쳐 10년간 노동운동에 투신한 후 사교육 강사 생활을 하고, 현재 교육운동을 벌이고 있는 '사람과교육연구소' 박재원 소장의 회고가 인상적입니다. 그는 1980년대에 학생운동을 하는 것은 가족관계를 포기해야 가능했기 때문에, 이에 대한 보상심리도 작용해 가족을 위해 사교육 시장에서 활동하게 되었다고 합니다. 그는 86세대가 학부모가 되면서 사교육 시장의 경쟁이 이전과는 다른 차원으로 격화되었다고 증언합니다. 청년 시절 품어온 '함께 잘살자'라는 꿈과는 거리가 먼 인식을 그들이 자녀들에게 물려주고 있다고 했습니다. 또한 이런 살인적인 경쟁이 너무나 많은 사회적 소모와 가정의 파탄을 낳았음을 고백하면서, 이런 상황에서 학생운동권 출신들이 벌인 '활약상'을 아프게 전하고 있습니다.

이러한 고백이 있기 전부터 저 또한 교육 현장에 있는 사람들로부터 현재 정치적 586세대들이 사교육 시장의 목소리를 대변하고 있다는 이야기를 자주 들었습니다. 정말로 슬픈 이야기입니다. 용서할 수 없는 일입니다. 지금 기득권 세력으로 변신하여 한국 사회를 변화시킬 수 있는 권력과 지위를 가지고 있으면서도 역사의식도 사회의식도 상실한 586세대들은 지금이라도 뼈저린 반성과 각성을 해야 합니다.

저는 86세대가 반드시 성공적인 결말을 맺어야 한다고 생각합니다. 한때 정의를 외쳤던 세대, 한때 도덕적이고 윤리적이라고 간주되었던 한 세대가 정치적으로 실패하면 그 역사적 후폭풍이 너무도 큽니다. 그것은 사회 전체에 냉소주의와 무력감, 패배주의와 절망감을 팽배하게 만들기 때문에 그 파장이 두렵습니다. 그들이 특히 교육의 영역에서 새로운 생각으로 새로운 변화를 이뤄 내지 못한다면, 이는 그들 자신뿐만 아니라 한국 사회 전체의 불행으로 이어질 것입니다.

86세대가 지난 30년 동안 교육 문제가 심각하다는 것을 제대로 인식하지 못했고, 그 때문에 결과적으로 교육 구조 전체를 더욱 왜곡시켜 놓았다는 것을 깨닫는다면, 이제라도 발 벗고 나서서 교육혁명을 위해 적극적인 행보를 보여야 합니다.

한국 교육에서 누가 가장 고통받는가

교육개혁이 아니라 교육혁명

한국 사회의 모든 문제의 근원에는 교육이 있습니다. 우리 사회가 세계 최고의 자살률과 세계 최저의 출생률로 상징되는 절망 사회가 된 것, 아주 시대착오적인 지옥 같은 헬조선이 된 것, 오만한 엘리트와 굴욕감을 느끼는 대중으로 양분된 능력주의 사회가 된 것, 국민 대다수가 성숙한 민주시민보다는 권위주의적 성격을 가진 잠재적 파시스트가 된 것 등은 모두 교육의 실패에 근본 원인이 있습니다.

온 세계가 경탄하는 훌륭한 민주주의를 이루고, 세계에서 유례가 없는 경이로운 경제 성장을 이루었음에도, 그러니까 사회적 유토 피아를 실현할 제도적·물적 조건을 갖췄음에도 우리나라가 '사회 적 지옥'이 된 궁극적인 원인은 '교실'에 있습니다. 이제 국민들도 이 러한 문제의식을 공유하기 시작했습니다.

파탄에 이른 한국 교육을 어떻게 치유할 수 있을까요? 우리의 상황이 너무도 처절하고 너무도 절박하여, 우리가 해야 할 것은 교육을 적당히 '개혁'하는 것이 아니라 교육을 근본적으로 '혁명' 하는 것입니다. 제 식으로 표현하자면, 한국 교육은 '너무 더러워 져서 다시 빨아서 쓰기 어려운' 상태입니다. 통째로 버리고 완전 히 새로 시작해야 합니다. 이제 교육혁명을 통해 새로운 인간을 길러내고, 이들을 통해 새로운 사회를 만들어야 합니다.

돌아보면, 한국 교육의 문제를 인식하고 개혁의 시도를 감행한 경험이 없는 것은 아닙니다. 오히려 너무도 많은 시도가 있었지 요. 정권이 바뀔 때마다 '교육개혁'이라는 이름의 정책을 내놓았 지요. 그러나 그들이 '개혁'이라는 이름으로 행했던 것은 대부분 입시제도 손질이었습니다. 교육의 근본적인 패러다임을 바꾸는 혁명적 시도는 한 번도 이루어진 적이 없습니다.

그렇다면 교육혁명의 주체는 누가 되어야 할까요? 그것은 역사 가 가르쳐주고 있습니다. 인류의 역사는 언제나 해방의 역사였고, 모든 해방은 자기해방이었습니다. 다시 말해 고통받는 자가 혁명 의 주체가 되었던 것입니다. 흑인해방은 흑인이 주체였고, 여성해 방은 여성이 주체였습니다. 타자가 대체할 수 없습니다. 그렇기에 교육해방의 주체에 대한 문제는 "한국 교육에서 누가 가장 고통받는가?"라는 물음으로 환치될 수 있습니다. 그게 누구일까요?

먼저 가장 깊은 고통을 받는 자는 당사자인 학생입니다. 그리고 학생과 '고통 공동체'를 구성하고 있는 학부모 또한 고통을 공유합니다. 무너진 교실에서 학생과 생활을 공유하는 교사들 또한 '고통 공동체'의 중요한 일원이지요. 요컨대, 학생, 학부모, 교사가 모두 한국 교육이 가하는 고통의 희생자입니다. 저는 이들이 교육혁명의 핵심적인 주체가 되어야 한다고 생각합니다.

반면 정치인들은 교육혁명의 대상입니다. 그들이 만들어놓은 교육 질서가 모든 교육 당사자에게 고통을 줄 뿐만 아니라, 그들은 현행 질서의 혜택을 누리는 기득권으로서 교육개혁의 의지도 비전도 결여한 집단이기 때문입니다. 특히 세계에서 가장 보수적인 정치 지형을 가진 한국에서 정치인의 비전과 선의에 교육의 변화를 내맡기는 것은 매우 부적절하고 위험한 일입니다. 한마디로, 한국의 정부 관료와 정치인들은 교육을 변화시켜야 한다는 인식도, 의지도 없으며, 교육혁명의 비전도 청사진도 결여하고 있습니다. 그들에게 교육의 변화를 기대해 온 것이야말로 한국 교육이 오늘날 이러한 파탄에 이르게 된 핵심적인 원인입니다.

사실 교육개혁은 불가능한 일이 아닙니다. 정부가 비전과 용기만 있으면 얼마든지 이루어낼 수 있습니다. 많은 국민들이 교육 때문에 너무나 많은 고통을 당해왔기 때문에 정부의 개혁정책은 국민의 지지를 받을 가능성이 높습니다.

그럼에도 불구하고 왜 한국에서는 해방 이후 한 번도 교육개혁을 성공시키지 못했을까요? 그것은 거대한 반대세력이 있기 때문입니다. 현재의 교육제도로 엄청난 부와 권력 그리고 기회를 독점하고 있는 기득권 계급이 교육개혁을 원치 않기 때문입니다.

먼저 국회를 봅시다. 국회의원들 대다수는 원천적으로 교육개혁에 반대하는 세력입니다. 국회의원 출신 배경을 분석해 보면 그 이유를 쉽게 알 수 있습니다. 국회의원의 상당수가 사학 족벌 집안의 자제들입니다. 역사가 보여주듯이 해방 이후 한국 교육은 국가가 아니라 지주들이 떠맡아왔습니다. 지역의 지주들이 학교를 지었고, 국가는 여러 가지 정책적 특혜를 통해 이들을 지원했습니다. 이로 인해 한국은 사립학교가 극단적으로 많은 지극히 기형적인 교육 체제를 갖게 된 것입니다.

이러한 기형적 교육 체제는 곧 기형적 정치구조로 이어집니다. 사학 족벌 가문의 자식들이 국회에서 과잉 대표된 것입니다. 이 점에서는 거대 양당이 큰 차이가 없습니다. 이들의 출신을 분석해 보면 사학과 관련된 인물이 얼마나 많은지 놀라게 될 것입니다. 이것이 우리의 교육개혁을 가로막는 근원적인 뿌리라는 인식을 놓치면 안 됩니다.

여기에 급격히 성장한 사교육 시장의 큰손들이 정치 영역에서, 특히 국회에서 영향력을 높이기 시작했습니다. 그 결과 교육의 관점에서 보면 한국 국회는 사학족벌과 사교육 시장이 결합한 인적 구성을 가진 셈이지요. 이들에게서 교육개혁을 기대한다는 것은 그야말로 연목구어이지요. 보수 정권에서는 말할 것도 없지만, 김대중, 노무현, 문재인으로 이어지는 이른바 민주정부에서도 제대로 된 교육개혁의 시도조차 없었던 것은 이러한 역사적·사회적 배경을 보아야 이해할 수 있습니다.

국회의원의 상당수가 지방의 사립학교와 대도시의 사교육 시장과 관련이 있다면 어떻게 교육개혁이 가능하겠습니까? 저는 이것이 한국에서 교육개혁이 이루어지지 않은 근본원인이라고 생각합니다. 이제 교육 현장에서 한국 교육의 '지옥'을 생생하게 체험한 교사들과 학생들이 직접 국회의원이 되어서 한국 교육을 근본적으로 바꾸어야 합니다. 다른 길은 없습니다.

고통 공동체에서 희망의 공동체로

이제 교육혁명은 학생, 교사, 학부모가 함께 손잡고, 모두 어깨 걸고 이루어내야 합니다. 교육 현장에서 고통의 공동체를 매일 경험하는 학생과 교사가 자기해방의 일환으로 교육혁명의 주체가 되는 일은 너무도 당연합니다. 여기에 학부모의 동참이 매우 중요합니다. 학부모 또한 고통 공동체의 간접적 당사자이기도 하지만, 무엇보다도 좀더 객관적으로 한국 교육의 문제를 성찰할 수 있는 위치에 있기 때문입니다.

제가 교육 관련 강연에서 학부모들의 역할을 강조하면, 많은 분들이 공감합니다. 때론 너무 반응이 뜨거워 놀라기도 했습니다. 아이들이 받는 고통에 가장 가까이에서 감응하는 이가 바로 학부모이기 때문이겠지요. "왜 더 적극적으로 교육혁명을 요구하고, 정부에 문제제기를 하지 않느냐"고 목소리를 높이는 학부모들도 많습니다. "정치혁명도 했는데, 그까짓 교육혁명을 못하겠느냐" "이제 우리 아이들을 위해 교육 촛불을 들어야 한다"고 열변을 토하는 분들을 보면서 이제 이 땅에도 교육혁명이 멀지 않았음을 예감합니다. 이러한 학부모들의 '뜨거움'이 교육혁명의 가장 중요한 동력이 되리라 확신합니다.

모든 혁명이 그렇듯이, 교육혁명도 거대한 저항에 부딪힐 것입니다. 현재의 교육제도를 통해 자신들이 누리는 특권을 유지하고, 정당화하고, 세습하는 기득권 세력의 저항은 상상을 초월할 것입니다. 또한 살인적인 경쟁 교육 체제가 만들어놓은 거대한 사교육 시장 세력의 저항도 만만치 않을 것입니다. 제가 교육개혁 대신 교육혁명이라는 용어를 사용하는 이유도 바로 이러한 거대한 저항세력을 뚫고 나가야 하는 엄혹한 상황을 상정하고 있기 때문입니다.

"아이들의 행복을 위한다는 명목으로 수월성 교육을 약화시키는 우를 범하는 것은 아닌가"라고 우려하는 목소리가 있다는 것도 알고 있습니다. 여기서 수월성 교육이란 남들보다 뛰어난 학생들의 능력을 개발하려는 교육을 말하겠지요.

그러나 아이들의 행복도와 수월성을 대립적으로 맞세우는 것은 온당하지 않습니다. '행복 교육'이냐 '수월성 교육'이냐의 양자택일을 강요하는 것은 어리석은 일입니다. '교육적 수월성을 높이기 위해 아이들의 행복을 희생시킬 수도 있는 것 아니냐'는 생각은 아주 낡은 관념입니다. 행복한 아이가 유능한 아이가 됩니다. 교육혁명을 통해 아이들이 행복한 교육을 실현한다면, 창의성·비판성·사회성·도덕성 등 깊은 의미에서 아이들의 진정한 '수월성'도 높아질 것입니다.

국제적인 수준에서 보아도, 우리의 교육과 학문은 이미 상당한 수준에 올라와 있습니다. 지금 우리는 경쟁과 수월성을 위해 우리 아이들의 행복을 망치고 인성을 뒤틀고 있다는 것, 아이들이 일상에서 너무도 커다란 고통을 겪고 있다는 것에 주목해야 합니다. 이제 아이들의 고통을 최소화하고 아이들에게 행복을 돌려주는 것, 경쟁 교육을 통한 사회적 계급화 경향을 차단하는 것이 한국 교육의 가장 중요한 시대적 과제입니다.

교육혁명이 사회개혁을 이끌 수 있다

'교육개혁(혁명)이 먼저인가, 사회개혁이 먼저인가'. 이것은 역사적으로 매우 유서 깊은 논쟁입니다. 국가나 사회의 변혁을 모색할 때면 언제나 등장하는 논쟁이기도 하지요. 교육을 통해 인간의 의식을 먼저 바꾸어야 사회제도의 변혁도 가능하다는 주장이 있고, 다른 편에서는 사회제도의 변화가 있어야 인간의 의식 변화도 이루어진다는 주장이 있습니다. '의식'이 먼저냐, '제도'가 먼저냐 하는 논쟁은 결국 교육개혁과 사회개혁의 우선순위를 둘러싼 논쟁이라고 할 수 있지요.

이 논쟁에서 하나의 주장이 절대적으로 옳다고 생각하지 않습니다. 한 사회가 처해 있는 역사적 상황에 따라 어떤 개혁이 더 우선되어야 하느냐가 결정될 수 있다고 봅니다. 그렇다면 한국 사회는 교육개혁이 사회개혁보다 우선해야 할까요, 아니면 그 반대가 더 나을까요? 저는 우리 사회에서는 교육개혁이 사회개혁을 견인해야 한다고 생각합니다. 그 이유는 두 가지입니다.

첫째는 한국인들의 의식이 대단히 왜곡되어 있기 때문입니다. 교육개혁을 통해 학교에서부터 잘못된 의식을 바로잡지 않는 한, 한국에서 사회개혁은 불가능합니다. 이것은 거대한 주제입니다. 특히 제가 이론적으로 기반을 두고 있는 프랑크푸르트학파의 관점에서 보면, 한국 사회는 이데올로기에 의한 지배가 극단적으로 관철되고 있는 사회입니다. 이데올로기에 대한 비판의식이 이렇게 부족하고, 지배 이데올로기에 대한 복종심이 이렇게 강고한 사회는 오늘날 세계 어디서도 찾아보기 어렵습니다. 반공 이데올로기, 가부장 이데올로기, 발전 이데올로기, 경쟁 이데올로기, 능력주의 이데올로기, 공정 이데올로기, 소비 이데올로기 등이 이처럼 아무런 이론적·사회적 저항도 받지 않고 일종의 사회적 규범으로 통용되는 나라는 어디에도 없습니다.

둘째는 오늘날의 독일이 보여준 빛나는 사례 때문입니다. 1970년에 있었던 교육개혁이 그후 사회개혁의 모태이자 동력이 되었습니다. 교육개혁이 '새로운 독일인'을 길러냈고, 그들이 '사회개혁'을 이루어냈습니다. 그 결과 독일에서 사회개혁은 장기적인 지속성을 갖게 되었습니다. 독일처럼 일관되고 안정적인 사회개혁을 오랜 기간에 걸쳐 실현시킨 사례는 흔치 않습니다. 이것은 바로 사회개혁의 바탕에 의식개혁, 교육개혁이 있었기에 가능한 일입니다. 대부분의 경우 사회개혁이라면 몇 년 가다가 반동의 역풍, 백래시(backlash)의 후폭풍을 맞아서 중단되는 일이 다반사입니다. 하지만 독일은 개혁을 지금까지도 이어오고 있을 뿐만 아니라, 그것이 점점 더 견고해지고 있습니다.

저는 독일에 갈 때마다 '어떻게 저런 사람을 길러냈을까?' '어떤 교육이 이런 기품 있는 아이들을 만들었을까?' 늘 궁금했습니다. 마침내 그 이유를 알게 된 거지요. 바로 68혁명 이후 이루어진 교육개혁이 이런 '신독일인'을 만들어내고, 20세기의 '가장 불우한 나라'를 21세기의 '가장 존경받는 나라'로 변화시킨 기적을 이룬 것입니다.

반면 오늘날 우리 한국은 어떤가요. 예멘 난민 500명이 제주도에 왔을 때, 우리 젊은이들이 보인 태도는 실로 충격적이었습니다. 청와대 게시판에 "한 명도 받아서는 안 된다"는 주장이 버젓이 올라오고, 며칠 사이에 수십 만 명의 젊은이들이 이에 동의하는 나라가 대한민국입니다. 최근에 연세대학교에서 벌어진 일은 더욱 소름이 돋지요. 시위하는 청소노동자들을 학생들이 고소하고, 손해배상 소송까지 제기했습니다. 인천국제공항에서 비정규직을 정규직화 하는 과정에서 젊은 세대가 보인 태도도 너무나 병적입니다. "우리는 차별에 찬성합니다"라는 말을 버젓이 할 수 있는 나라가 어디에 또 있을까요? 이런 모든 현상은 한국 교육이 실패를 넘어 파탄에 이르렀음을 보여주는 것입니다.

이런 미성숙한 구성원들로 이루어진 공동체에서 사회개혁은 애초에 불가능합니다. 그렇기에 한국에서는 교육개혁이 선행되어야 하는 것입니다. 교실에서 성숙한 민주시민을 길러내고, 그들이 성숙한 민주사회를 구현해야 합니다. 그래야만 각자도생, 약육강식, 승자독식의 살벌한 논리가 지배하는, 세계에서 유례없는 한국의 약탈적 야수자본주의 사회를 개혁할 수 있습니다.

물론 교육개혁을 위해서는 일정한 정도의 사회개혁이 전제되어야 합니다. 특히 노동시장 개혁과 복지제도 개혁은 교육개혁과 함께 가거나, 선행해야 합니다. 어떤 직업을 가진 사람이라도 극심한 불평등 없이 정의로운 소득을 취할 수 있고, 인간으로서 존엄성을 지키고 살 수 있는 최소한의 사회적 복지체제가 갖추어져야 경쟁 교육을 넘어설 수 있기 때문입니다.

독일처럼 정규직이든 비정규직이든, 대기업을 다니든 중소기업을 다니든, 대학을 나왔든 고등학교만 나왔든, 모두가 수용할 만한 수준의 평등한 소득을 누리고, 인간으로서 존엄한 존재로 살 수 있는 조건이 마련된다면 행복한 아이, 존엄한 인간, 성숙한 시민을 기르는 교육을 시작할 수 있습니다.

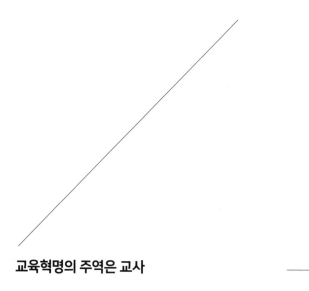

3장

잃어버린 교사의 권위를 찾아서

교육혁명의 주역은 교사

오늘의 독일을 만든 1970년 교육개혁의 주역은 단연 교사였습니다. 68혁명의 세례를 받은 교사들이 '가장 이상적인 유토피아'를 대학에서 선취하고, 이러한 이상사회의 꿈을 학교에서 실천에 옮긴 것이 현재의 독일을 만든 결정적인 경로입니다.

당시 독일의 대학생들은 '새로운 독일은 교육을 통해서 새로운 세대를 길러냄으로써 이루어질 수밖에 없다'고 생각했고, 그렇기에 많은 학생들이 이러한 꿈을 품고 교사가 되었습니다. 이들이 1970년대에 실현한 독일의 교육이 바로 비판 교육, 반권위주의적 교육이었지요. 이런 교육을 받은 학생들이 오늘날의 독일을 만들어낸 것입니다.

한국에서도 교육혁명의 주역은 당연히 교사일 수밖에 없습니다. 교사들이 학교를 바꾸고, 교육을 바꾸어야 합니다. 새로운 교육으로 새로운 아이들을 길러내야 합니다. 그런데 한국의 교사들은 그럴 능력도, 의지도, 비전도 없는 것처럼 보입니다. 1963년 박정희 군사정권에 의해 제정된 '교사의 정치 참여 금지' 규정에 따라 지난 60년간 정치적 시민권을 박탈당한 한국의 교사들은 거대한 무력감에 휩싸여 있습니다. 이러한 무력감이 장기화되다보니, 자신들이 얼마나 강력한 사회적·정치적 영향력을 행사할 잠재력을 가지고 있는지 인식조차 못하고 있습니다.

최근에 학교에서 벌어진 비극적인 일들은 한국의 교사들이 총체적 난국에 빠져있음을 보여줍니다. 서이초등학교 교사의 자살이 드러낸 한국 교육의 난맥상, 특히 교권의 추락상은 상상을 초월합니다. 2023년 교사를 대상으로 한 조사에 따르면, 교사의 98퍼센트가 교권 침해를 경험했다고 하고, 93퍼센트가 학생 지도 시 아동학대법에 저촉될까 걱정했다고 하며, 87퍼센트의 초등학교 교사가 최근 1년간 사직이나 이직을 고민했다고 합니다.

더욱 놀라운 것은 38퍼센트의 교사가 심각한 우울증 상태에 있으며, 27퍼센트의 교사가 신경정신과 치료를 받은 경험이 있고, 16퍼센트의 교사가 자살을 생각한 적이 있다고 답했다는 사실입니다. 교사들이 앓고 있는 정신적·심리적 고통은 일반인의 4배

수준이라는 조사도 있습니다. 한마디로 한국에서 교사로 산다는 것은 극한직업을 가졌다는 의미이지요.

이 조사들이 충격적인 것은 교사가 권위는커녕 최소한의 교권, 심지어 인권까지도 지켜내지 못하고 있다는 사실입니다. 교사들은 '전시 간호사 수준의 스트레스'를 일상적으로 받으면서 살고 있다는 주장도 과장으로 들리지 않습니다. 이쯤 되면 한국 교육은 새내기 여교사의 죽음 이전에 이미 사망한 것이라고 할 수 있겠지요.

얼마 전 30년 이상 서울의 고등학교에서 역사를 가르친 고등학교 동창이 명예퇴직을 했다는 얘기를 듣고 깜짝 놀라 그 이유를 물었습니다. 이 친구는 제가 지금까지 세상에 살면서 본 최고의 교사였습니다. "역사 교육의 본질은 사실을 가르치는 것이 아니라, 사유를 가르치는 것이다"라고 이야기하면서, 아이들을 생각하는 시민으로 만들기 위해서는 역사교육의 방법을 바꾸어야 한다는 신념을 가지고 있는 친구였습니다. 이를 실천에 옮겨 책도 여러 권 집필했습니다. 그렇게 의욕에 넘치던 친구가 홀연 교직을 떠나겠다고 결심한 것이니, 한편으론 가슴 아프고, 한편으론 이해하기 어려웠던 거지요.

그가 들려준 이야기에서 사직 이유를 짐작할 듯했습니다. 그가 재직하던 강남의 고등학교에는 참으로 많은 민원이 쇄도했는데, 어떤 학부모는 "우리 아이가 너무 힘이 드니 학교에서라도 좀 편히 쉴 수 있게 배려해 달라"고 아주 점잖게 부탁하더라는 겁니다.

이 말의 요지는 학원에 가서 '진짜 공부'를 해야 하니 학교에서는 '아이가 잠을 자더라도 깨우지 말아 달라'는 얘기라는 것입니다. 누구보다 자존심이 강한 그가 어떤 모멸감을 느꼈을지 상상이 가지 않았습니다.

교사가 교실에 들어가기 싫어지는 순간이 오면, 교육은 이미 끝난 것입니다. 교사가 교실에서 자부심이 아니라 모멸감을 느낀다면, 교육은 일찌감치 망한 것입니다. 이것이 우리 교육의 참혹한 현실입니다.

한국의 교사 vs 독일의 교사

독일 교사와 한국 교사를 비교해 보면, 한국 교육이 처한 참상이 더욱 쓰라립니다. 첫째는 교사의 권위입니다. 독일의 교사는 엄청난 권위를 가지고 있습니다. 제 아이가 독일에서 초등학교를 다닐 때, 저도 자주 '학부모의 밤'에 참여했습니다. 이 자리에 갈 때마다 교사들이 아이들 한 명 한 명에게 얼마나 세심한 관심을 기울이고 있는지를 보고 놀랐고, 학부모들이 교사의 말을 얼마나 진지하게 수용하는지를 보고 더욱 놀랐습니다. 독일인들처럼 비판의식이 몸에 밴 사람들이 어떻게 교사에 대해서는 이렇게 수용적인지 눈을 의심할 정도였지요.

독일에서는 4학년을 마칠 때 교사들이 아이들의 진로에 대해 조언합니다. 인문계 학교인 김나지움에 가서 대학에 진학할지, 아니면 직업계 혹은 실업계 학교인 하웁트슐레나 레알슐레로 가서 일찍 직업을 가질지, 교사와의 상담을 통해 결정하는 거지요. 이때 교사의 제안에 대해 토를 다는 학부모는 거의 찾아보기 어렵습니다. 개인적으로 그런 경우를 본 적이 없습니다.

딱 한 번 예외가 있었는데, 그 학부모는 한국인이었습니다. 직업학교를 권하는 교사에게 인문계 학교를 가겠다고 맞선 것이지요. 이런 경우는 어떻게 될까요? 당연히 학부모의 의견을 존중합니다. 1~2년의 유보기간을 갖고 지켜본 후 다시 결정하는 것이지요. 그러나 독일 학부모의 경우는 교사의 제안을 거의 전적으로 따르는 편입니다. 교사에 대한 신뢰가 깊고, 교사의 권위가 그만큼 크다는 증거이지요.

한편 독일 교사들은 대단히 반권위주의적입니다. 독일의 교육 이념이 반권위주의 교육이기 때문입니다. 요컨대, 독일의 교사는 대단히 반권위주의적이지만, 학부모들이 믿고 존중할 만큼 상당한 권위를 갖고 있습니다.

우리나라의 교사들은 이와 정반대지요. 한국의 교사는 권위주의적이지만, 권위가 없습니다. 여기서 '권위주의적'이라는 말은 교사 개개인의 태도를 의미하는 것이 아닙니다. 교사 개인마다 성향의 차이는 당연히 있겠지요. 보다 자유주의적 성향의 교사가 있고, 보다 엄격하고 통제적인 교사도 있는 것은 당연한 일입니다. 여기서는 개인 수준의 얘기가 아니라 우리의 교육 문화와 교육 관행 자체에 배어 있는 권위주의적 전통을 말하는 것입니다.

이렇게 한국 교사는 여전히 권위주의적 문화 속에서 행동하지만, 정작 권위를 잃어버렸습니다. 어느 순간부터 교사는 아이들의 스승이 아니라, 교육 서비스의 제공자로 여겨졌고, 특히 사교육 시장의 일타강사에 비해서 수준이 떨어지는 '질 낮은 서비스 제공자' 취급을 받게 된 것이지요.

심지어 교사는 교원능력개발평가 만족도 조사의 대상이 됩니다. 교사의 학생지도에 대한 학생의 만족도, 학교생활 전반과 학교 경영에 대한 학부모의 만족도 조사를 실시합니다. 교사는 교육 서비스 제공자고, 학생과 학부모는 교육 서비스의 소비자인 셈입니다. 소비자의 관점에서 고객만족도를 조사하는 방식으로 교사들의 권위를 완전히 추락시킨 것이지요. 얼마 전 문제가 된 학부모의 악성 민원은 교육 시장화의 참혹한 단면입니다. 서비스 제공자에 대한 소비자의 갑질이 변형되어 학교에도 나타난 것입니다.

교권의 급격한 추락은 학부모들의 왜곡된 민주주의 인식과 신자유주의의 시장주의적 교육관이 교차하면서 나타난 현상으로 보입니다. 군사독재로부터 해방된 한국인들은 민주주의가 시민적 의무와 참여에 바탕을 둔 체제라는 인식을 결여한 채 자신들의 사적 욕망을 과도하게 관철시키려 했고, 경쟁 교육의 틀 안에서 학부모는 교육 서비스의 소비자 행세를 하며 제 자식만 챙기는 것을 당연시하게 되었습니다.

한국 교사와 독일 교사의 '권위'의 차이를 낳은 또다른 중요한 요인은 교사의 정치적 시민권의 현격한 격차입니다. 독일 교사는 막강한 사회적 영향력을 가진 '정치적 시민'임에 반해, 한국 교사는 아무런 사회적 영향력이 없는 '정치적 천민'입니다. 교사의 정치적 시민권 문제는 대단히 중요한데, 아직도 한국인들은 이 문제에서 지극히 시대착오적인 인식을 가지고 있습니다.

교사는 어느 나라에서나 정치적·사회적 영향력이 대단히 큰 직업 집단입니다. 독일의 경우는 베를린에 있는 연방의회에서 교사가 대체로 13~15퍼센트 정도를 차지합니다. 법률가를 제외하고 두 번째로 많은 의원을 배출하는 직업이 교사입니다. OECD 국가의 평균이 10퍼센트 전후이고, 핀란드 의회의 경우는 교사가 약 20퍼센트 전후를 차지하여 가장 많은 국회의원을 배출하는 직업군입니다. 일반적으로 보면 한 사회의 민주적 성숙도와 교사의 정치적 참여도는 대개 정비례합니다. 더 성숙한 민주국가, 더 행복한 복지국가일수록 교사의 정치 참여도가 높다는 얘기지요.

그런데 현재 한국 국회에 교사는 단 한 명도 없습니다. 과거에 교사였던 이가 두 분 앉아 있을 뿐입니다. 도종환, 강민정 의원이지요. 한국은 부끄럽게도 OECD 국가 중에서 교사의 정치적 시민권을 완전히 박탈하고 있는 유일한 나라입니다. 이것은 한국이 세계가 경탄하는 민주주의를 이루었고, 아시아에서 가장 모범적인 민주주의 국가라는 점을 고려해 보면, 너무도 불균형적인 현상입니다. 세계적인 민주주의 모범국에서 교사의 민주적 권리는 최악이라는 말이지요. 사회학에서 흔히 말하는 '비동시성의 동시성', 즉 근대적인 요소와 전근대적인 요소가 기괴하게 공존하는 것이 바로 한국 교사들이 처한 정치적 현실입니다.

한국의 교사들은 정치 활동을 할 수 없고, 정당에 가입할 수도 없으며, 정치적 의사 표현도 할 수 없습니다. 정치적 시민권은 가장 중요한 시민의 권리인데, 이것을 교사라는 직업을 가졌다는 이유로 박탈당하고 있는 것이지요. 도저히 선진국에서는 상상도 할 수 없는 일이 '신흥 선진국' 한국에서 벌어지고 있는 겁니다.

몇 해 전에는 이런 일도 있었지요. 한국과 유럽 사이에 자유무역협정(FTA) 과정에서 가장 큰 걸림돌이 되었던 쟁점이 있었는데, 바로 교사의 정치적 시민권 문제였습니다. 유럽 쪽에서는 교사의 단결권을 인정하지 않는 나라와는 협정을 체결할 수 없다고 주장한 것이지요. 마지막에 겨우 수습이 되었지만, 이러한 문제 제기 자체가 우리의 국격을 심각하게 손상하는 수치스런 일이지요.

왜 유럽에서는 교사의 단결권 등 정치적 시민권을 이렇게 중요시할까요? 그것은 정치적 시민권이 근대 사회에서 가장 중요한 시민의 권리이기 때문입니다. 그렇기에 교사의 정치적 시민권은 한 사회의 성숙도를 재는 중요한 기준이 되는 것이지요. 민주적으로 성숙하지 못하고, 특정 사회집단이 권리를 훼손당하는 국가와는 협약을 맺는 것이 도덕적으로 옳지 않다고 보는 것입니다.

성숙한 민주주의 국가일수록 교사의 정치적 참여도가 높은 이유는 간단합니다. 교사는 어느 나라에서나 가장 대규모의 지식인 집단이고, 높은 윤리성을 요구받는 집단이기 때문입니다. 이러한 윤리적인 지식인 집단이 정치적·사회적 영향력을 많이 가질수록 더 성숙한 사회가 되는 것은 당연한 이치이지요. 이런 맥락에서 보면 우리 사회가 놀라운 민주화를 이루었음에도 성숙한 사회로 나아가지 못하는 것은 교사의 정치적 시민권이 차단된 현실과 밀접한 관계가 있습니다.

교사의 정치 참여가 사회에 어떤 영향을 미치는지를 잘 보여주는 사례는 바로 독일 녹색당입니다. 독일 녹색당은 지금 유럽에서 가장 '핫한' 정당으로 많은 화제를 모으고, '미래의 정당'이라고 인정받으며 점점 더 세를 불려가고 있습니다. 특히 지난 총선 과정에서 심지어 여론조사 1위를 기록해 기염을 토한 적도 있고, 현재는 사민당, 자민당과 함께 연정을 이루어 집권하고 있습니다. 제가 2022년 7월 독일에 있었을 때 당시의 여론조사에서도 녹색당이 몇 번이나 1위에 올랐습니다.

녹색당의 약진은 정치적 사건이 아니라 문명사적 사건이라 할 만한 일입니다. 녹색당은 정치적 변화를 요구하는 정당이 아니라, 문명적 전환을 추구하는 정당이기 때문입니다. 다시 말하면 물질문명에서 생태문명으로의 대전환을 추구하는 정당이지요. 그들의 주장은 파격적입니다. "우리는 경제발전에 반대한다. 우리는 경제성장을 저지하려고 나왔다. 이러한 발전은 인류 종말로의 발전이고, 이러한 성장은 지구의 파국으로 나아가는 성장이기 때문이다." 이처럼 파격적이고 급진적인 정당이 독일에서는 제1당을

눈앞에 두고 있는 것입니다.

그런데 이 녹색당의 가장 중요한 토대는 누구일까요? 바로 교사들입니다. 녹색당은 교사들이 중심이 되어 탄생하고, 발전하고, 집권하게 된 정당입니다. 1970년대 초에 로마클럽에서 지구 생태계의 위기를 처음 경고했고, 이 과정에서 '지속 가능한 성장(sustainable development)'이라는 유명한 모토가 나왔지요. 자본주의가 성장을 추구하더라도 생태계의 순환을 파괴하지 않는 한도 내에서 성장을 유지해야 한다는 경고였지요. 그후 독일에서 '숲이 죽으면, 다음엔 사람이 죽는다'라는 구호 아래 생태 환경운동이 급속히 확산되었습니다.

여기에 교사들이 적극적으로 참여했습니다. "내가 가르치는 이 예쁜 아이들, 이들이 살아갈 지구, 내가 지킨다!"라고 외치면서 교사들이 참여하자, 초기의 미진하던 독일의 생태 환경운동이 탄력을 받기 시작했습니다. 이러한 흐름 속에서 1979년 녹색당이 탄생한 것이지요.

그후 녹색당은 승승장구합니다. 1983년 처음으로 연방의회에 진출하고, 1998년에 사민당과 연정으로 8년간 집권하게 됩니다. 세계 최초로 집권한 녹색당이 바로 독일 녹색당이지요. 집권 이후 녹색당은 독일을 가장 모범적인 생태국가로 바꾸어가기 시작하지요. 그리고 지금 다시 녹색당은 집권당으로서 적극적으로 생태위기에 대응하고 있습니다.

독일에서 녹색당이 성공한 데에는 여러 가지 요인이 있지만, 무엇보다도 교사들의 적극적인 참여와 지지가 결정적이었습니다. 교사들은 지식인으로서 미래에 대한 예지력을 지녔고, 스승으로서 아이들에 대한 책임감을 지녔기 때문에 녹색운동의 중심에 설 수 있었던 것입니다.

독일의 사례에서 보듯이 교사의 정치적 참여는 한 사회를 성숙하고 미래 지향적인 사회로 만드는 데 결정적인 역할을 합니다. 이렇게 보면 한국 사회가 경이로운 경제성장과 민주화를 이뤘음에도 여전히 미성숙한 사회에서 벗어나지 못하고 있는 것은 교사를 아직도 정치적 금치산자로 묶어놓은 시대착오적 상황과 깊은 관계가 있습니다. 이제 우리도 다른 선진국처럼 교사에게 정치적 시민권을 부여하여 교사가 그들이 가진 지성적·윤리적 역량을 사회를 위해 마음껏 발휘할 수 있도록 해야 합니다.

교사들을 정치적 금치산자로 묶어두는 것은 민주주의의 관점에서도 지극히 퇴행적인 일이지만, 이렇게 지적으로 우수하고 윤리적으로 인정받는 집단을 정치 영역에서 배제한다는 것은 사회 전체로 봐서도 어마어마한 손실입니다.

교사들의 정치적 시민권 박탈은 학생들 교육에도 부정적인 영향을 줄 수밖에 없습니다. 정치적 금치산자가 어떻게 성숙한 민주시민을 길러낼 수 있겠습니까? 게다가 지금은 과거와는 완전히 달라진 조건에서 학생들이 자라고 있습니다. 이제 우리 학생들은 만 16세에 정당 가입이 가능하고, 만 18세면 선거권을 가질 뿐만 아니라 피선거권도 있어서 국회의원이 되는 것도 가능합니다.

고등학생이 국회의원이 되는 것이 법적으로 보장된 시대에 교사는 정치적 활동을 할 수 없다는 것은 참으로 말도 안 되는 얘기지요. 이러한 교육적 모순을 풀기 위해서라도 교사의 정치적 시민권은 신속하게 회복되어야 합니다.

교사는 어떻게 정치적 금치산자가 되었나

그렇다면 한국에서는 왜 교사들의 정치적 시민권을 꽁꽁 묶어 놓은 것일까요? 누가 언제부터 이런 어처구니없는 일을 벌인 건가요? 한국 현대사에서 일어난 대부분의 비극이 그렇듯이, 교사의 정치적 비극 또한 그 근원에는 박정희가 있습니다.

1961년 5월 16일 쿠데타를 일으킨 육군소장 박정희가 가장 두려워한 존재가 누구였을까요? 정치적 정당성을 결여한 박정희 쿠데타 세력이 가장 두려워한 것은 다름 아닌 사회적 영향력이 가장 큰 지식인 집단, 즉 교사들이었습니다. 그들의 입을 막지 못하는 한, 쿠데타 세력의 집권은 오래 갈 수 없다는 것을 확실히 인식하고 있었습니다. 그래서 교사들의 입을 '교사의 정치적 중립 의무'를 들어 원천봉쇄한 것이지요.

사실 '교사의 정치적 중립 의무'는 교사의 권리를 박탈하기 위해서가 아니라, 교권을 보호하기 위해서 4·19혁명 직후 민주당

정부가 만든 조항입니다. 이승만 정부가 교사를 정치적으로 동원하는 일이 너무도 빈번했기 때문입니다. 말하자면 교사를 정치적 동원에서 보호하기 위해 만든 법 조항이었지요. 이것을 박정희가 거꾸로 악용했습니다. 교사의 '정치적 중립 의무'를 교사의 '정치 참여 금지'로 개악한 거지요. 이것이 오늘날까지 교사의 정치적 시민권 박탈의 근거로서 이어져오고 있습니다.

전북대학교 법학전문대학원 신옥주 교수는 「교원의 정치적 기본권 보장 연구」라는 논문에서 바로 이점을 정확하게 지적하고 있습니다. "1963년 이전에는 헌법상 정치적 중립규정이 공무원을 외압으로부터 보호하는 보호막으로서 이해된 반면, 1963년 헌법부터는 정치적 중립규정이 그 하위법들을 통해서 공무원과 교사의 정치적 기본권을 박탈하는 방식으로 변형되어 운용되었다. 이러한 운용을 통해 국가는 공무원과 교사를 탈정치화하고 상부의 지시에 철저히 복종을 요하는 자세를 확립시켰다. 공무원과 교원에 대한 전면적인 참정권 제한의 특징은 공무원의 직무상 행위와 직무 외의 행위, 즉 시민으로서의 일상적 행위를 구별하지 않고 있다는 점과, 공무원과 교사는 정당가입과 정당후원 등 민주국가에서 국민으로서 가져야 할 필수적인 정치적 기본권조차 박탈하고 있다는 점이다."

박정희 군사정권은 교사(와 공무원)의 정치활동뿐만 아니라 노동운동과 집단행동까지도 금지했습니다. 1963년에는 국가공무원법을 재개정하여 공무원은 정당이나 정치단체에 관여해도 안 되며, 선거활동은 물론 단순한 서명운동, 의견 게시 행위, 기부금품 모집 행위 등 일체의 정치적 행위를 하지 못하게 못 박았고, 형사처벌 조항까지 부가했습니다. 한마디로 공무원은 시민으로서 그어떤 활동도 할 수 없도록 만들었습니다.

박정희가 1963년 교사의 정치 참여 금지 조항을 만들었으니 벌써 60여 년이 되었습니다. 정치적 금치산자로서 한국 교사가 환갑을 맞은 셈이지요. 그럼에도 불구하고 '선진국 대한민국'에서 이런 시대착오적인 법이 사라지지 않고 있습니다. 바로 국민들의 의식이 지난 60년간 이 낡은 법을 정상적인 것으로 착각하고 있기 때문입니다. 이런 식이지요. '교사가 정치적 시민권을 가지면 교실이 정치화되는 게 아니냐' '교사가 정치적 시민권을 갖고 행동하면, 미숙한 학생들에게 부정적인 영향을 미칠 수 있는 것 아니냐' 따위의 주장이지요. 과연 그럴까요?

교사가 '정치적 자유'를 누리는 것은 교사가 '종교적 자유'를 누리는 것과 같습니다. 어떤 교사나 종교적 자유를 누리지만, 그렇다고 수업 시간에 자신이 믿는 종교를 강요할 자유는 없는 거지요. 그렇지만 교사도 시민으로서 당연히 종교의 자유를 누릴 권리가 있습니다. 기독교인, 가톨릭신자, 불교도, 원불교도 등으로 교회, 성당, 절에도 자유롭게 가고 종교 활동도 자유롭게 하지만, 교실에서 자신의 종교를 설파하지는 않지요.

교사의 정치적 자유도 똑같습니다. 교사가 어떤 정치적 신념을 갖든, 어떤 정당에서 활동하든, 또한 선거에 출마하든, 선거 운동을 돕든, 이것은 모두 교사가 시민으로서 자유롭게 할 수 있는 기본적 권리이지요. 그러나 교사가 교실에서 자신의 정치적 신념을 학생들에게 피력하는 것은 다른 문제이지요. 이것을 '정치적 자유'라고 부르지는 않습니다.

따라서 교사가 정치적 자유를 누린다고 교실이 정치판이 되는 것은 아닙니다. 교사가 종교적 자유를 누린다고 교실이 종교 전쟁터가 되는 것이 아닌 것과 같습니다. 오히려 교실이 성숙한 정치적 공론장이 될 가능성이 높습니다.

독일에서도 교사의 정치적 시민권을 보장할 때, 교실이 정치적 선동의 공간이 될 수 있다는 우려가 없었던 것은 아닙니다. 그래서 1976년 독일의 진보주의자, 보수주의자, 자유주의자 등 다양한 정치적 입장을 대변하는 교육학자, 정치학자, 사회학자 등이 보이텔스바흐(Beutelsbach)라는 곳에 모여 '정치 교육을 위한 합의'를 맺게 되는데, 이것을 '보이텔스바흐 합의'라고 합니다. 이 합의가 독일 정치 교육의 기본원칙으로서 지금까지도 지켜지고 있습니다.

강릉원주대학교 사학과 이동기 교수 등이 함께 쓴 책 『보이텔스바흐 합의와 민주시민교육』을 보면 보이텔스바흐 합의는 3가지 원칙으로 구성되어 있습니다.

첫째는 강압금지(Überwältigungsverbot)의 원칙입니다. 이것은 더 이상 자세한 설명이 필요 없는 원칙이지요. 학생에게 교사의 생각, 입장, 신념을 강제적으로 주입해서는 안 된다는 너무도 당연한 원칙입니다.

둘째는 논쟁재현(Kontroversitätsgebot)의 원칙입니다. 사회에서 쟁점이 되고 있는 사안에 대해서는 찬반의 논점을 균형 있게 제시하여 학생들이 자신의 관점을 합리적으로 세울 수 있도록 해야 한다는 원칙입니다.

셋째는 학생이해관계고려(Schülerorientierung)의 원칙입니다. 정치 교육은 최대한 학생들이 자신과 자신이 속한 집단의 미래 이해관계를 고려하여 정치적 상황을 분석하고 판단할 수 있도록 실용적인 측면에서 이루어져야 한다는 원칙입니다.

예컨대, 학생들은 대부분 미래의 노동자로 살아갈 것이기 때문에 학생들에게 가장 필요한 교육은 바로 노동과 노동조합에 관련된 교육이라는 것이지요. 그래서 정치, 사회 교과의 절반가량이 이론적으로나 실천적으로나 이러한 문제를 중심으로 다루어집니다. 여학생의 경우는 물론 여성 인권과 여성 차별의 문제가 학교에서 자주 다루어지는 주제이지요.

독일의 교실에서는 이러한 세 가지 원칙에 기초해서 '정치 교육'이 이루어지고, 이를 통해서 독일의 학생들은 정치라는 주제를 적극적으로 수용하면서, 이를 합리적인 정치적 태도를 형성하는 과정으로 활용합니다. 즉 독일에서 정치 교육은 민주시민을 양성하는 가장 중요한 토대가 되는 것입니다.

선동가를 판별하는 능력을 기르다

한국에서는 교사가 정치 이야기를 꺼내면 아이들을 선동한다고 비난받습니다. 그러나 독일에서는 아이들이 올바른 정치의식을 갖고 불의한 권력에 맞설 수 있는 능력을 학교가 키워줘야 한다고 생각합니다. 그래서 독일 학교에서는 저항권 교육뿐만 아니라 '선동가 판별 교육(Demagogenpädagogik)'도 중시합니다.

선동가 판별 교육은 말 그대로 '아이들이 어떻게 정치적 선동가를 판별할 것인가'를 가르치는 교육입니다. 이것은 지극히 독일적인 교육 내용이지요. 히틀러 파시즘을 겪은 역사적 상처 때문에, 독일 교육에서 가장 중시하는 것은 이런 과거를 되풀이해서는 안 된다는 인식입니다. 그래서 학생들은 어린 시절부터 선동가를 판별하는 능력을 길러야 한다고 배우지요. 히틀러를 비롯한 전형적인 선동가들의 행동을 분석하는 활동을 통해 더 이상 선동가에 휘말리지 않게 하는 것입니다. 독일 학생들은 이러한 교육을 통해서 교사가 정치 '교육'을 하는지, 정치 '선동'을 하는지 스스로 판단하는 능력을 갖추게 됩니다.

우리 사회에서는 교사의 정치적 시민권을 박탈하고 있으면서, 그 이유로 가장 많이 드는 것이 바로 '교실의 정치화'입니다. 교사가 정치 활동을 하게 되면 교실을 자신의 정치적 신념을 강요하는 곳으로 활용할 수 있다고 우려하는 것이지요. 이러한 우려는 기우에 불과합니다. 아이들에게 선동가 판별 교육을 시키면 교사가 아이들을 선동하는 일은 애초에 불가능합니다. 요컨대, 선동가 판별 교육은 아이들의 정치적 판단능력을 증진시킬 뿐만 아니라, 교사들의 선동 가능성을 원천 봉쇄하는 기능을 합니다. 그러니 교사가 정치적 시민권을 회복하면 교실이 정치화된다는 말은 타당하지 않습니다.

한국에서도 선동가 판별 교육을 체계적으로 실시할 필요가 있습니다. 이러한 교육은 많은 이들이 우려하듯이 교사에 의해 아이들이 선동되는 것을 사전에 차단하는 효과를 가질 뿐만 아니라, 군사독재 30년이 우리 한국인의 내면에 쌓아놓은 파시즘의 잔재를 자각하는 계기가 될 수 있습니다.

우리 아이들이 학교에서부터 그런 선동가를 구분해 낼 수 있는 능력을 갖게 되면 어떻게 될까요? 아이들의 정치적 판단력이 높아짐은 물론 우리 사회도 포퓰리스트의 선동에 흔들리지 않는 보다 성숙한 민주사회로 발전할 수 있을 것입니다.

새로운 교육을 위한 새로운 교사

새로운 교육을 위해서는 새로운 교사가 필요합니다. 경쟁하지 않는 교육, 비판 교육, 아이들의 잠재력을 끌어내는 교육, 성숙한 민주주의자를 기르는 교육, 존엄 감수성을 키우는 교육, 선동가 판별 교육 등 이런 새로운 교육은 새로운 교사를 요구합니다. 그래서 교사의 양성과정이 바뀌어야 합니다.

인간이 누군가를 교육한다는 것은 무슨 의미일까요? 앞서 말한 것처럼 교육이란 아이들의 잠재력을 '끌어내는 것(educate)'입니다. 그렇기 때문에 교육자는 아이들의 잠재적인 재능을 '끌어내는 사람'이지 죽은 지식을 '처넣는 사람'이 아닙니다. 바로 여기에 교육자(educator)의 어려움이 있습니다. 어떻게 보이지도 않는 아이들의 잠재적 능력을 끌어낼 수 있을까요. 이것은 거의 신의 영역이 아닌가요. 그렇기 때문에 독일에서는 교육자의 양성과정이 대단히 엄격합니다.

독일에서는 교사의 양성과정이 의사의 양성과정과 거의 유사합니다. 의사가 인간의 육체를 다루는 직업이라면, 교사는 인간의 정신을 다루는 직업이기 때문이지요. 교육은 인간의 심리와 정서, 감수성과 인지능력을 다루고 아이들의 성장에 영향을 미치는 영역이기 때문에 의학만큼 혹은 그 이상 고도의 학습과 훈련을 거친 전문가가 필요한 영역입니다.

그렇기에 독일에서 교사가 되려면 상당히 오랜 수련 기간을 거쳐야 합니다. 독일의 교사 양성과정은 우리와는 상당히 다릅니다. 초등학교 교사는 최소 6년, 중고등학교 교사는 최소 7년이 걸리는데, 실제로는 대학과정을 마치는 데에만 평균 8~9년 정도가 걸리고 이후 2년의 수습교사 기간을 거쳐 교사가 됩니다. 그래서 독일에서는 20대에 교사가 되는 일은 흔치 않습니다.

먼저 대학에서 초등의 경우 4~5년, 중등의 경우 5년의 교직 과목을 수강하면서 전공과목, 과목교수법, 교육학에 대한 이해를 갖춥니다. 교직과정을 마치기 위해서는 학사와 석사의 논문을 차례로 써야 합니다. 대학 과정을 성공적으로 마치면 1차 국가고시(Erste Staatsexamen)를 봅니다. 여기까지는 한국과 어느 정도 비슷하지요. 우리도 교직을 마치면 교사 임용고사를 보니까요.

그런데 차이는 이제부터입니다. 우리는 임용고시에 붙는 것으로 끝인데, 독일은 그게 시작입니다. 1차 국가고시에 합격하면, 대개 '레페렌다리아트(Referendariat)'라고 불리는 18~24개월의 수습교사 기간을 거칩니다. 이 기간에는 학교에서 주당 10시간 내외의 실제 수업을 담당하면서 동시에 대학에서 실제 교수법 등의 강의를 듣습니다. 근무학교 교장의 평가를 포함한 일련의 과정을 성공적으로 마친 경우 2차 국가고시(Zweite Staatsexamen)를 볼 수 있습니다. 2차 국가고시를 통과한 이후 학교에 채용이 되면 1년간의 견습근무(Probezeit)를 하고, 이후 학교장의 평가를 거쳐 정식 교사가 되는 것이지요.

대학교수도 아니고 중고등학교 교사가 되는 과정의 일환으로 석사·박사 논문을 쓴다고 하면 우리 입장에서는 굉장히 특이하다고 느낄 것입니다. 왜 논문을 요구하는 것일까요. 논문을 쓰는 일은 '나'의 관점에서 세상을 읽어내는 안목을 갖고, 그것을 '나'의 언어로 표현할 수 있는 능력이 있어야 가능합니다. 독일에서는 교사에게 그런 능력이 있어야 한다고 봅니다.

이는 독일의 시험이 모두 서술형으로 학생들의 '지식'이 아니라, '생각'을 묻는 형태를 띤다는 사실과 밀접한 관계가 있습니다. 교사들이 논리적 사유와 합리적 표현능력을 갖추어야 아이들에게 그와 같은 능력을 요구하고 평가할 수 있기 때문이지요. 한국에서는 박사에 해당하는 정도, 즉 대학교수 자격 요건에 해당하는 정도의 지적 수련 과정을 거친 중등학교 교사들도 독일에는 많이 있습니다.

물론 한국의 교사들은 교사가 된 이후에 다양한 직무연수 프로그램을 통해 전문성을 향상시키는 기회를 가질 수 있습니다. 그러나 교육의 핵심은 '지식 전달'이 아니라 '잠재력의 계발'이라는 측면에서 보면 교사 양성과정을 보다 전문화하고 체계화할 필요가 있습니다. 특히 앞으로 우리 교육에서도 평가 방식이 지금과 같은 선다형, 단답형이 아니라, 서술형, 논술형 방식으로 진행되기 위해서는 교사들에게 논문(석사, 박사)을 요구하는 것은 꼭 필요한 절차라고 생각합니다.

독일처럼 4~5년간 교직 과목을 이수한 후에 석사 논문을 쓰고 제1차 국가고시를 보고, 수습교사 2년을 마친 후에 제2차 국가고시를 통과한 자에게 교사 자격을 주는 엄격한 시스템이 우리 교육을 위해서도 검토되고 도입되어야 합니다. 교사들이 사교육 시장의 강사들보다 더 우수해야 공교육이 살아날 수 있습니다.

물론 이런 엄격한 양성과정을 밟은 교사들에게는 당연히 사회적 처우도 높여야 할 것입니다. 독일 신규교사의 임금은 OECD 국가 중 룩셈부르크에 이어 2위로 높은 수준이며, 대부분의 주에서 교사의 처우를 노동자 평균 임금의 2배로 정해놓고 있습니다. 이런 문제들은 우리도 추후 교육개혁위원회(가칭)와 같은 기구에서 심도 있게 논의해야 할 것입니다.

마지막으로 교육개혁을 위해서는 모든 교육자와 연구자 전체를 하나로 묶어내는 강력한 조직을 결성해야 합니다. 저는 그것이 독일처럼 교육학문노조(GEW)가 되기를 바랍니다. 독일에서는 전교조, 민교협, 교수노조 등 신분에 따른 권익보호 조직이 아니라 모든 교육자와 연구자가 하나의 우산 아래 모여 있습니다. 이 조직은 조합원들의 권익을 보호하는 일뿐만 아니라, 실제로 교육정책이나 학문정책 수립에 강력한 영향력을 행사합니다.

지금 한국에서는 교육자나 연구자가 사회적 발언권을 거의 갖지 못하고 있습니다. 교육과 학문 영역에서 어떤 문제가 발생하더라도, 이에 대해 조직적으로 대처하고 현실적으로 해결책을 내놓을 체제도, 경로도 없습니다. 그렇기에 지금 한국의 교육계를 지배하는 기본 정서는 거대한 무력감입니다.

한국은 교육과 관련하여 제대로 된 교육정책도, 대학정책도, 학문정책도 없는 나라입니다. 그럼에도 불구하고 어떤 교육자도, 어떤 연구자도 이를 문제 삼지 않고 있습니다. 교육계의 이런 무력감은 세계적으로도 유례가 없는 일입니다. 이런 습성화된 무력감을 떨치고 현실을 변화시키기 위해서는 거대한 교육연구조직을 결성할 필요가 있습니다.

사실 저는 교육혁명과 관련하여 비관적으로만 생각하지는 않습니다. 앞에서 독일 교육개혁의 배경으로 68혁명에 대해 이야기했는데, 68혁명 당시에는 다양한 삶을 지향하는 많은 그룹들이 있었습니다. 저는 그중에서도 상황주의자(situationist) 그룹에 관심이 많습니다. 그들은 참으로 인상적인 구호를 내세웠지요.

"유토피아를 꿈꾸지 마라! 유토피아를 살아라! 지금, 여기서!"

저는 이 말을 들을 때마다 가슴이 뜁니다. 모두 지금 당장 여기서 유토피아를 살기는 어렵습니다. 그러나 교사들은 아이들과 함께 있는 교실을 유토피아로 만드는 실험을 매일 할 수 있습니다. 유토피아를 경험한 자만 유토피아를 만들 수 있습니다. 교사들이 교실에서 매일 조금씩 유토피아의 영토를 넓혀간다면, 언젠가는 유토피아가 바로 우리 곁에 와있을 날이 오겠지요. 그날을 위해 함께 노력하면 좋겠습니다.

4장

아이들의 교육받을
권리를 회복하기 위해

한국 교육의 최대 피해자

요즘 저는 고등학교, 대학교 학생들을 대상으로 한 강연을 자주 하고 있습니다. 다른 강연은 몰라도 학생들을 상대로 한 강연은 우선적으로 가야 한다고 생각하고 있습니다.

그 이유는 무엇보다 부끄러움 때문입니다. 이렇게 학생들에게 불행한 학교를 만든 것에 대한 부끄러움, 이렇게 폭력적이고 반교육적인 행위를 '교육'이라고 부르는 사회를 개혁하지 못한 데 대한 미안함, 자해와 자살이 일상화된 학생들의 삶을 보면서 느끼는 안쓰러움, 이런 복합적인 감정들이 학생들의 요청에는 무조건

응하게 하는 것입니다.

학생들과의 만남에서 제가 특히 강조하는 것은 "어른들을 믿지 말라"는 점입니다. "특히 한국의 어른들은 절대 믿어서는 안 됩니다. 그들은 여러분의 미래에 관심이 없습니다. 그들은 여러분의 고통에 관심이 없습니다"라고 덧붙입니다. 왜 제가 이런 서글픈 얘기를 할까요?

저는 최근에 있었던 한국의 대통령선거와 독일의 총선거를 보면서 우리 어른들이 얼마나 무책임한 존재인지를 뼈저리게 느꼈습니다. 지난 독일 총선의 최대 쟁점은 바로 기후, 생태변화 문제였습니다. 독일 정치의 경우는 생태적 파국 앞에서 미래 세대를 위해 우리가 무엇을 해야 하는지를 둘러싸고 치열한 논쟁을 벌인 것입니다. 우리는 무엇을 했나요? '지구의 종말'이 정말로 코앞에 다가왔는데도, 생태, 기후변화 문제는 아예 TV토론 의제에도 오르지 못했습니다.

이런 무책임한 어른을 믿는 것은 너무도 어리석은 일입니다. 이제 젊은 세대에게는 한 가지 방편만이 남아 있을 뿐입니다. 이 어른들을 고쳐 쓰는 것이 아니라, 이들을 대체하는 것이지요. 여의도도 젊은 세대로의 거대한 세대적 전환이 필요한 시점이 되었습니다. 젊은 세대의 미래에 아무런 관심도 없는 어른들을 더 이상 믿지 말고 청소년과 청년이 스스로 움직여야 합니다. 우리 청년들에게는 세상을 변화시킬 힘이 있습니다. 어른들이 만들어놓은 경쟁 이데올로기, 능력주의 이데올로기, 공정 이데올로기의 덫에서 벗어나 새로운 논리와 비전으로 새로운 세상을 만들어가야 합니다. 그래야만 생태적 파국에서 벗어날 가능성이 열립니다.

또한 저는 학생들에게 "학교에서 부여한 평가에 구애받아서는 안 된다"는 말을 꼭 덧붙입니다. 공부를 잘하는 모범생도, 성적이 좋지 않은 학생도, 학교의 평가에 따라 자기규정을 해서는 안 된다는 것이지요. 학교의 성적이 한 인간의 능력을 보여주는 것이 아니라는 말을 꼭 강조합니다.

성적은 그저 그 학생이 '한국 교육에 얼마나 잘 적응했는가'를 보여주는 것에 불과합니다. 그리고 정상적인 감수성과 정의감을 가진 학생은 한국 교육에 잘 적응하기 어렵습니다. 그러니 성적이 너무 좋은 학생은 자신이 한국의 비정상적인 경쟁 교육에 너무 잘 적응하는 것은 아닌지 비판적으로 돌아봐야 하고, 성적이 좋지 않은 학생도 자신은 이런 교육과 맞지 않는 감수성을 가진 것은 아닌지 생각해 봐야 합니다. 정말이지 저는 모범생의 오만한 우월감과 열등생의 깊은 굴욕감이 모두 얼마나 잘못된 것인지 일깨워주고 싶습니다.

우리나라 학생들처럼 불행한 학생은 없습니다. 이것은 이미 국제적으로 공인되었습니다. 극단적 경쟁 교육이 아이들을 죽이고 있습니다. 한국에서 '살인적인 경쟁 교육'이라는 말은 결코 수사가 아닙니다. 청소년 자살률은 OECD 평균을 훨씬 상회하는 수준이고, 청소년 사망원인 1위도 자살입니다. 그러니 청소년의 행복도 또한 세계에서 바닥입니다. 가장 예민한 감수성과 왕성한 지적 호기심을 가지고 세상과 만나야 할 아이들이 한국에서는 그 세상을 전쟁터로 체험한다는 것은 너무도 참혹한 일입니다.

저는 분당에서 고등학교를 다니던 한 학생이 자살한 사건에 대한 이야기를 자세히 듣고 너무도 참담했습니다. 무엇보다도 이 학생이 살아서 한 마지막 행동이 가슴 아팠습니다. 그 짧은 인생에서 그가 한 최후의 행동이 바로 서점에서 문제집을 산 것이었습니다. 죽기 직전까지도 시험이 주는 불안감에 사로잡혀 있었다는 사실이 우리 교육의 끔찍함을 웅변해 줍니다.

억압받는 학생들의 자기해방

스웨덴의 청소년 환경운동가 그레타 툰베리를 알고 있겠지요. 2019년 《타임》지는 툰베리를 올해의 인물로 선정했습니다. 그때 표지의 제목은 '청소년의 힘'이었습니다.

저는 '청소년의 힘'이 가장 절실하게 필요한 나라는 스웨덴이 아니라 대한민국이라고 생각합니다. 한국의 청소년들은 자신의 힘을 알지 못합니다. 자신들이 얼마나 많은 것을 할 수 있는지, 자신들이 움직이면 세상을 얼마나 바꿀 수 있는지, 자신들을 억누르고 고통을 주는 세상에서 얼마나 해방될 수 있는지, 그들은 상상하지 못합니다. 한국의 청소년들은 '해방의 상상력'을 결여하고 있습니다. 거대한 무력감이 이들을 짓누르고 있기 때문입니다.

앞에서도 말했지만, 인류의 역사는 해방의 역사입니다. 그리고 모든 해방은 자기해방이었습니다. 어떤 해방도 타자가 가져다주는 경우는 없습니다. 사실 우리의 역사를 돌아보면, 한국의 학생들은 지난 100년간 권력에 맞서 '젊은이의 힘'을 보여왔습니다. 일본 제국주의 치하에서, 해방 이후엔 독재정권 아래서 학생들은 선두에 서서 싸웠습니다. 학생 없는 독립운동과 민주화운동은 상상도 할 수 없을 정도였지요.

얼마 전 교사들을 대상으로 한 강연에서 독일의 초등학교 시위에 대해 자세히 설명한 적이 있습니다. 30여 년 전 유학 시절 '아마존을 살려내라' '아웅산 수치를 석방해라'라는 구호를 외치며 시위를 벌이는 초등학생들을 보고 충격을 받은 이야기, 최근에는 불법 체류 난민의 강제 송환에 항의하면서 '불법적인 인간은 없다'라는 현수막을 들고 시위를 벌이는 초등학생들의 모습에 감동을 받은 이야기 등을 소개한 것이지요. 그 다음날 제 이메일에는 한 초등학교 교사의 메일이 도착했습니다.

"초등학생 데모는 독일에만 있는 것이 아닙니다. 우리나라에서도 있었습니다. 1960년 4·19혁명 직후 서울 수송초등학교, 미동초등학교 등에서 시위를 벌였습니다."

메일과 함께 당시의 초등학생 시위를 보도한 《동아일보》 기사도 첨부했습니다. 아무리 혁명 직후의 변혁적 분위기라고 하더라도 우리 초등학생들이 그렇게 성숙한 자의식을 가지고 있었다는 사실은 놀랍고 반가웠습니다. 그렇습니다. 우리에게도 이런 전통이 있었던 것입니다. 불의와 억압에 맞서는 그런 전통이 군사 쿠데타 이후에 사라진 것입니다. 참으로 안타까운 단절이지요. 이제는 이러한 전통을 되살려야 합니다.

이러한 역사를 돌아보면, 그동안 우리는 학생의 인권과 권리라는 측면에서 엄청난 역사적 퇴행을 거듭해온 것입니다. 오늘날 학생들은 '학생들이 뭘 아는가'라는 말이 정치인의 입에서 상투적으로 튀어나올 정도로 정치적 미숙아로 취급되고 있습니다. 지금 학생들은 스스로 자유롭게 행동하고, 자율적으로 결정하는 권리를 상실한 존재, 한국 사회의 마지막 노예로 남아 있습니다.

그러나 학생은 노예가 아닙니다. 아무것도 할 수 없다는, 이 사회의 지배자들이 쳐놓은 거대한 무력감의 장막을 이제는 걷어내야 합니다. 학생들이 스스로 해방하고자 하는 의지를 갖는다면 얼마든지 자유로운 존재로 거듭날 수 있습니다. 자신의 노예상태를 종결할 수 있습니다.

그 대표적인 사례가 68혁명 시기의 프랑스 고등학생들입니다. 당시 학생들은 소르본 대학을 정점으로 한 서열화된 대학체제 때문에 심각한 경쟁에 내몰려 고통받고 있었습니다. '우리는 공부하는 기계가 아니다. 우리도 존엄한 인간이다'라고 쓴 현수막을 앞세우고 학생들은 대학서열체제의 혁파를 외쳤고, 마침내 승리했습니다.

그 결과 소르본 대학은 파리 1, 2, 3, 4대학으로 해체되었고, 오늘날에는 파리 1대학에서 13대학까지 평준화된 대학체제를 갖추게 되었습니다. 경쟁적인 대학 입시에서 자신을 해방시킨 것이지요. 오늘날 프랑스의 고등학생들은 고등학교 졸업시험인 바칼로레아에만 합격하면 원하는 대학, 원하는 전공을 공부할 수 있습니다. 그리고 바칼로레아에는 대략 90퍼센트 이상의 학생이 합격합니다.

프랑스와 독일의 사례가 우리에게 주는 교훈은 분명합니다. 억압받는 주체가 움직여야 한다는 것입니다. 독일과 프랑스에서는 억압받던 학생들이 움직였고, 마침내 자신을 해방시키고, 새로운 민주적 질서를 창출했습니다. 억압받은 주체의 움직임을 진취적인 교사, 교수, 교육전문가, 시민들이 응원하고 지원했던 것이고, 마침내 자기해방에 성공한 것입니다.

우리에게도 이러한 역동적 변혁의 과정이 필요합니다. 이제 학생들 스스로가 행동하고 실천해야 합니다. 오랜 무력감과 마비된 상상력을 극복해야 합니다. 학생들이 나서면, 교사와 학부모, 교육전문가와 시민사회가 적극적으로 응원하고 지지해야 합니다.

학생과 교사, 학부모와 전문가가 모두 손잡고 광장에서 '우리 아이들은 공부하는 기계가 아니다' '우리 아이들도 행복할 권리가 있다' '우리 아이들도 존엄한 인간이다'라고 외칠 날을 상상해 보세요. 모두가 촛불을 들고 학생 해방을 외치는 그날 교육혁명은 성공하리라고 확신합니다. 이것을 돕고 함께하는 것이 우리 세대의 마지막 과업이라고 저는 생각합니다. 더 이상 아이들이 자살하지 않는 사회, 모든 아이들이 행복한 나라는 그렇게 이루어질 것입니다.

무상 등록금, 관점을 바꾸면 보이는 것들

한국 대학의 역사를 돌아볼 때, 지금처럼 대학생들이 무기력한 적은 없었습니다. 이렇게 권력에 굴종적인 대학생들도 없었습니다. 대학생들은 어느새 '관리되는 세계'의 관리대상이 되어버렸습니다. 자신들의 권리를 빼앗기고도 저항하지 않고, '소확행' 그러니까 '작지만 확실한 행복'이라는 거짓 성채를 쌓고 숨어드는 모습은 그로테스크하기까지 합니다.

그런 와중에 코로나 팬데믹 상황 속에서 대학생들이 등록금 반환을 요구한 일이 생겼습니다. 코로나 사태로 제대로 된 대학 교육을 받지 못했으니 등록금을 돌려달라는 논리였습니다. 저는 대학생들의 문제 제기 자체는 반겼지만, 이들이 내세우는 논리는 근본적으로 잘못되었다고 생각합니다. 논리를 전개하는 방식이 잘못되었다는 의미입니다. 다시 말해, 학생들이 대학을 바라보는 기본적인 관점이 잘못되었고, 그러니 잘못된 방식으로 문제를 제기한 것입니다.

학생들이 요구해야 할 것은 '등록금을 반환해라'가 아니라, '등록금을 없애라'입니다. 저는 우선 학생들이 대학의 역사에 대해 좀더 진지하게 공부해야 한다고 생각합니다. 대학이란 무엇인가, 한국 대학은 어떤 역사를 거쳐왔나를 묻고, 답을 구해야 합니다.

등록금을 반환하라는 논리는 어떤 대학관에 바탕을 두고 있나요? 그것은 기본적으로 '시장주의 대학관'에 기초한 주장입니다. 즉 내가 돈을 주고 고등교육 시장에서 대학 교육을 구매했는데, 그 교육상품에 '하자'가 생겼으니 물어내라, 보상하라는 논리이지요. 이 요구 자체는 타당한 것이지만, 이러한 주장의 기반을 이루는 대학관은 잘못되었다는 말입니다. 대학 교육을 시장에서 구매하는 상품으로 보는 대학관에서 출발한 주장이니까요. 대학생들이 이러한 주장을 펼치는 것은 이들이 자본주의 이데올로기, 자유시장경제 이데올로기에 완전히 포획되어 있다는 증거입니다.

시장주의 대학관은 전형적인 미국식 대학관입니다. 미국인들은 대다수가 시장주의 대학관을 가지고 있습니다. '내 돈 가지고 내 자식에게 좋은 교육을 시키겠다는데, 무슨 문제 있어?'라는 생각이 미국인들의 상식입니다. 그것이 '정의'롭다고 생각합니다. 일견 그럴듯하고 합리적인 것처럼 들리는 주장이지요. 그러나 유럽인들이 보기에 그런 생각은 '정의'가 아니라 '야만'입니다. 교육은 시민이라면 '누구나 누려야 할 권리'인데, 어떻게 돈 주고 구매하는 상품과 같이 취급할 수 있느냐는 거지요. 어느 쪽 입장이 더 타당한 것 같나요?

근대 초기에 선각자들이 꿈꾸었던 세상을 생각해 보세요. 프랑스 대혁명 시기에 나온 '인권선언'에서 천명한 것처럼, 모든 인간이 자유롭고 평등한 세상, 모두가 연대하는 세계를 소망했지요. 하지만 실제로 모든 사람이 평등한 공동체를 인류가 이루어본 적이 있나요? 인간이 이런 유토피아를 구현한 적이 있나요? 몇 번의 실험이 있었지만, 그것은 대개 사회적 비극으로 끝났지요. '결과의 평등'을 이룬다는 것은 매우 어렵다는 사실을 우리에게 환기시켜 주었습니다. 그런 공동체를 인간이 만들 수 있는가에 대해서 점차 회의적인 인식이 확산되었지요.

그렇다면 비록 인류가 '결과의 평등'이 이루어지는 사회를 구현하지는 못할지라도 최소한 '기회의 평등'은 이루어야 한다는 생각이 보편화되었습니다. 유럽의 교육관, 대학관은 바로 이런 인식에 바탕을 두고 있습니다. 사회 구성원 모두가 자신의 잠재력을 구현할 기회는 평등하게 가져야 한다는 것이지요. 독일과 프랑스, 스웨덴과 핀란드 등 유럽의 대다수 대학이 입학 기회를 최대한 보장하고, 학비는 무료이며, 학생들에게 생활비를 주는 이유는 바로 이런 기회의 평등을 보장해야 한다는 인식에서 나온 것입니다.

물론 무조건 유럽을 따라하자는 게 아닙니다. 근대 사회의 이념과 상식을 따르자는 것이지요. 한국 사회는 기본적으로 민주주의 사회이고, 그 안에 사는 모든 구성원들은 당연히 기회의 평등을 누릴 권리가 있습니다. 이것은 우리나라 임시정부의 '건국강령'에 나타난 기본정신이기도 합니다.

따라서 대학 교육의 기회도 구매력 있는 사람에게만 주어지는 게 아니라, 모든 사람들에게 주어져야 합니다. 대학 등록금을 반값으로 깎거나 반환하는 게 아니라, 이제는 완전히 없애야 한다는 거지요. 우리나라는 지금 그 정도는 감당할 경제력을 갖춘 나라입니다. 독일을 비롯한 유럽의 많은 나라에서는 등록금이 없을 뿐만 아니라 국가가 학생들에게 생활비도 준다는 사실을 감안한다면, 대학 등록금을 없애자는 것은 사실 대단한 요구라기보다는 '최소한의 요구'입니다.

세계 경제규모 10위권에 드는 부유한 대한민국이 대학 등록금 무상화 예산이 없다는 것은 어불성설입니다. 여러 차례 이야기했다시피, 독일은 2차 세계대전이 끝난 직후부터 대학 등록금을 없앴습니다. 전쟁으로 전 국토가 완전히 폐허가 된 상태에서 학비를 없애기 시작한 것이지요. 문제는 정부의 '예산'이 아니라 '의지'입니다.

대한민국이 처음부터 오늘날과 같은 미국식 교육관을 가졌던 것은 아닙니다. 대한민국은 주지하다시피 1919년에 임시정부 형태로 건국되는데, 이 임시정부가 1941년에 내놓은 건국강령을 주목할 필요가 있습니다. 건국강령은 해방 이후 탄생한 대한민국의 기본 정신을 담고 있기 때문입니다. 건국강령은 조소앙 선생의 삼균주의를 사상적 기초로 삼아 작성되었습니다. '삼균'이란 세 가지 균등, 즉 정치균등, 경제균등, 교육균등을 뜻합니다. 가장 기본적인 세 가지 균등의 요구에 교육도 포함되어 있습니다. 교육 균등은 "모든 국민은 균등하게 교육받을 권리를 갖는다"라는 조항으로 구현되었지요. 1948년에 대한민국 정부가 세워질 때 이 건국강령을 그대로 이어받아 제헌헌법에도 넣었습니다.

그런데 1961년 5·16 군사 쿠데타로 집권한 박정희 정부가 이 조항에 다섯 글자를 집어넣었습니다. 바로 '능력에 따라'라는 말이지요. 그래서 "모든 국민은 '능력에 따라' 균등하게 교육받을 권리를 갖는다"라는 현재의 헌법 31조 1항에 이르게 된 것입니다.

박정희가 삽입한 다섯 글자는 삭제해야 합니다. 그것이 건국강령과 제헌헌법의 정신을 살리는 일이고, '능력'을 둘러싼 논쟁을 통해 원래의 정신을 훼손하는 것을 막아내는 길이기 때문입니다. 우리는 건국 초기 선각자들이 가졌던 교육이상, 교육이념으로 돌아가야 합니다. 그리고 젊은이들은 건국강령, 제헌헌법, 삼균주의의 정신을 들어 대학 무상교육을 '국민의 권리'로서 요구해야 합니다. 우리 선각자들의 혜안과 이상을 이어받아, 교육은 '누구나 균등하게 받을 권리'이지, '돈 주고 사는 상품'이 아니라고 주장해야 합니다.

저는 2011년 반값 등록금 시위가 한창이던 때에도 대학생들에게 말했습니다. 여러분이 주장해야 할 것은 반값 등록금이 아니라 대학 무상교육이고, 그 근거는 '국가채무상환론'이라고 설명해주었습니다.

우리는 임시정부의 건국강령을 이어받은 헌법에 의거해서 교육받을 권리를 당연히 누려야 하는데, 지금까지 그 권리를 누리지 못했습니다. 그 권리를 누리기는커녕 등허리가 휘고 허리띠를 졸라매면서 국민이 직접 교육의 비용을 떠맡아왔습니다. 오죽하면 '우골탑(牛骨塔)'이라는 말이 생겼겠습니까. 자식을 교육시키려면 소뼈로 탑을 이룰 정도로 엄청난 비용을 바쳐야 한다는 뜻이지요. 농촌의 가계를 지탱하는 가장 소중한 재산이 소인데, 그 대들보 같은 존재를 다 끌어다 바쳐야 자식이 공부할 수 있다는 얘기지요. 그러니까 한 가정이 모든 것을 희생하면서 자식을 교육시켜 왔던 것입니다.

요컨대, 교육은 국민의 권리이고, 국가의 의무라고 천명되었지만, 실제로는 가난한 국가를 대신하여 국민이 교육의 재정을 떠맡아왔던 것입니다. 국가 입장에서는 국민에게 채무를 진 셈이지요.

하지만 지금 대한민국은 원래의 헌법정신을 구현할 충분한 재정적 능력을 갖고 있습니다. 이제는 국가가 국민에게 빚을 갚아야 할 때입니다. 국가를 대신하여 국민들이 교육에서 감당했던 엄청난 재정적 부담, 이것은 분명 국민에 대한 국가의 부채입니다. 이제 국가가 부유해졌으니, 지난 75년간 국민에게 진 빚을 갚아야 합니다. 그것이 역사의식을 갖춘 정부라면 당연히 해야 할 책무입니다. 그 첫 번째 실천이 바로 대학 무상교육입니다.

이제 국민들은 국가를 향해 분명하게 요구해야 합니다. "임시정부 건국강령의 정통을 이어받은 헌법에 명시되어 있는 것처럼, '교육은 국민의 권리'다. 그러나 해방 이후 국가가 너무도 가난했기 때문에 우리 국민이 국가의 의무를 대신 감당해 주었다. 이제는 부유한 나라가 되었으니, 우리에게 진 빚을 갚아라. 그것이 바로 대학 무상화이다."

정부가 염치와 의지만 있다면, 국민들에게 진 빚을 당장 내일이라도 탕감할 수 있습니다. 대학 무상교육의 비용으로 추정되는 6조~10조의 비용은 우리나라의 재정 규모로 볼 때 결코 부담스런 비용이 아닙니다. 예산 타령은 핑계에 불과합니다.

국민에 대한 부채를 탕감하지 않는, 역사의식도 사회적 정의에 대한 감각도 결여한, 파렴치한 정부에게 대학 학비를 깎아달라고 하는 것은 이치에 맞지 않을 뿐 아니라, 너무도 굴욕적인 태도입니다.

대학 무상 등록금은 단순히 대학의 문제, 교육의 문제가 아닙니다. 그것은 우리 사회가 대학 교육을 국민의 '권리'로 보느냐, 교육시장의 '상품'으로 보느냐를 판가름하는 중요한 문제입니다. 즉 교육 문제를 넘어 사회 정의의 문제인 것입니다. 이제 우리 대학생들은 자신의 생각이 한국 자본주의의 시장 이데올로기에 완전히 포획되어 있다는 사실을 자각하고, 대학 교육을 민주시민의 당연한 권리로 바라보는 성숙한 시각을 가져야 합니다.

우리 대학생들이 역사적·비판적 사고가 결여된 사례는 대학 등록금 문제를 바라보는 관점에만 있지 않습니다. 아르바이트를 대하는 태도에서도 우리 대학생들이 한국 자본주의가 새겨놓은 시장주의적 사고에 깊이 사로잡혀 있음을 봅니다.

요즘 대학생들의 시간을 가장 많이 빼앗는 일이 바로 아르바이트입니다. 언제부턴가 세미나나 학술 행사, 혹은 MT를 학생들과 함께하기가 쉽지 않습니다. 학생들이 너무나 '바쁘신' 겁니다. 대부분의 경우 아르바이트 때문입니다. 아르바이트가 학생들의 지적 삶을 잠식하고 있습니다. 그러다 보니 학생들로 붐벼야 할 도서관이 시험 기간을 제외하고는 대개 텅 비어 있습니다. 학생들은 도서관에서 책을 읽는 것이 아니라, 편의점에서 바코드를 찍고 있거나 카페에서 커피를 주문받고 있거나 택배회사에서 물건을 배달하고 있습니다.

이는 우리 사회가 얼마나 병든 사회인지를 보여주는 것입니다. 부유한 부모를 가진 아이들만 공부에 매진할 수 있고, 가난한 학생들은 학비와 생활비를 벌기 위해 아르바이트를 해야 하는 사회는 정의로운 사회가 아닙니다. 저는 학생들에게 이렇게 말합니다.

"한국 사회에서 '좋다'고 하는 것은 대체로 좋지 않은 것입니다. 기득권 계급의 지배에 유리한 것을 대개 좋다고 말하지요. 아르바이트도 마찬가지입니다. 많은 사람들이 아르바이트에 대해 긍정적으로 이야기하고, 심지어 아르바이트를 하면 '철이 들었다'고 칭찬하기도 합니다. 그러나 정말 그럴까요. 여러분의 젊은 시간은 무엇으로도 대체될 수 없습니다. 그것을 돈으로 환산하면 얼마가 될까요? 시간당 1만 원, 혹은 2만 원? 여러분의 젊은 시간은 도저히 돈으로 환산할 수 없는 가치를 가지고 있습니다.

왜 우리 사회는 여러분들에게 아르바이트를 그렇게 적극적으로 권장할까요? 젊은이들의 자립심을 고취하기 위해서? 사회생활에 대한 경험을 미리 쌓게 하려고?

아닙니다. 제 생각에 아르바이트를 장려하는 진짜 이유는 대학을 다니는 지식인들을 조기에 저임금에 길들이기 위해서입니다. 그걸 통해 대학생을 보다 순종적이고 무비판적인 노동자, 적은 임금에도 불평하지 않는 자본의 부품으로 일찌감치 순치시키려는 것이지요. 자본의 고도의 책략인 것입니다. 그래서 가장 잔인하고 약탈적인 노동인 아르바이트를 이상화하면서 이 사회를 '알바 천국'이라고 선전해 대는 것입니다."

물론 어려운 형편 때문에 아르바이트를 하지 않을 수 없는 많은 학생들이 있습니다. 그러나 그런 경우라도 자본의 의도를 인식해야 합니다. 그래야만 이런 심각한 노동착취를 넘어설 수 있습니다. 앞서 얘기했듯이, 독일 등 유럽의 경우처럼 대학 교육을 기회의 평등을 보장하기 위한 시민의 당연한 권리로 보고, 학비와 생활비를 국가가 떠맡는 방향으로 대학개혁을 이루는 것이 정답입니다.

5장

대학, 존재 이유를 되묻다

교수, 권력 앞에서 말하는 자

대학이 존재하는 이유는 무엇이고, 대학이 추구하는 목표는 무엇인가요? 대학은 돈을 벌기 위해 존재하는 영리기관도, 직장에 들어가기 위해 다니는 취업학원도 아니지요. 대학은 본질적으로 진리를 탐구하는 곳입니다. 다시 말하면 대학은 보편성을 추구하는 곳입니다. 모든 진리는 보편적이기 때문이지요.

그러나 대학 밖에 있는 세계는 권력의 세계입니다. 모든 권력은 특수한 이익을 추구합니다. 종교적 권력이든, 정치적 권력이든, 경제적 권력이든, 권력은 하나같이 특수한 이해관계를 좇습니다. 요컨대, 권력은 특수성을 추구하고, 대학은 보편성을 추구합니다. 그렇기에 대학과 권력은 '필연적으로' 갈등할 수밖에 없습니다. 둘 사이의 갈등은 우연히 발생하는 것이 아닙니다. 특수성을 추구하는 권력과 보편성을 추구하는 대학은 존재론적으로 대립적 관계에 있는 것입니다.

대학 교수를 'professor'라고 부르게 된 것도 이런 존재론적 대립 관계에서 나왔습니다. 'pro-'가 '앞에서', '-fess'가 '말하다'라는 뜻이니까, 'professor'는 어원상 '앞에서 말하는 사람'이라는 의미이지요. 그런데 누구 앞에서 말하는 건가요? 당연히 보편성과 대립하는 권력 앞에서 말한다는 뜻이지요. 그러니까 교수라는 말에는 '권력 앞에서 말하는 사람'이라는 뜻이 내포되어 있습니다.

그런데 권력 앞에서 진리를 말하면 어떻게 되나요? 권력이 그말을 긍정적으로 들어주나요? 아니지요. 자신의 특수한 이해에 반하는 보편적 진리를 말하는 자를 권력은 늘 억압해 왔습니다. 조선시대 사간원의 선비들을 떠올려보세요. 그들은 진리의 이름으로 "아니 되옵니다, 전하!" 하며 용감하게 왕의 권력에 비판적 목소리를 냈고, 왕은 이들을 유배 보내거나, 사약을 내렸습니다.

권력과 학문의 대립관계는 서양이나 동양이나 차이가 없습니다. 따라서 학문을 한다는 것은 매우 위험한 직업을 갖는다는 것을 의미했지요. 목숨을 던질 수 있어야 하는 직업이니까요. 이러한 상황에서 생겨난 것이 바로 교수 정년제, 즉 테뉴어(Tenure) 제도입니다. 보편적 진리를 말하는 학자들을 제도로서 보호하는 것이 공동체 전체에 유익한 일이라는 인식이 확산되면서 생겨난 제도입니다. 권력 앞에서 진리의 이름으로 말하는 자들을 보호하는 것이 사회에 더 유익하다고 생각한 것이지요.

교수들에게 정년을 보장해 준 것은 편안하게 기득권을 누리라고 배려한 게 아닙니다. 권력 앞에서 할 말은 하라고, 권력을 비판하라고 만든 제도입니다. 대학의 본질은 곧 진리 추구이고, 진리 추구는 필연적으로 권력 비판으로 나아간다는 인식이 만든 제도인 것입니다. 사회적 합의로서 권력을 비판하라고 생겨난 테뉴어 제도가 교수의 기득권을 강화함으로써 오히려 교수들을 보수화하는 우리의 현실은 참으로 역설적입니다.

대학생에게 '연구 보수'를 지불하라

앞서 살펴보았듯이, 빌헬름 폰 훔볼트는 대학을 '가장 이상적인 유토피아를 선취하는 소우주'라고 정의했습니다. 대학은 철저한 권력 비판을 통해 유토피아를 선취할 수 있다는 것이지요. 대학이야말로 가장 이상적인 형태로 사회적 정의가 이루어지는 곳이어야 한다는 의미입니다.

독일의 대학에서는 1971년부터 대학생에게 생활비를 지원 또는 무상 대여하기 시작했습니다. 그것을 바푁(BAföG)이라고 부르는데, 바푁의 도입 초기에는 정말이지 믿지 못할 일이 벌어졌습니다. 장학금 형태로 생활비를 주겠다고 하니까 학생들이 이를 거부한 것입니다. 그들은 "우리를 시혜의 대상으로 보지 말라"고 요구했습니다. 학생들은 장학금이라는 '시혜'가 아니라 자신들의 활동에 대한 정당한 '대가'로서 생활비를 받아야 한다고 주장했습니다.

학생들이 내세운 것이 바로 '연구 보수(Studienhonorar)'라는 개념이었습니다. "우리 대학생들이 하는 연구는 우리 자신만을 위한 것이 아니다. 그 결과는 결국 사회라는 공동체에 유익한 것이다. 그런 의미에서 우리가 하는 연구는 사회적 노동이다. 이에 대해 국가가 보수를 지불하는 것은 너무나 당연하다"라는 것입니다. 참으로 놀랍지요. 이런 빼어난 학생들이 개혁을 주도했기에 결국 대학개혁, 교육개혁에 성공할 수 있었고, 그것이 사회개혁으로 확산될 수 있었던 것입니다.

나아가 연구 보수라는 개념은 '학문의 자율성'이라는, 보다 근본적인 문제의식과 닿아 있습니다. 자율적인 학문을 위해서는 학생들이 경제적 속박으로부터 자유로운 상태에 있어야 하는데, 바로 그것을 보장해 주는 것이 '연구 보수'라는 거지요. 학생들이 경제적 자립을 중요시한 또 하나의 이유는 무엇보다도 부모의 간섭을 배제하기 위해서였습니다. 그들은 의식 속에 여전히 나치 시대의 잔재가 남아 있는 부모들과 '세대 단절'을 감행해야 한다고 생각했습니다. 그런데 경제적으로 부모에게 종속된 상태에 머물러서는 세대 단절, 나아가 세대 극복이 불가능하다는 우려를 가졌던 거지요. 다시 말하면 그들이 연구 보수를 주장한 것은 부모로부터의 경제적 해방을 통해 '나치 세대'의 영향으로부터 탈피하고자 했다는 의미에서 과거청산 운동의 일환이었던 것입니다. 이처럼 당시의 독일 학생들은 경제적 독립을 통해 사상적 자율성을 확보하고자 했습니다.

연구 보수라는 이념으로 도입된 바푀의 정착은 '똑똑한 학생'과 '비전을 가진 정부'가 있었기에 가능했습니다. 대학생들은 1960년대 초부터 대학에 대해 심도 있게 연구하고 대학개혁에 대한 청사진을 만들었습니다. 당시에 대학생들이 만든 개혁안은 『민주주의 속에서의 대학(Universität in der Demokratie)』이라는 책으로 출판되었고, 당시로선 젊은 교수였던 위르겐 하버마스가 추천사를 썼습니다.

이 책을 읽으며 저는 학생들의 지적 탁월함에 감탄했습니다. 그들은 대학의 역사와 이론을 종횡으로 누비며, 대학개혁의 필요성과 정당성과 방향성을 지극히 치밀한 논리로 제시하고 있습니다. 여기서 주목해야 할 것은 대학개혁을 감행하고, 주도하고, 성공시킨 세력이 교수도 정부도 아닌 대학생이었다는 사실입니다. 그후 독일의 대학개혁이 사회에 엄청난 영향을 미치면서도 그 이상주의적 성향을 잃지 않은 중요한 요인은 바로 여기에 있습니다.

한편 68혁명의 거대한 흐름 속에서 탄생한 사회민주당의 빌리 브란트 정부는 '교양사회(Bildungsgesellschaft)'라는 이상주의적 비전 아래 돈이 없어 대학 교육을 받지 못하는 사람이 없는 사회를 천명했습니다. 이렇게 독일은 '더 많은 민주주의를 감행하자(Mehr Demokratie wagen)'라는 아름다운 구호 아래 가장 이상적인 민주주의를 시도하고, 실험하고, 실행했습니다. 독일의 교육개혁은 바로 이런 가슴 벅찬 대변혁의 이상 아래 전개된 것입니다.

우리 학생들이 '반값 등록금' 문제로 찾아왔을 때나, 혹은 코로나 팬데믹으로 인한 수업 결손 때문에 '학비 반환' 문제를 상의하러 왔을 때나, 저는 늘 학생들에게 좀더 근본적이고 담대한 상상력을 가지라고 조언했습니다. "우리처럼 잘사는 나라에서 이렇게 비싼 대학 등록금을 내는 나라가 도대체 세상 어디에 있는가. 우리의 상황을 국제적으로 비교하면서, 반값 등록금이나 학비 반환을 요구할 것이 아니라, '등록금을 없애라'라고 주장해야 한다"고 말하지요. 그리고 항의해야 할 대상도 총장이 아니라 정부라고 충고해 줍니다.

대한민국이 고등교육에 대해 이다지도 무책임한 나라가 된 데는 '대학 교육은 내 돈으로 감당하는 것'이라는 국민들의 잘못된 인식도 한몫 한 것이라고 설명합니다. 그리고 독일 학생들이 했던 '등록금 위헌 소송'과 '연구 보수 투쟁'을 이야기해 줍니다. 우리 학생들도 과연 이런 요구를 할 수 있을까요?

지금 우리나라에 가장 결여되어 있는 것은 다름 아닌 상상력입니다. 정치적 상상력, 사회적 상상력, 교육적 상상력이 다 부족합니다. 가장 이상적인 나라, 가장 이상적인 사회, 가장 이상적인 교육은 무엇일까, 우리는 상상하지 않습니다.

대학이 '가장 이상적인 유토피아를 선취하는 소우주'가 되려면 먼저 유토피아에 대한 풍부한 상상력이 있어야 합니다. 우리를 틀 안에 가두고 있는 낡은 프레임을 이제 깨부숴야 합니다. 그래야 새로운 세계가 열립니다.

'제도 속으로의 행진'

독일 68혁명의 걸출한 지도자였던 루디 두치케(Rudi Dutschke)는 학생들에게 "제도를 통한 행진(Marsch durch Institutionen)"이라는 말로 대학에서 선취한 유토피아의 체험을 현실에 확산시킬 것을 요구했습니다.

68혁명을 주도했던 대학생들은 실제로 독일의 다양한 제도들 속으로 행진해 들어갔습니다. 가장 이상적인 민주주의, 가장 이상적인 사회정의, 가장 이상적인 권력비판의 체험은 이제 현실의 제도 속에서도 실현되어야 한다는 것이지요.

그들이 가장 중시했던 제도는 과연 무엇이었을까요? 바로 언론과 교육기관이었습니다. 이것이 인간을 변화시키는 데 가장 중요한 기관이라고 본 것이지요. 언론은 현재 살아가고 있는 대중들의 의식에 가장 커다란 영향을 미치는 곳이고, 교육기관은 미래에 이 사회에서 살아갈 아이들의 생각에 가장 큰 영향을 줄 수 있는 곳이지요. 그러니까 대학에서의 유토피아적 실험이 사회의 기관들로, 특히 언론과 교육기관으로 번져간 것입니다. 대학에서 이상적인 사회의 모습을 경험한 학생들이 대거 교사나 기자가 되면서 독일 사회의 근본적이고 지속적인 개혁이 가능해진 것입니다.

가장 이상적인 민주주의의 유토피아가 사회에서 모범적으로 실천된 곳은 놀랍게도 독일의 기업이었습니다. 독일의 기업들은 세계에서 가장 민주적인 지배구조를 가지게 되었습니다. 이것을 가능하게 한 것은 바로 노사공동결정제(Mitbestimmung)입니다. 독일 대학에서 구성원인 교수-학생-조교/강사가 3분의 1씩 권력을 분점했던 것과 마찬가지로, 독일 기업에서는 노동을 제공하는 노동자와 자본을 제공하는 주주가 정확히 반반씩 권력을 분점합니다. 그 결과 일정 규모 이상의 독일 기업에서는 최고 결정기관인 이사회가 노동이사 50퍼센트, 주주이사 50퍼센트로 구성됩니다.

독일 기업들이 세계적인 경쟁력을 갖는 이유는 바로 세계 최고 수준의 기업민주주의에 기인합니다. 노사공동결정제의 위력은 특히 경제위기의 시기에 드러납니다. 2008년 세계금융위기 때 독일 경제가 전 세계적 경제침체에도 유독 성장할 수 있었던 이유는 노사공동결정제에 힘입은 바가 큽니다.

이사회에 노동자가 절반을 차지하기 때문에 독일 기업은 노동현장의 상황을 가장 잘 파악하고 있습니다. 또한 노동 이사들은 기업의 객관적 경영상태를 훤히 들여다보고 있기 때문에 그에 걸맞은 현실적인 대안을 미리 제시하는 것이지요. "상황이 어려우니 임금 동결은 수용하겠다. 그러나 노동자 해고는 절대 안 된다"라는 식으로 선제적인 제안을 내놓으면 이사회에서 대체로 이러한 제안을 수용하는 식이지요. 그러니 독일에서는 이른바 '산업평화'가 이루어져 있는 것입니다. 독일의 노사공동결정제는 대학에서 '선취한 유토피아'가 '제도 속으로 행진'한 대표적인 케이스입니다.

토마스 게이건은 『미국에서 태어난 게 잘못이야』라는 책에서 독일의 노사공동결정제가 가져온 또 하나의 흥미로운 효과에 주목합니다. 독일은 노동자의 80퍼센트 이상이 신문을 읽는 유일한 나라라는 점입니다. 모든 노동자들이 자신을 '미래의 잠재적 이사'라고 생각하기 때문입니다. 자신이 언제 회사의 이사가 될지 모르니, 미리 국내외 정세의 변화, 시대정신의 흐름을 파악하고 있어야 된다고 생각하는 거지요. 결국 민주적인 제도가 성숙한 민주시민을 만들고 있는 것입니다.

대학의 부활을 위한 조건

대학의 부활은 한국 사회개혁의 핵심문제입니다. 대학이 살아야 나라가 삽니다. 대학이 살아야 자본독재를 극복하고 헬조선에서 벗어날 수 있습니다.

자본독재 시대에 대학을 살리기 위해 우리는 무엇을 해야 할까요? 정치혁명을 통해 경제에 대한 정치의 우위를 복원해야 하고, 경제 민주화를 통해 자본독재를 효과적으로 견제할 수 있는 제도와 구조를 확충해야 합니다. 이를 위해서는 또한 실체적 민주주의를 제도화하고, '강한 자아'를 가진 민주주의자를 길러내야 하지요.

이러한 문제들은 심도 있는 정치사회적 논의를 필요로 하는 것이므로, 여기서는 대학개혁에 초점을 맞추어 국가 차원, 대학 차원, 교수 차원에서 시급히 해결해야 할 문제를 간략히 짚어보고자 합니다.

첫째, 국가 차원에서는 대학에 대한 재정 지원을 획기적으로 높여야 합니다. 한국은 세계에서 고등교육에 대한 국가의 지원이 가장 낮은 나라 중 하나입니다. 독일의 경우 대학에 대한 국가의 지원이 전체 대학재정의 99퍼센트에 이르는 반면, 한국은 고작 15퍼센트 내외에 불과합니다. 이것이 한국 대학이 겪고 있는 만성적인 재정 부실의 근본 원인입니다.

문제는 이러한 재정적 취약성이 대학을 근본에서부터 망가뜨린다는 데 있습니다. 재정 취약성 때문에 대학의 모든 논의는 돈을 중심으로 이루어지고 있는 실정입니다. 돈이 되는 학문은 중시되고, 돈이 안 되는 학문은 무시되지요. 특히 기초학문과 순수학문은 심각하게 소외당하고 있습니다.

국가의 지원금을 두고 대학 간에 치열한 경쟁이 벌어지다 보니 '지성의 전당'에서는 상상할 수도 없는 온갖 불법, 탈법이 서슴없이 자행되고 있지요. '최순실 사태'로 드러난 사실, 즉 이화여대가 권력자에게 불법적 특혜를 준 대가로 국가 지원금을 싹쓸이한 사례는 이런 악습의 한 단면을 보여줍니다.

나아가 재정 문제가 대학의 핵심 관심사가 되다보니 학문적 능력과 인품을 지닌 자가 아니라, 돈을 조달하고 관리하는 데 유능한 자들이 '경영 총장' 'CEO 총장' 운운하며 총장 자리를 독점해왔습니다. 이에 따라 대학 담론도 아주 저열하게 타락했습니다.

돈이 대학의 모든 문제의 중심이 될 때, 대학이 자본의 '먹잇감'이 되는 것은 순식간입니다. 그래서 대학은 점점 더 깊이 자본에 예속되고 있습니다. 이러한 일련의 과정은 하나의 악순환 구조를 이루지요. 대학 재정의 부실은 재정 문제가 대학 담론을 지배하도록 만들고, 그 결과 대학 담론은 지극히 천박한 수준에 머물러 대학의 정체성은 점점 더 손상되고, 이는 대학의 공적 기능의 상실과 사회적 위상의 추락으로 이어지며, 이것이 다시 대학 재정의 부실을 낳는 악순환 구조가 형성되는 것입니다.

이런 의미에서 국가가 대학에 대한 재정 지원을 획기적으로 늘리는 것이 대학개혁과 학문 정상화의 출발점입니다. 대학 재정에 대한 국가 분담률은 최소 80퍼센트 정도로 제고되어야 합니다. 그것이 세계 10위권 경제 규모에 걸맞은 분담률 수준이지요.

둘째, 대학 차원에서는 적극적으로 대학개혁을 추진해야 합니다. 무엇보다도 중요한 것은 대학의 민주화이고, 대학 민주주의의 핵심은 대학의 구성원들이 자신의 대표자를 자유롭게 선출하는 총장직선제입니다. 나아가 대학은 '정치적 공론장'으로서의 기능을 복원하고, 진리 탐구와 권력 비판이라는 본연의 공적 책무를 다시 떠맡아야 합니다.

붕괴된 학문공동체도 재건해야지요. 경쟁보다는 협력을 통해 학문적 역량을 높이고, 수월성과 효율성보다는 연대와 정의의 가치를 중요시하는 새로운 학문적 기풍을 만들어가야 합니다. 특히 정규직 교수와 비정규직 교수 사이의 터무니없는 불평등 문제를 반드시 해결해야 합니다.

무엇보다도 대학개혁의 핵심은 학문 비판이 되어야 합니다. 학문의 자기성찰 능력을 높이고, 비판성을 강화해야 하며, 우리 사회가 직면한 현안 문제를 기민하게 다루는 강좌들을 확대해야 합니다.

셋째, 교수들은 대학개혁에 주도적으로 나서야 합니다. 신자유주의의 영향 속에 성장한 학생들이 능동적 주체로서 활동할 역량이 저하된 상황에서 교수들의 역할은 더 커질 수밖에 없습니다.

이제 교수들은 오랜 무력감을 떨치고, 동료 교수와의 협력, 비정규직 교수와의 연대를 강화하여 무너진 학문공동체를 다시 세워야 합니다. 경북대의 '대학헌장' 제정에서 보듯 '교수'의 정체성을 새로이 성찰하려는 노력도 꼭 필요합니다. 나아가 '대학 기업화' '취업 대학론' 등 신자유주의 대학 담론에 맞서는 대안적, 미래지향적 대학 담론을 연구하고 생산하는 일도 게을리해서는 안 됩니다.

교수단체들도 보다 효율적인 연대기구를 구축해야 합니다. '전국교수연구자연합회'(가칭)와 같은 전국적 연대기구를 건설할 필요가 있습니다. 이를 바탕으로 사립학교법 개정, 신문사 대학 평가 거부, 국립대학 법인화 철회, 교육부 폐지 운동 등을 조직적으로 전개해 나가야 합니다.

5부

대한민국
교육 패러다임의 대전환

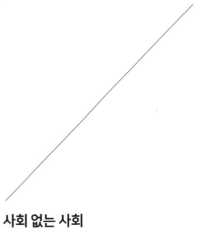

1장

교육을 바꾸지 않으면
우리의 미래는 없다

사회 없는 사회

한국은 교육 패러다임의 대전환을 서둘러야 합니다. 교육을 바꾸지 않으면 한국 사회는 하나의 공동체로서 지속될 수 없는 임계점에 이르러 있습니다. 한국 사회는 '사회 없는 사회'(Society without the social)입니다. '사회적인 것'이 사실상 존재하지 않는 사회라는 말입니다.

'인간은 사회적 동물'이라는 말은 알다시피 인간은 다른 사람과 함께 어울려 살아가는 존재라는 것을 뜻합니다. 이런 의미에서 보면 한국인들은 인간적 본질과 거리가 멀어지고 있습니다.

독일에서는 '사회적'이라는 말이 대단히 긍정적인 함의를 품고 있습니다. '저 사람은 소셜하다' 하면 매우 좋은 평가를 하는 것이지요. 그렇기에 '사회적이지 못하다'를 뜻하는 '아조찌알(asozial)'이라는 말은 반대로 대단히 부정적인 의미를 갖고 있습니다. 어떤 사람에게 이 단어를 쓰면, 바로 싸움이 날 정도이지요. 그 말은 '인간 이하인' '미친'이란 뜻으로 쓰이니까요. '사회적이지 않다'라는 말이 이렇게 경멸적인 함의를 가질 정도로 독일에서는 사회적 연대, 사회적 공감, 사회적 품성을 중시하고 존중합니다.

독일 학교에서는 등수가 없기 때문에 우열의식이나 차별도 당연히 없습니다. 모든 아이들은 다 고유한 자존감을 갖고 있습니다. 그림 잘 그리는 아이, 악기를 잘 다루는 아이, 노래를 잘 부르는 아이, 축구를 잘 하는 아이, 친구들과 잘 어울리는 아이, 책 읽기를 좋아하는 아이, 숫자를 좋아하는 아이…… 이렇게 다양한 소양과 취향과 재능을 가진 아이들이 있을 뿐입니다.

숫자를 잘 다루는 아이가 그림을 잘 그리는 아이보다 우월하다고 누가 말할 수 있을까요. 독일의 교실에서는 잘 놀고, 잘 만들고, 잘 그리고, 공을 잘 차고, 노래를 잘하는 아이들이 일반적으로 인기가 좋습니다. 공부만 열심히 하는 아이를 '슈트레버(Streber)'라고 하는데, 우리말로 하면 공부 벌레, 범생이 정도가 될 겁니다. 슈트레버는 대체로 인기가 없습니다. 이러한 현상은 독일의 사회문화적 분위기와도 관련이 있습니다.

그런데 한국에서는 '사회적, 소셜'이라는 말은 대단히 부정적으로 쓰입니다. 심지어 이 말은 불온시되거나 낙인이 됩니다. 그러니 한국에서는 대부분 이 말을 회피합니다. 유럽에서는 '사회민주당'이라고 불릴 정도의 정치 성향을 가진 정당이 당명에 '사회적(social)'이라는 말을 쓸 것인가 말 것인가를 두고 커다란 당내 갈등을 겪은 적도 있습니다. 그래서 결국 'social'이 들어간 당명을 포기하고 '정의당'이라는 정체불명의 당명을 갖게 되었지요. 그러니 한국 사회에서 '사회적'이라는 가치가 부족하거나 부재한 것은 그리 놀랄 일이 아닙니다.

어느 자리에서 제가 "한국 사회는 사회가 아니라 정글이다"라고 했다가 제 아내에게 크게 야단을 맞은 적이 있습니다. "그 말은 정글에 대한 모독이에요. 정글도 법칙이 있고 원리가 있고 질서가 있어요. 정글에서도 최상위 포식자는 최하위 피식자를 잡아먹지 않아요. 사자가 하는 행동을 보세요. 적당한 먹잇감을 골라 사냥하고, 적당히 배가 부르면 더 이상 먹지 않습니다. 그러면 그 다음 포식자가 와서 먹고, 마지막엔 까마귀가 와서 깨끗이 청소하는 거지요. 그것이 자연의 질서예요. 그런데 한국 사회를 한번 보세요. 최상위 포식자가 어떤 행동을 하나요. 최하위 약자들 것까지 다 먹어 치워요. 배가 터질 정도가 되어도 끝없이 먹어 치우지요. 정글보다 잔인한 게 한국 사회예요."

저는 그 말에 수긍하지 않을 수 없었습니다. 어떻게 우리는 이런 정글보다도 못한 사회에 살게 되었을까요. 그것은 무엇보다도 사회의 구성원을 병들게 한 교육에 커다란 책임이 있습니다. 잘못된 교육이 한국 사회를 이런 지옥으로 만든 것이지요. 이제 이 지옥에서 벗어나기 위해서는 우리 교육을 근본적으로 변혁하지 않으면 안 됩니다.

우리의 과거와 현재를 돌아보면 4가지 차원에서 교육의 대전환이 절실합니다. 대한민국 교육이 100년을 넘어선 지금 우리는 선진국에 진입했으며, 포스트 코로나 시대, 4차 산업혁명 시대를 살고 있습니다. 이러한 시대의 변화에 부응하는 교육의 대전환이 필요한 것입니다.

먼저 지난 100년간 한국 교육을 지배해 온 '능력주의(meritocracy)' 교육에서 '존엄주의(dignocracy)' 교육으로의 전환이 절실합니다. 교육을 통해 모든 아이들이 자신의 존엄성을 자각하고, 타인의 존엄성을 존중하는 아이로 성장하도록 해야 합니다. 저는 이것을 '존엄 감수성'이라고 부릅니다. 아이들의 존엄 감수성을 기르는 교육이 단순히 기능적 능력을 기르는 교육보다 중시되어야 합니다.

둘째로, '선진국 대한민국'은 이제 선진국답게 '성장을 위한 교육'에서 '성숙을 위한 교육'으로 전환해야 합니다. 해방 이후 가난한 신생 독립국이었던 한국은 허리띠를 졸라매고 선진국을 추격해 왔습니다. 이런 추격사회 모델은 이제 더 이상 우리 사회에 맞지 않습니다. 오히려 이런 모델은 우리가 선진국다운 선진국이 되는 데 장애로 작용할 수 있습니다. 모방, 규율, 성실, 노력 등의 가치를 중시하는 '성장을 위한 교육'은 이제 창의, 자율, 자유, 여유 등의 가치를 우선시하는 '성숙한 사람을 기르는 교육'으로 바꾸어야 합니다.

셋째, 포스트코로나 시대를 사는 우리는 이제 '경쟁 교육'을 '연대 교육'으로 전환해야 합니다. 코로나 팬데믹은 우리에게 참으로 중요한 교훈을 주었습니다. 내가 건강하기 위해서라도 모두 건강해야 한다는 것, 내가 행복하기 위해서는 모두가 함께 행복해야 한다는 것을 몸으로 배웠습니다. 이제 '모두가 다 행복하지 않으면 누구도 행복할 수 없다'는 팬데믹의 교훈을 우리 교육에서 실천해야 합니다.

경쟁 교육이 우리에게 일정한 정도의 성장을 가져온 것은 사실이지만, 이제 중진국을 넘어선 우리에게는 선진국다운 성숙한 사회를 이루는 데 오히려 장애물로 작용하고 있습니다. 모든 사회구성원이 서로 돕고, 소통하고, 연대하는 능력을 길러주는 연대교육이 미래의 교육이고, 포스트코로나 시대의 교육입니다.

넷째, 4차 산업혁명은 우리의 '지식 교육'을 '사유 교육'으로 전환할 것을 강력하게 요구하고 있습니다. 지금까지의 한국 교육은 지식을 주입하고 암기하는 방식이었습니다. 그러나 4차 산업혁명 시대란 기계가 인간의 기능을 대체하는 시대입니다. 우리는 지금 인공지능이나 챗GPT가 인간의 지식을 대체하는 놀라운 능력을 보이는 것을 목도하고 있습니다. 따라서 4차 산업혁명 이후의 교육은 '기계가 대체할 수 없는 인간 고유의 능력', 즉 사유능력, 공감능력, 상상능력, 비판능력을 키워주어야 한다는 것입니다.

그런데 지금 한국의 교육은 아이들의 사유능력을 길러주기는 커녕 죽은 지식의 양만 늘리고 있습니다. 대부분의 선진국은 '이것이 무엇이냐'라는 물음 대신, '이것에 대한 너의 생각은 무엇이냐'라고 묻는 것을 교육평가의 기본유형으로 삼습니다. 이제 한국도 지식 교육에서 사유 교육으로 패러다임의 대전환을 감행해야 합니다. 그래야 개성 있는 아이들과 사려 깊은 어른들이 사는 세상, 다시 말해 성숙한 사회, 폼나는 국가가 됩니다. 우리도 얼마든지 그런 세상을 만들 수 있습니다.

교육 원리_ 능력주의에서 존엄주의로

대한민국 임시정부가 세워진 1919년을 기준으로 삼는다면, 대한민국은 2019년에 100세를 맞았습니다. 대한민국 교육도 어느덧 100년이 지났습니다. 이런 역사적 관점에서 우리 교육을 돌아볼 필요가 있습니다.

교육이 아이들의 잠재력을 키우고, 학생의 존엄 감수성을 높이고, 개성 있고 창의적인 인간을 기르고, 성숙한 민주시민을 기르는 것이라면, 지난 100년 동안 한국의 학교에서는 제대로 된 교육을 해본 적이 없습니다. 일제시대에는 제국주의의 노예를, 해방 이후에는 국가주의의 도구를, 민주화 이후에는 자본주의의 부품을 기르는 것을 '교육'이라고 불렀습니다.

이처럼 시대마다 교육이 지향하는 목표는 달랐지만, 한 가지 점에서 지난 100년의 교육은 일관성을 갖고 있습니다. 바로 능력주의라는 것입니다. 일제시대에는 '유능한' 황국신민을, 해방 이후에는 '유능한' 반공투사와 산업전사를, 민주정부는 '유능한' 인적 자원을 길러내는 것을 목표로 삼은 것이지요. 능력과 유능함이라는 기능주의적 목표가 한국 교육의 일관된 뼈대였습니다. 그렇기에 한국은 가장 강력한 능력주의 교육의 나라가 되었습니다.

이제는 지난 한 세기 한국 교육을 지탱해 온 능력주의 이데올로기와 헤어질 때가 되었습니다. '유능한 인재'보다 '존엄한 인간'을 길러내는 것이 더 중요합니다.

인간의 존엄을 가장 중요한 가치로 삼는 태도를 저는 '디그노크라시(dignocracy)'라는 말로 표현할 수 있다고 생각합니다. 최근에 강연을 준비하면서 여러 책과 논문을 들여다봤는데, 그중에서 가장 큰 울림을 준 글이 이수광 경남도교육청 미래교육원 초대원장의 논문입니다. 이 원장은 한국 교육을 지배해 온 능력주의 교육, 즉 메리토크라시(meritocracy) 교육에 대한 대안으로 디그노크라시란 말을 만들어서 현재의 한국 교육에 대해 근본적인 전환을 요구하고 있습니다.

이수광 원장은 존엄이란 뜻의 '디그니티(dignity)'에 지배를 뜻하는 접미사 '크라시(cracy)'를 붙여서 '디그노크라시(dignocracy)'라는 용어를 스스로 만들었습니다. 이 말은 사전에 나오지 않습니다만, 메리토크라시에 대한 대구적 용어로서 실체적 적실성을 갖는다고 생각합니다. 우리 교육은 이제 메리토크라시에서 디그노크라시로, 즉 능력주의 교육에서 존엄주의 교육으로 거대한 전환을 이루어야 합니다.

지금 한국 사회가 이루어야 할 시대적 과제는 인간적 존엄과 사회적 정의를 실현하는 것입니다. 인간적 존엄은 디그노크라시로, 사회적 정의는 데모크라시로 이루어낼 수 있습니다. 우리는 교육혁명을 통해 이러한 가치를 실현할 수 있습니다. 디그노크라시 교육을 통해 존엄한 인간을 기르고, 데모크라시 교육을 통해 성숙한 시민을 기르는 것입니다. 이것이 대한민국이 물질적 성장을 넘어 정신적 성숙에 이르는 진정한 선진국가가 되는 길입니다.

이러한 전환은 개발도상국에서 선진국으로 넘어가는 우리나라의 국격에도 걸맞은 것입니다. 인간을 하나의 기능, 도구, 부품으로 보는 도구적 이성의 관점을 넘어 인간 그 자체를 존엄한 존재로 보는 비판적 이성의 관점으로 이행할 때가 되었기 때문입니다.

왜 존엄주의 교육이 지금 우리에게 절실히 필요할까요? 지금까지 한국의 교육은 학생들의 유용성만을 강조하면서 그들의 존엄성을 무시해 왔습니다. 그 결과 한국에서 12년간 교육을 받으면 일정한 기능적 지식은 습득할지 모르지만, 인격적 품위를 갖추기는 어렵습니다. 존엄주의 교육은 자신이 얼마나 존귀한 존재인지를 자각하고, 타인 또한 얼마나 존엄한 존재인지를 인식하는 것입니다. 요컨대, 존엄 감수성을 키워서, 자신의 존엄성을 자각하고 타인의 존엄성을 존중하는 사람으로 교육하는 것입니다.

한국 사회에서 벌어지는 거의 모든 비극에는 바로 존엄주의 교육의 결여가 원인으로 자리 잡고 있습니다. 2022년 10월 29일에 이태원에서 벌어진 참사를 보세요. 대한민국은 왜 이리도 무책임한 국가가 되었을까요? 왜 국가가 적극적으로 국민을 보호하려 들지 않을까요?

여러 가지 원인이 있겠지만, 가장 근원적인 원인은 이 나라가 인간의 존엄에 대한 감각을 잃어버렸기 때문입니다. 특히 소위 지도층일수록, 인간 존엄에 대한 감수성을 상실하고 있습니다. 국가 시스템의 결함이나 공직자의 무책임도 문제겠지만, 더 근본적으로 보면 한국인들에게 인간 존엄에 대한 감수성, 의지, 규범이 너무도 결여되어 있습니다. 한마디로 인간을 존엄한 존재로 보는 문화가 뿌리내리지 못한 것입니다.

사람에게는 누구나 아주 섬세하고 예민한 '심리적 결'이 있습니다. 이런 것이 어떤 집단 수준에서 나타난다면, 그것은 '심리문화적 결'이라고 부를 수 있겠지요. 우리에게는 인간 존엄에 대한 심리문화적 결이 대단히 부족합니다.

세월호 사건을 돌아보세요. 아이들이 죽어가고 있는데, "가만히 있으라"고 말해놓고 자기들만 살려고 기어나오는 어른들을 한번 보세요. 거기서 작동한 심리문화적 결은 무엇인가요. 결국 그것은 개인의 문제가 아니라, 한 집단, 한 사회, 하나의 문화가 인간 존엄에 대한 감수성을 결여하고 있음을 의미합니다.

군대에서 상급자의 폭행으로 사망한 '윤 일병 사건'을 기억하시나요? 윤 일병이 무자비한 구타를 당할 때, 옆에서 웃으며 구경하던 병사들은 도대체 어떤 심리문화적 결을 가진 인간일까요? 도대체 어떤 사회길래 그런 인간들이 이리도 넘쳐날 수 있단 말인가요?

대한민국 국회도 다르지 않습니다. 많은 사람들이 일터에서 죽어나가고 있는데도 제대로 된 법을 만들지 않고 있습니다. OECD 통계에 따르면 한국 노동자의 산업재해 사망률은 23년째 1위를 달리고 있습니다. 중간에 2등을 한 세 번의 경우만 제외한다면 말이지요. 2000년부터 2020년까지 20년 사이에 무려 4만 6천 명이 일하다 죽었습니다. 한 해에 평균 2천 명에 가까운 노동자가 사망했다는 말입니다. 그래서 마지못해 이른바 '중대재해기업처벌법'이란 것을 만들었지요. 그 법의 운명을 이제 모두 아실 겁니다. 누더기로 법을 형해화하더니, 이제 윤석열 정부는 이 법마저 개악하려 들고 있습니다.

저는 대한민국 정치인들의 존엄 감수성은 제로에 가깝다고 생각합니다. 이들은 일정한 전문적 '능력'은 가지고 있을지 모르지만 인간 '존엄'에 대한 감수성은 낙제에 가까운 인물들입니다. 평생 능력주의 교육을 받고, 능력주의로 인정받고, 능력주의를 신념화하고 있는 사람들이기 때문이지요.

이런 '몰존엄'의 분위기가 한국 사회를 지배하고 있습니다. 인간이 자신과 다른 인간의 존엄성에 대해서 가져야 할 최소한의 감각도, 문화도 존재하지 않는 곳이 대한민국입니다. 왜 한국인에게는, 왜 한국 사회에는 존엄 감수성이 이리도 부족할까요?

그 원인은 무엇보다도 교실에 있습니다. 한국 교실에서 12년 동안 교육을 받으면, 자신과 타인에 대한 존엄 감수성을 기르는 것이 아니라, 오히려 그런 감수성을 잃어버리게 됩니다. 그 결과 한국인은 인간 존엄에 대한 감각은 상실한 채, 매우 잔혹한 품성을 갖게 됩니다. 그 결과 몰존엄 잔혹사회가 된 것입니다.

한국이 내세우는 K-드라마가 예외 없이 잔혹극인 것은 결코 우연이 아닙니다. 〈오징어게임〉〈D.P.〉〈더 글로리〉〈지옥〉〈지금 우리 학교는〉 등의 드라마를 보세요. 할리우드에서 호평을 받은 〈기생충〉도 이런 범주의 영화지요. 이런 드라마와 영화는 어느 나라에서도 만들기 어렵습니다. 이런 잔혹한 감수성을 갖기는 어렵기 때문입니다. 그러나 몰존엄 사회에 사는 한국인들은 매일매일이 오징어게임이고, 삶 자체가 기생충의 삶인 것이지요. 우리가 살고 있는 몰존엄 사회의 심리문화적 결이 얼마나 우리를 괴물로 만들었는지 생각할 때마다, 저는 몸서리를 칩니다.

이제 존엄 교육을 통해 한국인의 삶의 결 자체를 바꿔야 합니다. 우리의 교육혁명은 어떻게 이뤄내야 할까요? 일정한 형식적, 기술적 수준의 변화로는 안 되고 교육에 대한 대원칙을 바꿔야 합니다. 아이들의 삶을 황폐화시키는 '반교육'에서 아이들의 삶을 풍요롭게 하는 '참교육'으로 교육의 패러다임 자체를 바꿔야 합니다.

패러다임 전환이란 '메리토크라시에서 디그노크라시로의 전환'

을 뜻합니다. 지금까지 한국 교육은 전적으로 메리토크라시 교육이었습니다. 오로지 '능력 있는 인재' '똑똑한 사람'을 키우겠다는 목표를 가진 교육이었지요. 이 목표는 일본 제국주의, 해방 이후 국가주의, 민주화 이후 자본주의 지배 사회에서 일관되게 유지된 것이었지요. 그러한 경향이 김영삼 정부 이후 2015년 교육개혁을 통해 '수월성 교육'을 전면적으로 내세우면서 강화되어, 오늘날까지 이어지고 있습니다. 한마디로 한국의 근대교육은 능력주의 교육이었다고 말할 수 있습니다.

한국 사회는 과거 100년 동안 능력주의 교육이라는 이름으로 아이들을 경쟁시키고, 줄 세우고, 우열의 위계질서 속에 배치했습니다. 그에 따라 한쪽에는 이런 교육에 잘 적응한 승자가, 다른 한쪽에는 이런 교육에 적응하지 못한 패자가 생겨났습니다.

이제 이 장구한 능력주의 교육의 흐름을 끊어내야 할 때가 되었습니다. 능력주의 교육은 지난 한 세기 동안 우리 아이들을 불행하게 했고, 한국 사회를 병들게 했으며, 한국인의 심성을 왜곡시켰습니다.

이제 새로운 100년은 아이들이 자신의 존엄성을 자각하고, 타인의 존엄성을 존중하는 존엄의 감수성을 갖도록 가르치는 존엄주의 교육의 세기가 되어야 합니다. 이것은 우리가 의지만 있다면 얼마든지 가능한 일입니다.

교육 목표_ '인적 자원'에서 민주시민으로

독일의 교육개혁은 아도르노의 교육담론에서 결정적인 영향을 받았습니다. 아도르노가 『성숙을 위한 교육』에서 주장한 교육적 지향들, 즉 민주주의 교육, 이데올로기 비판 교육, 반권위주의 교육, 저항권 교육, 공감 교육, 과거청산 교육 등이 1970년대 교육개혁을 통해 새로운 교육원리로 정착되었습니다. 이러한 교육을 받고 자란 독일인이 파시즘의 과거를 청산하고 새로운 민주시민으로 성장했습니다.

독일에서 민주시민교육의 목표는 아이들에게 세 가지 능력을 갖도록 가르치는 것입니다. 그것은 바로 '권력의 억압에 저항하는 능력' '사회적 불의에 분노하는 능력' '약자의 고통에 공감하는 능력'입니다. 이 세 가지 능력을 갖춘 민주시민을 길러내는 것이 독일 정치 교육의 핵심목표입니다.

이제는 우리도 세계로부터 인정받은 선진국답게 존엄한 인간, 개성적 자유인, 성숙한 민주주의자를 기르는 교육을 시작해야 합니다. 이와 관련하여 아도르노의 교육 사상은 한국 교육에 세 가지 시사점을 던져줍니다. 경쟁지상주의 교육은 인간을 괴물로 만드는 '야만 교육'이라는 것이고, 올바른 의식을 길러주지 않고 단순한 지식만을 채워주는 것은 '반교육'이라는 것이며, 저항권 교육, 반권위주의 교육 등 정치 교육이 부재한 한국의 교육으로는 성숙한 민주시민을 길러낼 수 없다는 것입니다.

성숙한 민주사회로 나아가기 위해서는 먼저 교실이 '정치화'되어야 합니다. 우리는 지금까지 교실에서 성숙한 민주시민을 길러내는 교육을 해본 적이 없습니다. 오히려 한국 교육을 잘 받은 학생일수록 잠재적 파시스트의 성향을 보입니다. 이것이 한국 민주주의가 위대한 민주혁명의 전통에도 불구하고 여전히 뿌리가 허약한 이유입니다. 독일처럼 어려서부터 정치 교육을 통해 성숙한 민주시민을 길러내야 합니다. 오로지 개인적인 성취에만 몰두하는 이기적 인간이 아니라, 인류의 고통과 억압에 맞서 연대하는 높은 정치의식을 가진 성숙한 시민을 길러내야 합니다.

정치는 그저 '높은 사람들의 일'이나 '남의 일'이 아닙니다. 성숙한 민주사회는 모든 구성원이 정치를 자신의 일로 인식하고 실천하는 사회입니다. 그렇기에 이른 시기부터 정치 교육이 필요한 것입니다. 지금 한국에서 '교실의 정치화'를 우려하는 사람들이 진정으로 걱정하는 것은 우리 학생들이 성숙한 민주주의자가 되는 것입니다. 그것은 그들의 파시즘적 지배의 종언을 의미하니까요.

한국의 교실은 '정치적 중립'이라는 이름으로 정치적 올바름에 대한 기본적인 교육조차 이루어지지 않고 있습니다. 교실의 정치화를 두려워하는 사람들은 선진국의 젊은이들이 얼마나 높은 정치의식을 가지고 있는지 모르는 자들입니다. 한국의 젊은이들만이 정치적 선동에 휘말릴 정도로 유독 미성숙하단 말인가요? 모든 선진국 젊은이들이 정치 교육을 통해서 민주주의자가 되는 것을 배우는데, 왜 한국 청소년들만 정치 교육을 받으면 위험하다는 것일까요? 그것은 한국의 젊은 세대를 과소평가하고 무시하는 터무니없는 이야기입니다.

앞서 한국의 교사들은 OECD 국가 중에서 유일하게 정치적 시민권을 완전히 박탈당하고 있는 '정치적 금치산자'라고 했습니다. 이런 상황을 이른바 촛불혁명이 만들어낸 문재인 정부도 전혀 개선하지 않았습니다. 국제노동기구(ILO) 핵심 협약에 들어가 있는 교사 단결권을 한국은 아직도 정당한 법적 권리로 인정하지 않고 있습니다. 세계 156개국의 교사들이 다 가진 권리를 한국 교사만 갖지 못한 것입니다.

ILO 핵심 협약 중 교사의 노동기본권과 정치기본권 보장과 관련된 협약은 '결사의 자유 및 단결권 보호에 관한 협약'(87호)과 '단결권 및 단체교섭권 원칙의 적용에 관한 협약'(98호)입니다.

먼저 87호는 "노동자와 사용자는 각자의 이익을 보호·증진하기 위한 목적으로 어떠한 차별도 없이 스스로 선택하여 단체를 설립하고 가입할 수 있는 권한을 가진다" "노동자 및 사용자는 권한 있는 기관에 의하여 해산되거나 활동이 정지되어서는 안 된다"고 결사의 자유와 단결권을 보장하고 있습니다. 또한 98호는 "단결권 행사 중인 노동자에 대한 보호, 노동자 단체와 사용자 단체 간의 상호 불간섭, 자발적인 단체교섭 추진을 목적으로 하며 노동자들은 노동조합원이라는 이유로 인한 고용거부, 노동조합원 또는 노동조합원 활동 참여로 인한 차별 또는 편견으로부터 보호

받아야 한다"고 하여 단결권 및 단체교섭권을 명시하고 있습니다.

근대 사회에서 정치활동은 시민의 가장 기본적인 권리입니다. 그런데 한국의 교사는 정치활동을 아예 할 수 없습니다. 한국에서는 여전히 많은 사람들이 교사는 정치적 중립을 지켜야 하기에, 정치활동을 금하는 것이 당연하다고 생각합니다. 그런데 잘 생각해 보세요. '중립'도 정치적 입장 중 하나입니다. 오히려 중립을 주장하는 사람이야말로 이미 어떤 특정한 정치적 입장을 취하고 있는 것입니다.

교사의 정치적 시민권 박탈의 사례에서 보듯이, 과거 군사 파시즘 정권은 사라졌고 그 독재자들은 무덤에 묻혔지만, 이들이 남긴 부정적 유산은 여전히 우리의 제도 속에, 우리의 내면에 그대로 남아 있습니다. 왜 우리는 아직도 군사 파시즘의 그늘에서 벗어나지 못하고 있을까요? 독재정권 40년이 지나간 후, 이른바 민주정부 30년이 이어졌지만, '민주화 이후의 민주주의' 중 15년은 다시 군사정권의 후예들이 그대로 집권했기 때문입니다. 그러니까 우리 안에 아직도 파시즘의 잔재가 대부분 그대로 남아 있는 것입니다. 교사의 정치적 시민권 박탈 상황이 여전히 유지되는 것도 군사 파시즘이 남긴 잔재 중 하나지요.

최근 그나마 다행스러운 움직임이 보이기 시작했습니다. 지난 2021년에 곽노현 전 서울시 교육감을 중심으로 '교사정치학교'가 설립되었습니다. 여기서 양성된 교사들이 이제 직접 국회에 진출해야 합니다. OECD 국가에서 교사가 국회에 진출한 비율이 평균 10퍼센트 내외인 것을 기준으로 삼으면, 우리의 경우도 최소 10퍼센트, 그러니까 30명 정도의 교사가 국회에 들어가야 합니다.

독일 의회의 경우 대체로 교사가 13퍼센트 정도의 비율로 진출해 있습니다. 교사가 이렇게 중요한 정치적 행위자로 존중받는 이유는 두 가지입니다. 우선, 교사는 어느 나라에서나 가장 큰 지식인 집단입니다. 그렇기에 교사는 미래를 예견할 수 있는 예지력을 가진 집단이지요. 또한 교사는 어느 사회에서나 높은 도덕성을 요구받는 집단입니다. 오늘날처럼 도덕과 윤리, 가치와 의미가 붕괴되는 시대에는 교사의 역할이 더욱 중요해진 것이지요. 그렇기 때문에 교사들의 의회 진출이 활발해지는 것은 현대 사회에서 지극히 자연스런 현상입니다.

우리나라에서도 교사들이, 특히 젊은 교사들이 많이 국회에 들어가야 합니다. 교사들의 정치적·사회적 역할이 더욱 커져야 합니다. 그래야 한 발짝 더 성숙한 사회로 나아갈 수 있습니다.

교육 방식_ 경쟁 교육에서 연대 교육으로

교육의 방식도 근본적으로 달라져야 합니다. 더 이상 경쟁을 당연시하고, 무한 경쟁을 부추기는 교육은 멈추어야 합니다.

그러나 우리는 이미 경쟁 교육의 이데올로기에 완전히 포획되어 있어서 경쟁을 시키지 않는 교육에 대해 두려움이 있습니다. 경쟁을 시키지 않으면 어떻게 학습 능력이 올라가겠는가, 의심하는 분들이 많지요. 그런 의심을 한다는 것만 보아도 벌써 우리가 얼마나 심각한 경쟁 중독 상태인지를 알 수 있습니다.

여러 차례 강조했듯이 독일의 사례는 경쟁을 시키지 않아도 얼마든지 훌륭한 교육이 가능하다는 것을 보여줍니다. 사실 독일의 경우는 경쟁을 시키지 않았음에도 좋은 나라, 좋은 사회가 된 것이 아니라, 경쟁을 시키지 않았기 때문에, 세계에서 가장 잘사는 나라, 세계에서 가장 존경받는 나라, 세계에서 가장 성숙한 시민이 사는 공동체가 된 것입니다.

대한민국은 경쟁을 통해 중진국까지는 발전할 수 있었습니다. 다른 사람이 만든 것을 더 열심히, 더 성실하게 흉내 내는 것으로 이룬 성과입니다. 그러나 이제 경쟁과 성실, 모방만으로 선진국에 진입하고 그 위상을 유지할 수는 없습니다. 창의적인 창조의 능력을 길러야 합니다. 이때 경쟁은 오히려 퇴행을 가져올 수도 있습니다. 삼성이 세계적인 기업이라고 하지만 창조적으로 만들어낸 건 거의 없습니다. 이제는 새로운 것을 창조할 능력이 있어야 살아남을 수 있습니다.

그렇다면 창조는 무엇입니까? 오늘날의 창조는 없는 것을 만들어내는 것이 아닙니다. 이질적인 요소들을 합쳐서 새로운 것을 만들어내는 융합이 곧 창조입니다. 그러기 위해서는 다른 사람들과 교류하고 소통하고 협력하고 또 연대하는 능력이 필수적입니다. 소통, 교류, 협력, 연대의 능력이야말로 오늘날의 창조자에게 가장 필요한 능력인 것이지요. 안타깝게도 한국 사람들에게는 그런 능력이 대단히 결여되어 있습니다.

실리콘 밸리에서 나오는 위대한 창조물은 대부분이 근무 일과 시간에 나오는 것이 아니라 저녁에 맥주를 놓고 다양한 분야의 사람들이 즐겁게 소통하는 과정에서 나온다고 합니다. 생물학자, 공학자, 예술가, 작가가 전문영역을 뛰어넘어 함께 교류할 때 융합의 새로운 상상력이 분출된다는 거지요. 그런데 늘 상대를 경쟁자나 심지어 적으로 보는 사람이 어떻게 융합능력을 갖겠습니까. 그래서 한국의 미래가 암울한 것입니다.

요즘에는 어떤 상품을 한 기업이 처음부터 끝까지 다 만들지 않습니다. 삼성의 제품이라고 다 삼성이 만드는 것이 아니라 작은 부품을 만들어 삼성에 납품하는 회사들이 엄청나게 많습니다. 작은 기업들의 부품 조달이 어려우면 완제품이 생산되지 않습니다.

강소기업은 세계 최고 수준의 뛰어난 기술로 이런 부품을 만드는 회사를 말합니다. 흔히 '히든 챔피언'이라고도 합니다. 이런 강소기업이 가장 많은 나라가 독일입니다. 대략 1,530개가 있습니다. 2위는 미국인데 1위 독일과 엄청난 차이가 있습니다. 대략 350개 정도입니다. 3위는 230개를 보유한 일본입니다. 우리도 없지는 않습니다. 23개 있습니다. 이 수치는 무엇을 의미할까요?

독일은 어떻게 '강소기업의 제국'이 되었을까요? 이 결과는 아이들에게 최대한 경쟁을 시키지 않고 자유를 부여했을 때 얼마나 창의적인 인간이 되는지를 보여주는 것입니다. 이 강소기업 사례야말로 경쟁을 시키지 않는 교육이 사회에 어느 정도까지 기여할 수 있는지를 보여주는 중요한 예시입니다.

독일의 사례는 또한 경쟁이 일정 정도의 수준에 오른 나라에서는 윤리성의 측면에서뿐만 아니라, 효율성의 측면에서도 결코 올바른 방식이 아니라는 것을 보여줍니다. 그러므로 저는 한국 교육의 패러다임이 이제 '대결과 적대의 경쟁 교육에서 소통과 협력의 연대 교육으로' 바뀌어야 한다고 생각합니다. 연대하는 교육은 결코 꿈이 아닙니다. 이것은 독일을 비롯한 유럽 대다수의 나라들이 이미 채택하고 있는 교육 방식입니다.

교육 효과_ 불행감에서 행복감으로

교육 원리와 목표, 방식을 바꿈으로써 교육 효과에도 근본적인 변화를 가져와야 합니다. 제가 독일에 갈 때마다 주의 깊게 지켜보는 것이 있는데, 바로 아이들의 표정입니다. 그들은 대다수가 무척이나 행복해 보였습니다. 아이들이랑 이야기를 나눠보면, 대부분 학교 다니는 것이 '재밌다'고 했습니다. 놀랍기도 하고 부럽기도 했습니다. 이곳 아이들의 학교생활이 도대체 어떻기에 이렇게 행복해할까요?

실제로 독일에서는 영어, 수학, 국어, 사회처럼 '행복'이라는 과목이 있습니다. 하이델베르크 시에서 먼저 시작을 했는데 그 효과가 좋아서 이후에 많은 지역에서 행복 과목을 개설해 운영 중입니다. 우리는 어떤가요? 한국의 아이들이 학교에서 배우는 것은 행복이 아니라 불행입니다. 학교에서는 소수의 성적이 우수한 아이들만 존중받기 때문에 대다수의 아이들은 인생을 시작하기도 전에 자신을 패자라고 느낍니다. '나는 모자라는 사람인가 보다, 나는 능력이 없는가 보다, 나는 머리가 안 좋은가 보다.' 어린 나이에 이런 생각을 하게 되고, 여기에 교사의 차별이 더해지면, 아이들은 서서히 좌절감을 내면화하게 됩니다.

제 가까운 친구의 딸인 선영(가명)이가 고등학교 1학년 때 부모님 앞에서 엄숙한 표정으로 선언했답니다. "더 이상 한국 학교에 적응할 수 없으니 독일로 보내주세요!" 선영이는 제 친구가 독일 유학 시절 낳은 아이입니다. 독일에서 김나지움 6~7학년 무렵, 그러니까 중학교 입학할 무렵에 한국에 돌아왔습니다. 중학교 때에는 국악중학교를 다녀서인지, 그래도 무리 없이 적응하는 것으로 보였던 아이가 고등학교에 들어가면서 폭발한 것이지요.

선영이가 한국 학교에 도저히 다닐 수 없다고 하는 가장 큰 이유는 차별이었습니다. 선생님이 공부 좀 잘하는 아이, 집이 좀 잘사는 아이들을 편애한다는 것입니다. 우리 교실에서는 공부만 잘하면 사실 모든 게 다 용서되잖아요. 이런 상황은 정의감이 남달랐던 선영이에게는 받아들일 수 없는 것이었습니다. 선영이는 이런 학교를 더 이상 다닐 수 없다고 선언했고, 결국 고등학교 1학년 때 독일로 다시 돌아갔습니다. 이후 선영이는 독일에서 고등학교를 마치고 함부르크 법대에 진학해서, 지금은 판사로 활동하고 있습니다.

만약에 선영이의 뜻을 부모가 억눌러서 독일에 보내지 않았다면 어떻게 되었을까요. 아마도 한국 학교에서 적응하지 못하고 힘겨운 사춘기를 겪었을 것이고, 한국식 경쟁 교육의 희생자가 되었을 가능성이 높습니다. 한마디로, 한국 사회의 패자가 되었을 겁니다. 선영이처럼 건강한 감수성을 가진 아이들일수록 한국 교육에 적응하지 못하고 낙오자가 될 가능성이 농후합니다.

한국의 아이들에게서 공통적으로 보이는 것은 불행의식과 불안감입니다. 안정적 심리를 가진 행복한 아이들을 한국에서 볼 기회는 매우 드뭅니다. 이처럼 유년기, 아동기, 청년기를 불행의식에 가득 차서 보낸 아이들이 성인이 되면 행복한 인간이 될까요? 함께 협력하고 함께 행복해지는 사회를 만들 수 있을까요? 어려울 겁니다. 이제 이런 불행 교육을 행복 교육으로 전환해야 합니다. 독일의 행복 교과, 덴마크의 행복 교육은 우리 교육의 변화에 많은 영감을 줄 수 있습니다.

또한 우리 아이들의 행복 감수성을 높여주어야 합니다. 아이들이 학교에 가서 '내가 지구라는 아름다운 행성에 사는구나. 이 나라에 태어나서 너무 행복하구나.' 이렇게 느낄 수 있어야 합니다. 그런 행복감을 느끼도록 아이들을 가르치는 것, 그것이 교육의 중요한 역할입니다.

지금까지 교육의 패러다임을 어떻게 전환할지를 살펴보았습니다. 이를 교육의 원리와 목표, 방식으로 정리해 보지요.

먼저 교육 원리가 능력주의에서 존엄주의로 바뀌어야 합니다. 존엄한 인간이 유능한 인간보다 앞선 가치가 되어야 합니다. 존엄성은 본질적 원리이고, 유능성은 기능적 원리입니다.

교육 목표도 변해야 합니다. 더 이상 인적 자원이 아니라 민주시민을 기르는 것을 교육의 목표로 삼아야 합니다. 더 이상 자유시장의 요구가 아니라 민주사회의 요구에 따라야 합니다. 그래야 성숙한 사회로 진화할 수 있습니다.

교육 방식도 달라져야 합니다. 경쟁 교육의 방식은 더 이상 유효하지 않습니다. 4차 산업혁명의 요구 또한 경쟁형 인간이 아니라 융합형 인간을 필요로 합니다. 타인과 소통하고, 협력하고, 연대하는 능력을 가진 인간이 융합이라는 현대적 창조를 잘 해낼 수 있습니다. 그래서 교육은 열등감이나 우월감에 젖은 불행한 '수직형 인간'이 아니라 모든 사람을 존중하는 행복한 '수평형 인간'을 길러내는 것이어야 합니다.

이러한 새로운 교육, 즉 존엄 교육을 원리로 삼고, 민주시민의 양성을 목표로 하며, 연대 교육을 통해 행복한 인간을 기르는 교육은 결코 꿈이 아닙니다. 유럽에서는 이미 이상이 아니라 일상입니다. 꿈이 아니라 현실입니다. 우리도 이제 교육 패러다임의 대전환을 통해 새로운 교육을 시작해야 합니다.

교육혁명, 세 가지를 폐지하자

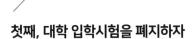

첫째, 대학 입학시험을 폐지하자

　얼마 전 독일에서 교육평가를 주제로 교육학 박사학위를 마치고 온 젊은 학자는 저에게 이렇게 말했습니다. "자기 생각을 한 줄도 쓰지 않고 대학에 갈 수 있는 나라는 한국밖에 없을 겁니다."

　주요 국가 중에서 대학입학시험을 기계가 채점하는 나라는 대한민국밖에 없습니다. 기계가 채점한다는 것은 무슨 의미일까요? 그것은 답이 정해져 있다는 것이지요. 학생들은 OMR 카드에 5개 혹은 4개의 지문 중에서 정답을 고릅니다. 이런 종류의 시험은 컴퓨터가 친다면, 거의 다 만점을 맞을 것입니다. 최고의 인재라

해도 컴퓨터만 못한 거지요. 그렇다면 묻지 않을 수 없습니다. 우리 교육의 목표는 '후진 컴퓨터'를 기르는 것인가요.

선다형이나 단답형 문제로 평가받는 아이들은 깊은 사유능력을 기를 수 없습니다. 책을 읽는 대신 문제집을 푸는 아이들은 자신만의 정신세계를 가질 수 없지요. 이런 저열한 평가 방식으로 우리는 아이들을 사유하지 않는 인간, 표피적인 지식으로 가득 찬 '찍기 전문가'로 만들고 있습니다.

특히 수능시험이 아이들에게 미치는 영향은 지극히 부정적입니다. 오로지 학생들을 줄 세우기 위한 변별력을 생명으로 여기는 이 시험은 아이들의 고유성과 창의성, 개성에는 아예 관심이 없고, 오직 경쟁에서의 순위만을 중시합니다. 이런 왜곡된 시험으로 인해 실종되는 것은 무엇보다도 아이들의 '심연'입니다. 저는 한 신문 칼럼에서 바로 이 점을 지적했습니다.

"수능시험이 미치는 가장 큰 해악은 그것이 우리 아이들의 내면을 황폐화한다는 데 있다. 한국식 수능은 우리 아이들에게서 '심연'을 앗아간다. 시간의 압박 속에서, 정해진 선택지 안에서 정답을 고르는 데 익숙해진 아이일수록 자신만의 고유한 내면의 '우물'을 갖기 어렵다. 사유의 물이 고일 시간이 없기 때문이다. 그러니 자아, 정체성, 개성이 자랄 내적 공간은 지극히 협소해진다. 심연이 없는 아이일수록 자아는 약하고, 정체성은 불안하며, 개성은 희미하다."

이런 어처구니없는 평가제도가 계속되는 이유는 바로 살인적인 경쟁 때문입니다. '공정성'이라는 이름 아래 명명백백한 정답을 고르는 시험이 정당화되고 있는 것입니다. 공정성이 교육을 죽이고, 아이들의 심연을 빼앗고 있는 것이지요. 그리고 그 역도 성립합니다. 선다형 평가는 살인적인 경쟁 교육 때문에 생겨난 측면도 있지만, 그것이 살인적인 경쟁 교육을 더욱 부추기는 원인이 된다는 사실도 잊지 말아야 합니다.

지금의 입시제도가 존재하는 한 한국에서 교육개혁은 불가능합니다. 어쩌면 대학 입시제도야말로 교육개혁을 가로막는 최대의 장애물입니다. 어떠한 새로운 개혁의 시도도 결국 입시제도에 걸려 좌절되거나 왜곡됩니다. 예를 들어 자유학기제, 고교학점제 등을 보세요. 이러한 제도들은 여러 나라에서 모두 나름의 의미와 장점을 가진 것입니다. 그러나 이런 제도들이 한국에 오면 경쟁적 입시제도의 장벽에 부딪혀 그 본래의 의미를 상실하거나 심각하게 곡해됩니다. 한국의 입시제도는 교육에 관한 모든 개혁을 가로막는 장애물입니다.

한국에서 교육개혁이라고 불려온 것은 항상 입시개혁의 수준을 넘어서지 못했다는 사실도 주목해야 합니다. 해방 이후 지금까지 수많은 교육개혁의 시도가 있었지만 그것은 예외 없이 대학 입시제도 개혁으로 끝났습니다. 그리고 입시제도를 아무리 바꿔봐야 교육은 전혀 바뀌지 않는다는 사실도 거듭 확인되었습니다.

이렇게 보면 한국의 입시제도는 교육개혁을 가로막는 장애물이자, 교육개혁을 무력화하는 족쇄였습니다. 이제 입시제도 자체를 폐지하여, 진정한 교육개혁의 새 시대를 열어야 합니다.

그렇다면 이러한 입시제도와 평가 방식을 어떻게 개선해야 할까요? 저는 지금까지의 경험으로 미루어 '개선'은 불가능하다고 봅니다. 우리 교육이 진정한 교육으로 나아가기 위해서는 대학입시를 아예 '폐지'해야 합니다.

지금까지 수많은 대학 입시 개선 노력이 있었지만 단 한 번도 성공한 사례가 없습니다. 대입 개선을 하면 우리 사회의 기득권들이 늘 가장 선도적으로 적응했고, 그러면서 반복적으로 교육이 기득권을 정당화하는 수단이 되어왔습니다. 우리는 지난 70년간 어떤 대입 개선도 결국 교육을 개혁하는 데에는 실패했다는 것을 배웠습니다. 이것은 참으로 값진 경험입니다. 이제 입시제도 개선만으로는 교육개혁이 불가능하다는 사실을 온 국민이 알게 됐습니다.

대학 입시를 폐지해야 비로소 교육이 정상화될 수 있습니다. 교육이 정상화되어야, 지금과는 전혀 다른 생각과 감수성과 욕망과 의지를 가진 새로운 아이들이 자라날 수 있습니다. 그리고 이렇게 새롭게 자라난 아이들을 통해 대한민국이 비로소 새로운 나라가 될 수 있습니다. 저는 이것이 대한민국이 가야 할 올바른 길이라고 생각합니다.

많은 분들이 우리의 현실에서 대학 입시를 없애는 것은 너무 비현실적이라고 이야기합니다. 하지만 이것은 전혀 비현실적인 얘기가 아닙니다. 이미 유럽 대부분의 나라에 대학 입시가 없습니다. 고등학교 졸업시험을 고등교육을 위한 자격시험으로 치를 뿐입니다. 독일에서는 대학에 가고자 하는 학생들은 거의 다 대학에 진학할 수 있습니다. 대학에서 공부하기를 원하는 학생에게는 최대한 자유롭게 대학에 입학할 수 있도록 시스템을 열어놓고 있습니다.

대입 폐지가 계층 이동의 기회를 빼앗는다?

독일에서는 고등학교 졸업시험인 아비투어만 합격하면 누구나 대학에 갈 수 있다고 하니까, 어떤 분은 "그렇게 하면 신분 상승의 기회가 사라져 오히려 사회적 불평등을 고착시키지 않느냐"고 우려하기도 합니다. 또 "교육 피라미드를 평평하게 만든다는 것이 좋은 말이긴 하지만, 이미 사회적 불평등은 현실인데 계층 이동의 사다리를 걷어내면 어떻게 사회적 약자가 사회적 지위 상승의 기회를 얻느냐"고도 합니다. 사회적 지위 상승의 사다리만 '공정'하게 관리하면 되는 것이 아니냐는 거지요.

먼저 대학이 과연 사회적 약자에게 신분 상승의 사다리 역할을 할 수 있는지를 따져보지요. 제가 대학을 다니던 40년 전만 해도 대학이 사회적 계층 이동의 중요한 통로였습니다. 1970년대

말만 해도 서울대에는 대략 절반 이상의 학생들이 가난한 집안 자식들이었습니다. 그런데 독일에서 학위를 마치고 돌아와 1990년대 중반부터 강의를 시작했을 때, 서울대의 분위기는 완전히 달랐습니다. 대다수 학생들이 중산층 이상 부유한 가정의 자식들이었지요. 옷차림새와 음식문화부터 달랐습니다. 사실 저는 이처럼 달라진 대학 분위기에 상당한 당혹감을 느꼈습니다. '개천에서 용난다'는 말이 통용되던 시대는 끝났음을 절감했지요.

오늘날 대학은 더 이상 가난한 이들에게 신분 상승의 사다리 역할을 하지 못합니다. 정반대로 기득권 질서를 유지시키고, 정당화하고, 심지어 세습시키는 사회적 기구로 타락한 것이 현실입니다. 현재 한국 대학은 기존의 신분과 계급 질서를 재생산하고 있습니다. 더 이상 역동적 계층 이동의 기제가 되지 못하는 것이지요.

지금 한국은 학력을 매개로 계급이 재생산되고 상속되는 학력계급사회에 진입했습니다. 학력을 통한 계급화의 경향은 해가 갈수록 가속화되고 있습니다. 최근에 나온 자료를 보면 가속화의 정도가 충격적입니다. 서울대 신입생의 경우 2017년에서 2021년 사이에 월소득 1,400만 원 이상의 고소득층(9-10구간)의 비율은 급격히 상승(40퍼센트→56퍼센트)한 반면, 월소득 240만 원 이하 저소득층(1-2구간)의 비율은 현저히 하락(15퍼센트→7퍼센트)한 것입니다.

지금 한국 사회를 지배하는 자들은 사실 부와 권력만을 독점하고 있는 것이 아닙니다. 기회마저도 독점하고 있습니다. 부와 권력을 넘어 기회의 독점을 가능하게 하는 것이 바로 대학의 서열 체제입니다. 대학의 서열을 통해 한국의 지배계급은 아무런 대중의 저항 없이 기회를 독차지하는 상황을 누리고 있습니다.

사회적·경제적 불평등은 개인의 능력을 경쟁시킴으로써 풀 수 없습니다. 명문대학에 합격함으로써 극복할 수 있는 문제도 아닙니다. 사회적 약자들 중에서 아주 극소수에게는 그런 기회가 올 수도 있겠지요. 그러나 이는 지극히 예외적인 경우에 불과합니다. 대다수의 사회적 약자에게는 그런 기회조차 오지 않습니다. 반면 그러한 환상이 가져오는 효과는 대단히 크고 확실합니다. 사회적 불평등을 개인의 노력 문제로 전가함으로써 사회 혁명의 폭약을 제거할 수 있는 거지요.

결국 불평등은 교육 경쟁을 통해 풀 수 있는 교육적 문제가 아니라, 사회운동적 차원에서 풀어야 할 정치적 문제입니다. 저는 불평등 문제를 '교육 경쟁'이라는 우회로로 푼다는 자유주의적 사상 자체가 상당 부분 환상이자 기만이라고 봅니다.

그 대신 어려서부터 아이들에게 비판하는 능력, 사유하는 능력, 공감하는 능력을 길러주는 교육을 통해 자연스럽게 사회적 정의에 대한 감수성을 길러준다면, 높은 정치의식을 가진 시민으로 성장하여 사회적 불평등에 집단적으로 맞설 수 있는 능력을 갖추게 될 것입니다. 이를 통해 보다 정의로운 사회를 실현할 수 있는 가능성이 커지는 거지요. 즉 학교에서 경쟁 교육으로 개인적 성취를 누리도록 하는 것을 넘어, 연대 교육을 통해 사회적 공

동선을 추구하게 한다면 보다 성숙하고 정의로운 사회를 구현할
수 있을 것입니다.

교육을 계층 이동, 신분 상승의 도구로 생각한다면, 이것은 환
상입니다. 그런 시대는 이미 지났습니다. 교육은 사회적 불평등
을 생산하고, 정당화하고, 영속시키는 기구로 타락한 지 오래 되
었습니다.

이제 우리는 누구의 논리에, 어떤 이데올로기에 사로잡혀 있는
지 깨달아야 합니다. 우리 사회를 지배하는 자들의 능력주의 이데
올로기가 얼마나 허황된 환상을 유포하고 있는지 알아야 합니다.
교육을 통한 계층 상승을 도모함으로써 계층이 더욱 공고화되는
역설을 직시해야 합니다. 우리가 해야 할 것은 신분 상승을 꾀하
는 것이 아니라, 신분에 따른 불평등과 차별을 없애는 것입니다.

둘째, 대학 서열을 폐지하자

대학 입시를 폐지하기 위해서는 중요한 전제가 필요합니다. 대
학서열체제를 없애야 합니다. 우리의 대학 입시가 살인적인 경쟁
의 양상을 보이는 것은 대학에 서열이 존재하고, 어느 대학을 졸
업했느냐가 한 인간의 미래에 결정적인 영향을 미치기 때문이지
요. 다시 말해 한국 사회가 지독한 학벌사회이기 때문입니다. 이

는 누구나 다 알고 있는 사실입니다.

그러나 우리는 아주 중요한 사실을 모르고 있습니다. 대학의 서열화가 당연한 제도가 아니며, 우리나라처럼 대학 서열화가 심한 나라는 없다는 사실입니다. 우리의 대학체제는 일본 제국주의가 지배하던 시기에 형성되었고, 해방 이후에는 미국 대학체제의 강력한 영향을 받았습니다.

특히 미국 대학의 경우는 우리가 알고 있는 서열화된 대학 시스템, 엘리트 대학 중심 시스템의 원형이라고 할 수 있습니다. 하버드, 예일, 프린스턴, 스탠퍼드 등으로 이어지는 대학 서열은 미국 대학의 특징을 전형적으로 보여주는 것이지요. 이른바 동부의 명문대학이라는 아이비리그 대학과 서부의 스탠퍼드, MIT 등의 대학이 엘리트 대학을 형성하고 있습니다. 한국의 서울대, 연세대, 고려대로 이어지는 대학 서열과 엘리트 대학 시스템은 미국의 그것과 정확히 일치하지요.

그런데 유럽 대학은 미국 대학체제와 전혀 다릅니다. 대부분의 나라에는 대학서열체제가 존재하지 않으며, 거의 모든 대학이 평준화되어 있습니다. 독일의 경우는 대학생의 약 90퍼센트가 국립대학에 다니고, 모든 대학은 평준화되어 있습니다. 프랑스의 경우는 과거에 소르본 대학을 정점으로 하는 서열체제가 존재했지만, 68혁명 때 고등학생들이 대규모의 강력한 저항으로 서열체제를 없앴습니다. 이처럼 독일, 프랑스, 스칸디나비아 반도에 있는 나라 등 유럽의 대학들은 대부분 서열이 없습니다.

유럽 대학과 미국 대학을 비교할 때 또 하나 놓쳐서는 안 되는 것은 대학관의 차이입니다. 미국의 경우는 대학을 '시장에서 구매하는 상품'으로 봅니다. 그렇기에 좋은 '상품'일수록 가격이 비싼 것입니다. 앞서 말씀드린 것처럼, 하버드, 예일, 프린스턴, 스탠퍼드라는 서열은 그대로 학비의 순서이기도 합니다. 미국에서는 '내 돈 내고 내 자식에게 좋은 교육을 시킨다는데, 뭐 잘못된 게 있어'라고 생각하는 거지요. 유럽에서는 그런 생각에 대해 '잘못되었다'고 봅니다. 심지어 교육이 아버지 돈지갑 부피에 따라 결정되는 사회는 '야만적'이라고 생각합니다. 이처럼 미국과 유럽은 전혀 다른 대학관, 대학체제를 가지고 있습니다.

또한 우리 한국인들이 잊지 말아야 할 것은 미국은 '글로벌 스탠더드'가 아니라는 사실입니다. 미국의 대표적인 주류 정치학자 시모어 마틴 립셋이 『미국 예외주의』에서 설파한 것처럼 미국은 오히려 '예외국가'라는 사실을 알아야 합니다.

흥미로운 것은 마이클 샌델 교수가 『공정하다는 착각』에서 미국 대학의 개혁을 위해 대학서열체제를 타파해야 한다고 주장한 점입니다. 하버드 대학 정치학과 교수인 샌델은 미국의 대학서열 체제가 능력주의 경쟁 교육을 낳은 주범이며, 이러한 능력주의가 미국 사회를 지금과 같은 '야만사회'로 전락시켰다고 봅니다. 따라서 이러한 상황을 극복하기 위해서는 대학서열체제를 없애야 한다고 주장합니다. 대학입학시험을 유럽처럼 자격시험으로 보고, 여기에 합격한 학생들은 대학에서 수업을 듣는 데에 별 차이가 없으니, 이들을 추첨으로 대학에 배정해야 한다고 주장합니다.

다소 파격적으로 들리는 이런 주장을 하버드 대학의 저명한 교수가 내놓는 이유는 무엇일까요? 그 정도로 대학서열체제, 엘리트 대학체제가 미국 사회에 미치는 악영향이 심각하다는 것이지요.

사실 저는 마이클 샌델의 책을 읽고 커다란 충격을 받았습니다. 대학서열체제의 원형인 미국에서, 그런 서열체제의 정상에 있는 대학교수의 입에서 이런 주장이 나오리라고 상상하지 못했기 때문입니다. 제가 2019년 한 방송 강연에서 대학서열체제 폐지를 외쳤을 때, 많은 사람들이 의아해했던 것이 기억납니다. 그런데 세계 대학서열체제의 정점에 있다고 하는 하버드 대학 교수가 같은 주장을 하고 있으니, 아마도 대학서열체제의 폐지는 '시대정신' 인 것 같습니다. 미국 대학에 철저히 경도되어 있는 한국의 대학서열체제도 이제 유럽 모델로의 전환을 진지하게 고려할 때가 되었습니다.

유럽 대학처럼 모든 대학이 평준화되어 있다면 교육은 어떻게 될까요? 한번 상상해 보세요. 이제 더 이상 경쟁을 위한 교육, 다른 사람을 이기기 위한 교육을 할 필요가 없겠지요. 학생들은 정말로 자기가 좋아하는 것, 정말로 자신이 행복해지는 것, 정말로 자기가 잘할 수 있는 것을 자유롭게 선택해서 깊이 있게 공부할 수 있을 것입니다.

그럼 어떻게 될까요? 모두가 자기가 하고 싶은 공부를 하니 열심히 할 것이고, 열심히 하니 잘할 것입니다. 이것이 독일 교육이고, 이것이 덴마크 교육이고, 이것이 네덜란드 교육입니다. 유럽의 행복 교육이란 유별난 교육이 아닙니다. 아이들이 행복을 느끼는 바로 그것을 잘 끌어내서, 잘 구현되도록 도와주는 것이 행복 교육의 요체입니다.

요컨대, 대학서열체제를 없애면, 경쟁 교육을 없앨 수 있고, 경쟁 교육을 없애면 행복 교육이 시작된다는 것입니다. 행복 교육이 시작된다는 것은 다른 말로 '교육다운 교육이 시작된다'는 의미이지요. 아이들을 경쟁시키지 않고, 아이들 한 명 한 명의 소양, 취향, 성향, 재능에 주목하고, 이것을 최대한 끌어내는 본연의 교육, 학생들에게 죽은 지식을 주입하는 것이 아니라 각각의 고유한 잠재력을 발현하는 교육이 가능해집니다.

어떤 사람들은 저에게 이렇게 반론합니다. "독일에도 명문대학이 있지 않느냐. 베를린 대학, 하이델베르크 대학, 프랑크푸르트 대학 등은 명문대학이 아니냐"라는 거지요. 그것은 반은 맞고, 반은 틀린 말입니다. 이런 유명한 대학들은 물론 전통 깊은 대학이지만, 우리 기준으로 말하는 엘리트 대학은 아닙니다. 이런 대학들을 나왔다고 졸업 후에 누리는 특권은 전혀 없습니다.

또한 독일에서도 《슈피겔》 같은 시사잡지에서 대학 랭킹을 매기는 경우가 있는데, 앞서 말한 대학들은 거의 바닥을 깔아주고 있습니다. 랭킹 상위 대학들은 아마도 거의 들어보지 못한 대학일 것입니다. 지겐 대학, 기센 대학을 들어보셨나요? 이런 대학들이 독일에서는 상위 랭킹을 차지합니다.

왜 그럴까요? 대학 순위를 매기는 기준이 대개 교육 여건, 연구 여건, 즉 교수 대 학생 수, 연구 기자재 확보율, 공간 활용률 등입니다. 그러니 학생들이 명성을 듣고 몰리는 대학일수록, 순위는 처질 수밖에 없지요. 독일의 대학평가에서 소위 '좋은 대학'이라고 하는 대학은 대부분 우리가 처음 듣는 신생대학입니다. 이처럼 독일에는 전통 있는 대학, 유명한 대학은 있어도, 미국식의 엘리트 대학, 명문대학은 없습니다.

"만일 교육개혁을 통해 대학서열이 없어진다 해도 우리나라와 같은 위계적인 문화에서는 어떤 형식으로든 새로운 서열이 존속되고 줄 세우기를 끊을 수 없지 않겠느냐"고 묻는 분도 있습니다. 저는 그에 대해 달리 생각합니다. 과도기적 혼돈은 있을 수 있지만 촛불혁명과 코로나 팬데믹 상황에서 우리 국민들이 보여준 성숙한 시민의식만 보더라도, 우리는 충분히 해낼 수 있으리라 확신합니다.

대학을 평준화하면 취업이나 승진 등의 상황에서 더 이상 이 사람이 어떤 대학을 다녔느냐가 아니라 어떠한 업무 능력, 사고와 태도를 지녔는가와 같은 기준이 합리적으로 활용될 것입니다. 이런 방식으로 교육개혁은 사회개혁을 견인할 것입니다. 물론 교육 영역에서의 경쟁뿐만 아니라 사회 영역의 불평등과 차별 같은 문제들도 모두 서로 얽혀 있으므로 양자의 개혁을 동시에 이루어야 합니다.

학벌사회의 차별 방식이 다른 영역으로 번져나가 정규직과 비정규직, 대기업과 중소기업, 남성과 여성 등 전 사회적으로 차별이 구조화된 것이 오늘의 한국 사회입니다. 교육에서의 서열체제 타파가 중요한 이유가 바로 여기에 있습니다. 대학서열 타파는 다른 사회 영역에서의 서열체제를 완화시키고, 마침내 평등한 사회질서로의 전환을 촉발할 것입니다. 교육의 변화가 사회의 변화를 낳는 것이지요. 대학서열 없는 사회는 사회적 차별이 없는 공동체로 나아갈 것입니다.

국립대 네트워크화, 사립대 공영화

대학서열체제를 어떻게 개혁할 수 있을까요? 그것은 사실 이미 오래전부터 대학개혁, 교육개혁과 관련된 논의에서 수없이 토론되고, 연구되고, 여러 안이 제시되었습니다. 그중 비교적 유력한 안을 문재인 대통령이 대선에서 공약으로 내세우기도 했는데, 바로 '대학통합 네트워크 구축'입니다. 문 대통령의 많은 다른 공약(公約)들과 마찬가지로 이 공약 또한 공약(空約)으로 그치고 말았습니다.

그동안 뜻있는 학자들 사이에서 대체적인 합의가 이루어진 안은 '국립대는 네트워크화하고, 사립대는 공영화한다'는 안입니다. 앞에서도 말씀드린 대로 한국은 국립대학의 비율이 현저히 낮습니다. 국립대가 13퍼센트, 사립대가 87퍼센트를 차지하여, 세계적으로 가장 기형적인 대학체제를 가진 나라입니다.

대학서열을 없애기 위해서 제일 먼저 할 수 있는 일은 국립대학을 네트워크로 묶는 것입니다. 프랑스에서 파리 1대학, 2대학, 3대학 하는 방식처럼 우리도 모든 국립대학을 넘버링하는 것이지요. 예를 들면, 제주대를 국립 1대학, 충남대를 2대학, 전남대를 3대학, 서울대를 4대학이라고 하는 식입니다.

이렇게 국립대를 모두 넘버링하여 네트워크로 묶고, 국립대 사이에서는 자유롭게 학교를 옮기는 것을 허용하며, 졸업할 때는 '국립대' 졸업학위를 주는 거지요. 예를 들어 제주도가 고향인 학생은 국립 1대학인 제주대학에서 1학년을 보내고, 2학년 때에는 국립 4대학인 서울대에서 학점을 따는 식이지요. 물론 학생들이 몰리게 되면 추첨 등의 방식으로 조정을 해야 하겠지요. 이렇게 하면 자연스레 대학서열체제는 사라지게 됩니다.

이런 방식은 프랑스와 독일을 비롯하여 이미 여러 나라에서 채택하고 있습니다. 여러 대학을 마음대로 가서 공부할 수 있고, 원하는 교수의 수업을 들을 수 있습니다.

국립대 네트워크 방식이 너무 급진적이라고 생각한다면, 좀더 부드러운 방식도 생각해 볼 수 있습니다. 경희대학교 김종영 교수가 최근에 내놓은 『서울대 10개 만들기』에서 제시하는 방식입니다. 국립대 네트워크화를 단계적으로 하자는 거지요. 먼저 이른바 '거점 국립대학' 10개를 네트워크화하자는 겁니다. 전국에 있는 거점 국립대학 서울대, 충북대, 충남대, 전남대, 전북대, 부산대, 경상국립대, 경북대, 강원대, 제주대를 모두 서울대 수준의 대학으로 만들고, 다음 단계로 국립대 전체를 네트워크로 묶자는 것이지요. 이렇게 된다면 최소한 국립대학 수준에서는 독일이나 유럽처럼 대학의 평준화가 이루어지는 것이지요.

국립대 네트워크화와 동시에 사립대 공영화도 추진해야 합니다. 그러기 위해서는 먼저 사립대학에 대해서도 국가의 책무성이 제고되어야 합니다. 사립대 재정의 80퍼센트 이상을 국가가 떠맡고, 그 대신 사립대학의 공적 책무성을 강화하는 것이지요. 특히 대학 등록금을 국가가 떠맡는 방식으로 국가의 책무성을 높이는 것이 중요합니다. 그것을 통해 대학 교육의 책임주체는 국가임을 분명히 하고, 대학을 평준화하는 국가 정책에 힘을 실을 수 있습니다.

이처럼 국립대를 네트워크화하고, 사립대를 공영화하는 방식으로 대학 평준화 정책을 얼마든지 실현할 수 있습니다. 단번에 하는 것이 어렵다면 서서히 점진적으로 이루어갈 수 있습니다.

어느 대학을 나왔다는 게 아무런 의미가 없는 나라가 좋은 나라입니다. 독일, 프랑스, 덴마크, 네덜란드 등 교육 선진국은 어느 대학을 나왔다는 사실이 아무런 사회적 의미를 갖지 않습니다. 대학서열이 없는 나라일수록, 아이들의 개성과 적성을 중심으로 한 수준 높은 교육이 이루어지고, 아이들은 정말 자기가 좋아하는 공부를 하며, 아무도 열등감을 갖지 않는 사회가 됩니다.

셋째, 대학 등록금을 폐지하자

교육개혁에서 중요한 세 번째 사안은 대학 등록금을 없애는 것입니다. 한국은 세계에서 가장 비싼 대학 등록금을 내는 나라입니다. 이로 인해 대학 교육이 파행을 거듭하고 있습니다. 학생들로 넘쳐야 할 대학 도서관은 텅텅 비어 있고, 학생들은 편의점에서, 음식점에서, 배달창고에서 대출 받은 학비를 갚기 위해 아르바이트를 하고 있습니다. 많은 학생들에게 공부할 절대 시간이 부족합니다. 학생 대다수가 '빚쟁이'이기에 공부보다 빚 정리를 우선시하기 때문이지요. 너무나 비싼 학비를 갚느라 제대로 공부를 하지못하는 어이없는 상황이 오늘날 한국 대학생들의 현실입니다.

'세계에서 가장 높은 학비'라는 말에 '설마' 하는 분들이 많을 것입니다. 자료에 따르면 한국은 대학의 학비에서 절대 비용을 기준으로 보면 미국, 영국, 일본에 이어 세계 4위이지만, 1인당 국민소득 대비 학비로 치면 세계 1위입니다.

독일 대학의 경우, 학비는 물론이거니와 생활비까지도 국가가책임져야 한다는 인식이 보편적으로 자리 잡은 지 오래고, 제도적으로 실현되어 있습니다. 이에 반해 한국의 대학생은 세계에서소득수준 대비 가장 높은 학비를 감당해야 할 뿐만 아니라, 생활비도 스스로 책임져야 하는 힘겨운 상황에 몰려 있습니다. 학생들은 학비와 생활비 부담 때문에 부모에 대한 의존도가 아주 높고, 학비와 생활비를 마련하느라 학업에 전념하기 어려운 처지에 놓여있습니다.

이런 문제들을 해결하는 데 독일의 '연구 보수' 개념은 우리에게 많은 영감을 줍니다. 우리 헌법 31조는 "모든 국민은 능력에 따라 균등하게 교육받을 권리를 갖는다"고 하여, 독일 헌법과 마찬가지로 교육을 '국민의 권리'로 규정하고 있습니다. 이 헌법정신에 따라 대학등록금은 반값이 아니라 완전히 폐지되어야 하고, 생활비 또한 학생의 연구를 '사회적 노동'으로 인정하여 국가에서 상당 부분 지원해 주어야 합니다. 대학생 등록금, 생활비 문제를 해결하기 위해서는 이를 개인적 문제가 아니라 사회적 정의의 문제로 보는 근본적인 인식의 전환이 필요합니다.

고등교육에서 이처럼 과도한 비용을 내고 공부한다는 것은 불합리한 일인데도 이 사안을 당연하게 받아들이는 이유는 무엇보다도 잘못된 대학관에 기초합니다. 앞서도 말씀드렸지만, 영미권에서는 대학 교육을 고등교육 시장에서 구매하는 '상품'으로 보고, 유럽권에서는 대학 교육을 시민으로서 기회의 평등을 구현하기 위해 당연히 누려야 할 '권리'라고 봅니다. 이렇게 보면 한국은 영미권의 관점을 극단적으로 취하고 있다고 할 수 있습니다. 이제는 이런 시장주의적 대학관을 버리고, 유럽의 민주적·시민적 대학관으로 인식을 전환해야 합니다.

사실 우리나라 교육은 원래 영미식 모델보다는 유럽식 모델에 더 가까웠습니다. 해방 이후 처음 제정된 제헌헌법 제32조를 보면 "모든 국민은 균등하게 교육받을 권리를 갖는다"라고 하여 교육을 '상품'이 아니라, '권리'로 규정하고 있습니다. 이처럼 교육을 권리로 규정한 것은 이미 조소앙 선생이 기초하고 1941년에 제정된 임시정부 건국강령에 뿌리를 둔 것입니다.

조소앙 선생은 그의 '삼균주의' 철학에서, 정치균등, 경제균등과 함께 교육균등을 제시했을 정도로 교육의 '균등한 권리'를 중시했습니다. 성별과 신분 등의 차이를 넘어 모든 국민이 균등하게 투표권을 가져야 한다는 정치균등, 기업에서 발생한 이득은 사용자와 노동자에게 균등하게 분배해야 한다는 경제균등과 함께 모든 국민은 어떠한 차별도 없이 균등하게 교육을 받아야 한다는 교육균등이 삼균주의의 핵심적 사안으로 자리 잡았던 것입니다.

이러한 '균등 교육' '권리 교육'의 원칙이 재정 결핍이라는 현실적 한계로 인하여 실제로 이루어지지 못했던 것이지요. 모든 국민이 교육을 받을 권리를 국가가 보장할 의무가 있다는 원칙은 천명되었지만, 국가가 너무도 가난하여 그 원칙을 실천에 옮길 수 없는 상황에서 국민이 국가가 할 일을 대신해준 것이지요. 국민이 국가 대신 자식의 교육을 위해 커다란 희생을 감수해온 것입니다. 따라서 이제 우리 국민은 당당하게 국가에 대학무상교육을 요청할 권리가 있습니다.

지금 우리나라는 엄청나게 부유한 나라가 되었습니다. 경제 규모가 세계 10위권인 것은 말할 것도 없고, 수출 규모 세계 7위, 군사력이 세계 6위로 평가받고 있습니다. 이것은 단순한 수치나 통계의 문제만이 아닙니다. 2022년에 저는 코로나로 인해 그동안 방문하지 못했던 독일을 참으로 오랜만에 갔습니다. 그리고 우리의 경제력이 어느 정도인지 온몸으로 체험했습니다. 독일의 아우토반에서 현대, 기아 차가 일본 차들보다도 더 많이 눈에 띌 정도였습니다. 실제로 외국차 중에서 독일에서 가장 점유율이 높은 차가 한국 차라고 합니다.

가전제품을 파는 백화점에서는 더욱 큰 충격을 받았습니다. 독일에서 가장 비싼 TV는 무엇일까요? 놀랍게도 그것은 LG TV였습니다. 그 다음으로 비싼 것이 삼성이고, 그 다음이 독일의 그룬디히였습니다. 휴대폰은 삼성이 아이폰과 정상을 다투고 있었습니다. 세탁기, 냉장고 등도 한국 제품의 인기가 높았지요. 신기한 것은 미국, 일본, 프랑스 등 과거 가전 강국의 제품들이 거의 보이지 않는다는 점이었습니다. 이처럼 한국의 경제 성장은 외국에서 더욱 확연히 실감할 수 있습니다.

이렇게 부유한 나라에서 학생들이 이렇게 비싼 등록금을 내고 대학에 다니는 것은 참으로 부끄러운 일입니다. 심지어 높은 대학 등록금과 자유방임적 대학정책으로 악명이 높은 미국에서조차 대학 무상교육을 외치는 목소리가 높아지고 있습니다. 지난 2020년 대선을 한번 돌아보세요. 민주당 대선 경선에 나선 버니 샌더스와 엘리자베스 워렌은 모두 '대학 무상교육'과 '대학생 부채탕감', 이를 위한 재원 마련을 위해 '부유세 도입'을 핵심 공약으로 내세웠습니다. 샌더스와 바이든이 정책연대를 맺으면서 이러한 공약들이 대폭 수용되었습니다.

실제로 '바이든 예산'에 대학 무상교육 예산이 편성되었는데, 그것은 버니 샌더스가 상원 예결위원장으로서 자신의 공약을 관철시킨 결과입니다. 물론 이 예산에서 모든 대학 교육을 단번에 무상으로 하는 안이 수용된 것은 아니지만, 커뮤니티 칼리지부터 무상으로 하는 예산이 잡혀 있습니다. 다시 말하면, 자유시장경제의 화신이라는 미국에서조차도 대학 무상교육이 시작되었다는 사실에 우리도 주목해야 합니다.

사실 국가가 부유해야 대학 무상교육이 가능하다는 생각도 잘못된 것입니다. 독일에서 대학 무상교육이 시작된 시기는 1946년, 즉 제2차 세계대전 종전 직후라는 사실을 기억해야 합니다. 독일의 무상교육은 전 국토가 황폐화된 전쟁의 폐허 속에서 시작된 것입니다. 당시 프랑크푸르트 대학 법학과에 다니던 카를하인츠 코흐라는 학생이 '수업료는 위헌'이라는 헌법 소원을 제기하고, 이 재판에서 승소하면서 헤센 주에서 최초로 수업료가 폐지되었고, 그후 연쇄적으로 독일 전역에서 수업료가 사라졌습니다.

독일 대학생을 보면 정말이지 우리 학생들이 너무도 불쌍해 보입니다. 독일엔 대학 학비가 없을 뿐만 아니라, 생활비까지 지원 또는 무상으로 대여해 주기 때문이지요. 여기에 그치는 것이 아닙니다. 독일 대학생들은 주 범위의 거의 모든 교통수단을 학생증(Semesterkarte)만 보이면 자유롭게 여행할 수 있습니다. 그러니까 버스, 지하철뿐만 아니라 전차, 기차도 무료인 거지요.

왜 이런 엄청난 혜택을 줄까요. 그들이 경제적 압박에서 벗어나 연구에 전념하는 것이 결국 사회와 국가에도 도움이 되는 일이라는 생각을 모두가 공유하기 때문이지요. 대학생들은 졸업 후 직장을 가지면, 자신이 누리는 부와 지위는 기본적으로 공동체에 빚지고 있다는 인식을 갖게 되지요. 그래서 독일에서는 그렇게 세금을 많이 거두는데도 우리나라보다 조세 저항이 훨씬 적은 겁니다. 우리나라에서 의사, 판검사로 대표되는 엘리트들이 대체로 오만하고 이기적인 반면에 독일의 엘리트들은 대다수가 겸손하고 사회적·공익적 의식을 가지고 있는 이유도 여기에 있습니다.

우리나라 엘리트들이 "내가 엄청난 노력과 사교육비를 투자해서 이 자리에 올랐으니 내가 누리는 부와 권력은 온전히 내가 이 전쟁터에서 쟁취한 전리품이야"라고 생각하는 것과는 전혀 다른 생각을 갖고 있는 거지요.

세계에서 대학 등록금이 가장 비싸다고 알려진 미국에서도 대학 무상교육 예산이 잡혀 실현되고 있다는 사실에 주목해야 합니다. '미국이 하는 것은 우리도 한다'는 신념을 가진 한국의 정치인들이 미국 대학 무상교육 예산의 사례도 잘 따라했으면 좋겠습니다.

우리가 대학 무상교육을 실시하는데 필요한 예산은 대체로 6조~10조 정도로 추정됩니다. 이 정도 예산은 우리에게는 큰 무리 없이 집행할 수 있는 규모입니다. 혹은 재벌 기업으로부터 정의로운 조세를 거둬들이는 것만으로도 충분히 해결할 수 있습니다. 30대 재벌 기업의 사내유보금이 750조~950조가량으로 추산됩니다. 여기서 세금만 올바로 걷어도 대학 무상교육은 당장이라도 가능합니다.

대학 무상교육을 못하는 것은, 돈의 문제가 아니라 의지의 문제입니다. 이것은 또한 우리가 어떤 사회에서 살고자 하는가를 가르는 사회적 이상의 문제이기도 합니다. 우리가 사회적 유토피아를 건설하기를 원한다면, 그 출발점을 대학 무상교육으로 삼아도 좋을 것입니다.

경쟁 교육은 야만이다

초판 1쇄 2024년 3월 20일
초판 4쇄 2024년 10월 20일

지은이 | 김누리
펴낸이 | 송영석

주간 | 이혜진
편집장 | 박신애 **기획편집** | 최예은 · 조아혜 · 정엄지
디자인 | 박윤정 · 유보람
마케팅 | 김유종 · 한승민
관리 | 송우석 · 전지연 · 채경민

펴낸곳 | (株)해냄출판사
등록번호 | 제10-229호
등록일자 | 1988년 5월 11일(설립일자 | 1983년 6월 24일)

04042 서울시 마포구 잔다리로 30 해냄빌딩 5 · 6층
대표전화 | 326-1600 **팩스** | 326-1624
홈페이지 | www.hainaim.com

ISBN 979-11-6714-079-1